커뮤니케이션 전략구축을 위한 로드맵

# 마콤솔루션 2

| 조경섭 · 석종득 지음 |

비즈프라임

커뮤니케이션 전략구축을 위한 로드맵

# 마콤솔루션 2

초판 1쇄 인쇄 : 2009년 3월 15일
초판 1쇄 발행 : 2009년 3월 20일

지은이 : 조경섭 · 석종득
펴낸이 : 전두표
펴낸곳 : 도서출판 두남

주소 : 서울특별시 강동구 성내1동 455-12 두남빌딩
등록 : 제25100-1988-9호 (구 제2-624호, 1988.7.21)
전화번호 : (02)478-2065~7, 478-2311
팩스번호 : (02)478-2068
전자우편 : dunam1@unitel.co.kr
홈페이지 : http://www.dunam.co.kr, http://두남.kr, 두남.com

정가 16,000원

ISBN 978-89-8404-937-6 93320

커뮤니케이션 전략구축을 위한 로드맵

# 마콤솔루션 2

# 여는 말

## 커뮤니케이션을 뒤돌아 보다

# 패러다임의 변화,
# 질적 변화를 요구하는 시대!

'말을 타고 달리며, 움직이는 과녁을 겨누는 시대'. 이것이 현재의 커뮤니케이션환경이며, 통합마콤의 현주소다. 기업을 둘러싸고 있는 사회와 경제환경이 급속도로 변화하고 있다. 이러한 변화는 자연 브랜딩, 마케팅, 광고 등의 환경 또한 바꾸어 놓고 있다. 그런데 우리는 어느 만큼이나 시대를 앞서 있는가? 아니, 어느 만큼이나 이런 변화를 따라잡고 있는가?

이미 몇 해 전부터 나비효과라는 용어가 유행처럼 세상에 번져갔다. 그리고 우리는 이 말을 지금에 와서야 몸으로 깨닫고 있다. 2008년에 벌어진 여러 가지 사건들은 우리로 하여금 이 용어의 진정한 속

뜻과 그런 현상이 지배하는 세상을 깨닫게 해준 것이다. 세계를 강타한 미국발 경제위기가 그렇고, 촛불집회가 그렇다. 특히 미국발 경제위기는 나비효과를 증명하는 데에 손색이 없었다. 전 세계가 하나로 묶여있음을 증명한 것이다.

여중생의 촛불로 시작된 날갯짓은 온 국민들에게 퍼져나갔고, 급기야 유모차부대의 등장으로까지 발전했다. 이 촛불집회는 우리 언론의 허약함과 시민미디어의 파워를 유감없이 보여준 일대 사건이었다. 현장에서 벌어지는 상황들이 수백 수천 개의 미디어들로 확산되어 나갔고, 그로 말미암아 형성된 여론은 하나로 모아졌다.

## 매스미디어를 누르고 우뚝 선 CGM Power

매스미디어시대의 종말을 예고했다고나 할까? 매스미디어들은 뒷북을 치며 시민미디어(CGM:Citizen Generated Media)를 따라다니기에 급급했다. 정치권과 언론이 제시한 수많은 아젠다들은 찻잔 속 태풍으로 사라져갔다. 어디에도 언론이 주도하는 여론 따위는 없었다. 여론은 말 그대로 여론이 되었다. 그런가하면 지상파 방송들이 앞다투어 소비자고발프로그램을 통해 반 기업적 내용을 쏟아내고 있다. 이러한 사태를 보는 시청자들은 어리둥절하지 않을 수 없다.

이제 언론들은 기업들과의 유착을 끊고 시청자들의 품으로 돌아온 것일까? 그것 역시 지상파가 웹에 무릎을 꿇으며 생긴 현상은 아닐까? 미래 미디어환경을 예견한 전통의 미디어들이 새로운 돌파구를 모색하는 것이 아닌가 말이다. 미디어환경의 변화를 보여준 사건들은 이뿐만이 아니다. 듣도 보도 못한, 아니 정확히 누구인지도 모르는 '미네르바'가 우리 사회를 강타했다.

경제에 대한 그의 분석과 예측은 정치가, 경제학자, 언론인 모두를 긴장시켰다. 과연 미네르바는 한 사람이었을까? 이런 마당에 누가 여론을 제 맘대로 주무를 수 있다고 말할 것인가? 그런가하면 초등학교 5학년 기타신동이 공중파에 등장해 세상을 놀라게 했다. 그의 선생님은 인터넷동영상이었으며, 그를 유명하게 해준 것도, 그가 외국의 유명 기타리스트들과 협연하게 된 계기도 인터넷이었다.

이런 일련의 사실들은 소수의 공룡이 지배하던 권력이 다수 시티즌들의 품으로 돌아오고 있음을 증명한다. 물론 이러한 변화에 정보통신이 끼친 영향은 매우 크다. 하지만 지금의 상황은 정보통신기술로는 통제가 불가능한 지경이다. 매스미디어시대의 종말을 말하는 사이 매스미디어 신화는 빠르게 해체되고 있다.

상품을 그럴싸하게 포장해서 물량으로 밀어붙이는 것만으로 소비자들의 새로운 인식을 만들어내고 물건을 팔던 과거의 영광을 더 이상은 기대할 수 없게 된 것이다. 메시지를 뒷받침하는 분명한 정체성, 소비자들과의 교환을 가능케 하는 가치 중심의 베네핏이 분명히 제공되지 않는 브랜딩과 마케팅은 설 자리를 잃었다.

소비자들의 변화, 가치의 변화, 매체의 변화 등 그 변화의 깊이와 너비는 가히 측정하기 어려울 정도다. 이런 환경 속에서 커뮤니케이터들의 역할은 다분히 달라질 수밖에 없다. 한편으로는, 커뮤니케이터들이 할 수 있는 일이 거의 없다고도 생각할 수 있지만 또 다르게 생각하면 이제 커뮤니케이터들의 역할이 상품을 구성하는 신상품 기획의 단계에까지 이르렀다고도 생각할 수 있다.

그 상품들 중 상당수가 사람의 서비스에 의존하고 있다면 조직이나 인사에도 깊숙이 참여해야만 한다. 이는 인사관리분야와의 사이에서 영역분쟁을 가져올 수 있다. 커뮤니케이션 효과를 책임져야 한다는 측면 때문에 재무관리분야와의 영역분쟁도 있을 수 있다.

결국 이러한 변화는 생산, 영업, 재무, 인사를 아우르는 경영 전반에 커뮤니케이터들이 영향을 미치도록 요구하고 있다. 한편으로는 기존의 영역을 지키고 있던 각 분야 전문가들과의 분쟁을 야기할 수도 있다는 것이다. 환경은 이미 그렇게 변화하고 있다.

## 패러다임의 변화가 질적 변화를 요구하다

이제 더 이상 이 사회는 진화의 개념으로 설명하기 힘들어져 버렸다. 이러한 변화는 '진화적 변화'의 상대어인 '패러다임의 변화'라고 불러야 마땅하다. 그렇다. 지금은 패러다임이 변화하고 있는 것이다. 이 패러다임의 변화는 양적 세계에서 질적 세계로의 전환이며, 이성과 합리의 세계에서 감성과 창의의 세계로의 전환이다.

이러한 상황 속에서 커뮤니케이터들은 어떤 노력을 기울이고 있는가? 외국으로부터 대부분의 이론들을 받아들였던 탓에 우리 책꽂이에는 제 이론들의 각 버전이 혼재되어 꽂혀있고, 그것을 읽는 사람들은 스스로의 판단기준이 없을 경우 매우 혼란스러울 수밖에 없다.

설사 머리로는 알고 있다하더라도 실전에서는 대부분 예전에 해왔던 것들의 관성이 작용했고, 하루 벌어 하루 먹고 살기 어려운 중소기업계에서는 어떤 전략도 무용지물이라는 회의론이 지배적이었다. 그렇기에 우리의 변화는 그만큼 때를 놓친 측면이 있다.

컴퓨터의 발달, 웹2.0의 약진, 시티즌미디어의 등장 등을 그저 뉴미디어의 문제로만 한정짓는 것도 문제다. 그렇게 되면 이것은 브랜딩, 마케팅, 커뮤니케이션의 궤적과 분리되어 버린다. 그러나 현실은 그렇지 않다. 브랜딩과 마케팅의 목적으로 뉴미디어가 등장했지만, 뉴미디어들은 우리 사회의 패러다임을 뒤흔들어 놓았다.

일대변혁이다. 기술의 발달은 시대변화를 견인했고, 이것은 사람들의 인식환경을 바꿔놓았다. 감정의 표출과 기호체계까지 변화시킨 것이다. 그리고 이것은 다시금 브랜딩과 마케팅에 새로운 환경을 제시하고 있다. 과연 우리는 이러한 환경 앞에 얼마나 제대로 된 지식을 가지고 있는가?

이제는 누가 앞서고, 누가 뒤따르는 것이 정해진 시대가 아니다. 앞설 준비가 된 이는 앞서는 것이고, 준비가 안 된 이는 뒤따르는 일조차 힘에 부칠 것이다. 이런 배경 아래에서 이 책을 집필했다. 그리고 이 집필은 이미 2년 전에 출간한 바 있는 '마케팅커뮤니케이션 전략스케치'에 대한 반성에서 비롯된 것이다.

세분화 · 표준화 · 전문화를 향해 치닫던 산업구조가 통합의 지평을 향해 몸을 돌린 지금, 일선의 실무자들조차 브랜딩, 마콤, 광고라는 각기 다른 이름의 괴물들 앞에서 헛갈려 하고 있다. 그런 점을 감안하지 못한 채 집필되었던 이전의 책을 분책(分册)하고 가필함으로써 이 세 가지의 관계를 규명하는 일에 첫 번째 목적을 두었다.

두 번째 목적은 지금까지의 상황과 이론의 진행을 분석하여 혼재되어 있는 버전을 정리하자는 것이었다. 마케팅, 마케팅관리론, 전략적마케팅, 관계마케팅에 이르는 일련의 궤적을 정리하는 것은 물론 실무자들이 헛갈릴 수 있는 IMC와 CRM의 관계, 브랜딩과 마케팅의 관계, ATL과 BTL의 관계에 이르기까지를 파헤쳐보겠다는 야심찬 계획을 실천하자는 것이다.

세 번째 목적은 개념과 방법론을 하나로 묶어, 독자들로 하여금 알게 하고, 실천할 수 있게 하겠다는 것이다. 이를 위해 거창한 이론들의 조합으로서가 아닌, 실무에서 참고할 수 있는 뾰족한 해법을 제시하기 위해 애썼다. 물론 급하게 서두르다보니 검증 안 된 이론을 실전에서의 경험만으로 무리하게 펼쳐낸 부분도 적지 않다. 이것은 앞으로도 많은 선후배들을 통해 검증되고, 발전되어야만 할 것이다.

이 시리즈는 세 권의 책으로 구성되었다. 그 첫 번째 책은 브랜딩솔루션이며, 두 번째 책은 마콤솔루션이고, 세 번째 책은 광고솔루션이다. 향후 시리즈의 후속편들이 나올 여지도 남겨두었다. 하지만 이 책들은 연결되어 있다. 통합이라는 이름으로 억지로 묶어낸 것이 아니라, 방법론 제시를 위해 한 덩어리인 것을 억지로 떼어냈다는 표현이 적당할 것이다.

또 이 책은 앞서의 책을 분권한 것이기 때문에 이전의 책을 토씨하나 바꾸지 않은 채 옮겨온 것도 드물지 않다. 그럼에도 불구하고 지난 책의 과오를 조금이나마 만회하고, 제대로 된 방법론을 제시할 요량으로 이 책의 출판을 결심했다. 그러므로 근본적으로 이 책은 전작과 분명히 다른 구성임을 밝힌다. 따라서 염치없지만 독자 제위께서 다르게 읽어주시기를 당부 드린다.

발전전략연구소에서

## 추천의 말

# 나뉘어져 있던 마콤에 대한 시각을 하나의 정돈된 논리로 좁혀내다!

언제부턴가 우리는 IMC를 둘러싼 논쟁에 휘말리게 되었다. IMC를 무소불위의 왕도로 말하는 이가 있는가 하면, IMC가 지금껏 있어온 실무적 사례들을 종합한 것에 불과하다고 폄훼하는 이도 있었다. 또, IMC란 사회의 변화를 반영하는 추세물인 것으로 말하는 이들도 있었다.

하지만 이 책은 이러한 논쟁에 종지부를 찍는다. IMC가 나타나게 된 배경을 충분히 설명하고 있으며, 나아가 마케팅의 연원까지를 소개하고 있다. 또한 '마콤솔루션'은 IMC가 할 수 있는 것과 그렇지 못한 것의 한계를 분명히 한다. 이로써 우리가 가졌던 많은 의구심들이 일소에 사라지게 되었다.

뿐만 아니라 여러 가지로 나뉘어 있던 마콤에 대한 시각을 하나의 정돈된 논리로 좁혀줌으로써 마콤에 대해 우리가 가졌던 온갖 궁금증들을 속 시원히 풀어주고 있다. 독자들은 이 책을 통해 마케팅의 흐름을 읽을 수 있을 것이고, 그 속에서 마케팅커뮤니케이션의 역할을 분명히 알 수 있게 될 것이다.

특히 이 책을 권하는 데 주저하지 않는 것은 이 책이 마케팅에 있어서의 '문제해결능력'을 강조하고 있기 때문이다. 저자들은 '네크'와 '리크'라는 두 가지 요소를 통해 문제를 발견하고, 그것을 해결하는 방법을 설명한다. 더불어 구체적인 문제해결의 과정을 설명함으로써 실무자들의 이해를 돕고 있다.

접점을 강제화한다는 개념의 제시도 매우 의미 있다 할 것이다. 이 책은, 접점의 강제화야말로 그간 실무에서 마콤을 성공시킨 많은 사례들이 취해왔던 방법임을 알게 해준다. 접점의 강제화라는 개념을 이해함으로써 앞서의 성공사례들은 구체적인 마콤전략으로 다시 태어날 수 있게 되었다.

굳어진 이론에 안주하지 않고, 현장의 사례들을 탐색하며, 그 개연성을 중심으로 마콤의 진정한 절차와 의미를 일깨웠다는 점에서 두 저자의 노력을 칭찬하고 싶다. 우리는 이 책의 내용을 근거로 새로운 마콤전략의 세계를 경험할 수 있게 되었다.

이의자〈부산국제광고제 집행위원장 · 경성대학교 광고홍보학과 교수〉

# 목차

커뮤니케이션 전략구축을 위한 로드맵 1

브랜딩솔루션

# 목차

커뮤니케이션 전략구축을 위한 로드맵 1 브랜딩솔루션

## 목차

커뮤니케이션 전략구축을 위한 로드맵

# 마콤솔루션 2

Contents

커뮤니케이션 전략구축을 위한 로드맵

# 마콤솔루션 2

## Contents

Contents

커뮤니케이션 전략구축을 위한 로드맵

# 마콤솔루션 2

# 목차

커뮤니케이션 전략구축을 위한 로드맵

**광고솔루션 3**

## 목차

커뮤니케이션 전략구축을 위한 로드맵 **3 광고솔루션**

01

# 1부. 마케팅과 마콤전략

## 1장 : 마콤전략의 이해

아버님 댁에 놔드린 보일러, 그 일등공신은 부모님!

## 2장 : 마콤전략의 개념

가치창출을 통해 교환을 돕는 소통, 마케팅커뮤니케이션!

## 3장 : 현대적 경영과 마케팅

기업경영 활성화의 도구, 마케팅관리와 마콤!

## 4장 : 마케팅의 진화와 마콤

시장과 소비자를 겨냥한 마케팅시대의 개막과 진화!

1부 : 마케팅과 마콤전략

# 1

## 마콤전략의 이해

# 아버님 댁에 놔드린 보일러, 그 일등공신은 부모님!

'마콤' 이라는 용어는 마케팅커뮤니케이션을 줄여서 부르는 이름이다. 마콤전략의 이해를 돕기 위해 90년대 초반 집행되었던 경동보일러 '효' 캠페인 광고의 전략구성 과정을 살펴보기로 한다. 경동보일러의 '효' 캠페인 광고는 90년대 초반에 방영되기 시작해서, 성공적인 시리즈를 내놓으며 광고의 한 세대를 풍미한 바 있다.

### 인식 변화 어려운 고가내구재, 귀뚜라미 향한 충성도 어떻게 바꿀까?

경동보일러가 광고대행사를 찾아 나섰다. 예나 지금이나 우리나라 광고계가 인 하우스 에이전시(계열광고회사) 체제에 있는 탓에 자기 계열광고 회사가 없는 중견기업이 성공캠페인을 갖기는 그야말로 하늘의 별따기인 상황이었다. 때문에 경동보일러가 경쟁프레젠테이션을 하기로 했다는 결정은 빅뉴스가 아닐 수 없었다.

모 광고회사는 경동보일러 경쟁프레젠테이션에 참가하기로 한다. 이 광고회사 역시 계열광고회사였으며, 전체 집행금액의 절반 이상이 계열사 광고였던 신생회사인 탓에 비계열광고주, 나아가 성공적인 캠페인이 절실했던 상황이었다. 프레젠테이션을 위한 TFT(Task Force Team : 프로젝트 운영을 위해 임시로 만든 팀)가 구성되었고, 회사의 전력이 총동원되다시피 해서 환경분석에 들어갔다.

하지만 이 회사가 실시한 환경분석의 결과는 참담했다. 당시 보일러는 서울 중심으로 보급되어 있었고, 그 중 귀뚜라미보일러가 무려 50%에 달하는 점유율을 자랑하고 있었다. 십여 개의 업체들이 난립해서 연일 광고를 집행하고 있는 가운데, 경동보일러는 약 20% 가량의 점유율만을 가지고 있는 수준이었다. 이 경동보일러가 귀뚜라미보일러를 따라잡기에는 너무나도 갈 길이 멀어보였다.

게다가 보일러는 고가내구재이다. 때문에 매우 이성적인 고관여상품이다. 이성적 고관여상품의 인식은 하루아침에 바뀌지 않는다. 서울에 거주하고 있는 많은 소비자들은 이미 귀뚜라미보일러에 대한 충성도가 형성된 상태였으며, 지방의 소비자들은 보일러 자체에 대한 인식이 전무한 상태였다.

지방 소비자들은 소비력이 뒷받침되지 않아 보일러를 구매할 수 없는 상태였으며, 서울소비자들은 보일러 선택에 있어 다기능 및 고

기능, 신속한 A/S, 내구성, 디자인 등에 주목하고 있었다. 그리고 귀뚜라미보일러는 이러한 속성들에 있어 높은 점수를 받고 있었다.

기름이 떨어지면 귀뚜라미 울음소리를 낸다하여 붙여진 이름, 귀뚜라미보일러. 이름에서 느껴지듯 귀뚜라미보일러는 다양하고도 높은 기능을 가진 제품으로 인식되어 있었던 것이다. 이외에도 슬림한 디자인과 빠른 A/S시스템에서 경동보일러를 압도하고 있었다.

귀뚜라미보일러에 비해 경동보일러에 대한 인식은 단순한 기능을 가지고 있는 투박한 디자인의 보일러, A/S시스템이 잘 갖춰져 있지 않은 보일러에 지나지 않았다. 높은 열효율을 가지고 있다는 장점이 있었지만 당시 분위기는 이 열효율로 시장성을 낙관할 수 있는 상황이 아니었다. 상황분석의 내용을 정리해보면 다음과 같다.

**서울 중심 보급, 1강 • 1중 다약 구도**

보일러 보급 : 서울 중심, 기름보일러 중심 = 시장

보일러 인식 : 고가 내구재 – 고가 내구재는 이성적 · 고관여 = 소비자

고가 내구재에 대한 인식은 하루 아침에 바뀌는 것이 아님 = 이론

소비자들 기능(다기능/고기능) · AS · 내구성 · 디자인 등에 주목 = 소비자

서울 소비자들은 인식이 굳어진 상태, 지방에는 인식이 전무한 상태 = 소비자

지방, 보일러 편리성 알고 있지만 소비력이 뒷받침되지 않는 상황 = 소비자

| 귀뚜라미보일러 = 경쟁<br>다기능 · 고기능<br>슬림하고 세련된 디자인<br>빠른 A/S시스템 | VS | 경동보일러 = 자사<br>저기능 · 단순기능<br>투박한 디자인<br>늦은 A/S시스템 |
|---|---|---|

점유율 : 귀뚜라미(50%), 경동(20%), 기타(30%) = 경쟁/시장

그림 1-1 : 경동보일러 마케팅상황분석 주요내용

## 지방형보일러? 지방을 향한 시장 확대전략의 시동을 걸자

당시 보일러는 상대적으로 고가품이었으며, 보일러를 보유하고 있는 가정들은 일정 이상의 소비력을 가지고 있었다. 따라서 높은 열효율이라는 장점은 그리 영향을 주기 힘들었으며, 열효율 몇 퍼센트의 차이를 설명하는 것 또한 결코 쉬운 일이 아니었다.

이러한 소비자들의 인식을 바꿔내야만 한다는 중압감은 팀원들의 사기를 꺾어놓았다. 첫 번째 전략회의, 팀원 모두는 상황분석 자료들을 뒤적이며 어떤 결론도 쉽게 내리지 못하고 있었다. 그때 팀원 A씨가 말을 꺼냈다. 시장 확대전략을 쓰는 것이 좋겠다는 의견이었다.

기존고객들의 인식이 너무 강고하고 진입장벽이 높으니, 기존고객들보다는 신규고객에 집중하는 것이 좋겠다는 의견이었다. 보일러가 보급되지 않은 지방을 상대로 시장 확대전략을 전개하자는 것. 그러나 이런 A씨의 의견에 팀장은 이견을 제시했다. 그것은 '마케팅의 ABC도 모르는 소리' 라는 것이었다.

시장 확대전략은 1위업체가 구사하는 전략이며, 2위업체는 시장점유율 확대전략을 구사해야 한다는 것이 요지였다. 그리고 팀장은 덧붙여서 점유율확대전략을 펼치기 위해서는 상대적 우위(USP)에 있는 열효율을 강하게 밀어붙여 귀뚜라미를 잡아야한다고 말했다.

하지만 A씨는 자신의 주장을 굽히지 않았다. 오히려 열효율이라는 특성은 지방시장에서 더욱 잘 먹힐 수 있는 것이며, 특히 경동보일러는 여러 가지 특성상 지방에 잘 맞는 보일러라는 것이었다. 기능이 단순한 것도 그렇고, A/S시스템이 약해 서비스가 좀 더딜지는 몰라도 고장이 잦지 않으니 문제가 없으며, 슬림하지 않은 디자인은 오히려 탄탄해 보이는 외관으로 보여 지방 소비자들에게 어필할 수 있는 요인이 될 것이라고 그는 주장했다.

그렇다면 이것은 단순한 시장 확대전략이 아니라 틈새시장전략이며, 제품특성에 맞는 타깃을 향한 전략인 셈이었다. 열효율 특성을 강조하는 전략은 소비자들을 이해시키기 어려울 뿐만 아니라, 다른 특성들에 비해 서울의 소비자들에게 어필하는데 불리하다는 것이 A씨의 주장이었다.

때문에 시장 확대전략은 가능성 있는 새 타깃에 집중해서 새로운 시장구도를 만들자는 것이며, 생활수준이 향상되고 주거형태가 입식으로 전환되고 있는 추세에 있던 지방시장을 공략하는 것은 기존 화목이나 연탄난방의 불편함이 충분히 인지되어 있으므로 승산이 있다는 것이었다. 따라서 타깃을 바꿔 그들에게 잘 맞는 우리의 차별성을 강하게 밀면 시장이 열릴 것이라고 A씨는 거듭 주장했다.

그러나 다시 이견들이 제시되었다. 그 요지는 지방형보일러라는 컨셉은 자칫 '수준 낮은, 촌스러운'으로 비칠 우려가 있으며 서울의 보일러 시장이 너무 커서 점유율 향상에 도움이 되지 않는다는 것이었다. 더욱 큰 문제는 지방의 경제형편. 그들은 자식교육에는 큰 관심을 가지고 아낌없이 투자를 하는 경향이 있지만 돈이 있어도 땅, 집, 예금 등에 집중하면서 스스로 불편함을 감수한다는 것이다.

## 구매자와 사용자를 분리하자는 제안으로 활로를 모색한다

이러한 논의가 오고가는 중에 B씨가 중재안을 제시했다. 구매자와 사용자를 분리하자는 것. B씨는 자신이 지방에서 서울로 유학 와서

취업을 한 케이스였으며, 그런 사람들이 의외로 많다는 주장을 펼쳤다. 그들 대부분은 이미 보일러가 설치된 집에서 살고 있다는 것.

그들로 하여금 보일러를 구매하게 해서 고향으로 내려 보내도록 하면 시장을 여는 일이 가능해지지 않겠느냐는 게 그의 주장이었다. 즉 경제적 능력이 없거나, 제품인식이 없는 지방 사람들을 사용자로, 구매능력이 있는 서울의 아들들을 구매자로 삼자는 것이다.

그러나 이 문제에 대해서도 반대의견이 있었다. 대부분의 지방유입자들은 월급쟁이이며, 그들에게 보일러 구매와 설치는 상당한 경제적 부담이라는 것이었다. 특히 재구매 시에는 단순히 보일러만 바꾸지만, 신규구매의 경우에는 구들을 뜯는 대공사를 벌여야하기 때문에 지방유입자들의 경제적 능력을 감안할 때, 이를 견인하기가 쉽지 않다는 것이 중요한 반대의 이유였다.

그러한 논란 속에서 1차 전략회의는 종료되었다. 보다 구체적인 자료들과 논리를 모아 속개된 2차 회의에서 A씨는 타이밍론을 제기한다. '모든 것이 다 준비되고, 무르익은 상태에서 출발하면 늦는다. 만일 지방이 충분히 보일러를 받아들일 준비가 된 뒤라면 다른 보일러 업체들이라고 가만히 있겠는가? 반 발짝 빨리 가야 한다. 지금이야말로 가장 효율적인 타이밍이다.' 라는 것이 A씨 주장의 요지였다.

그러나 팀원들은 '충분히 무르익지 않았다. 반 발짝 빠른 타이밍이 필요한데, 지금은 한 발짝 빠른 타이밍이다.' 라는 주장을 폈다. 설사 반 발짝 빠른 타이밍이 맞다 하더라도 제대로 견인할 수 있는 컨셉이 필요한데, 그렇게 강력한 임팩트의 컨셉이 있겠느냐는 것이 반대의견의 요지였다.

## 반 박자 빠른 타이밍이 기업의 운명을 좌우한다

이쯤에서 오디오관련 기업들의 명멸을 통해 '반 발짝 빠른 타이밍'의 중요성을 알아보고 계속 이야기를 이어가기로 한다. 70~80년대 오디오는 가정의 재산목록 1호였다. 외국브랜드 오디오에 의존하던 시장에 '음질 우선주의, 마니아가 찾는 오디오'를 표방하며 나타난 동원전자의 인켈은 미국수출을 계기로 국내시장을 석권한다.

미국에까지 수출하는 오디오. 이 메시지의 파괴력은 당시로써는 실로 대단했다. 지금의 가전은 대부분 브랜드를 중심으로 재편되었지만 당시에는 'TV는 삼성, 냉장고는 금성, 세탁기는 대우'라는 식의 인식이 자리 잡고 있었고, 오디오 시장에서 인켈은 독보적 시장점유율을 자랑하고 있었다.

그러나 있는 집의 과시거리로서의 오디오는 곧 포화상태가 된다. 이를 극복하기 위한 획기적 대안이 나왔다. 그것은 TV광고도, 신문광고도 아니었다. 300여 개 대리점에 나붙었던 '새봄맞이 혼수세일' 현수막이었다.

이 현수막으로 한순간에 시장 판도가 바뀌었다. 물론 그 후 신문광고가 적극적으로 이를 뒷받침했다. 현수막의 내용은 '혼수세일 30%'였다. 80년대 중반에 시작한 인켈의 이러한 캠페인은 오디오를 '있는 집의 과시거리'에서 가정의 필수품으로 만드는 데 기여한다.

캠페인을 시작한 지 불과 2년 만에 오디오가 혼수품목에 들어가게 되었다. 이로 말미암아 오디오는 집집마다 한 대씩 보급되었고, 인켈은 독주분위기를 이어간다. 이후 인켈은 오디오시장의 제왕자리를 유지하기 위해 마니아 중심 고가시장을 향해 기술력을 배양, 결국 세계수준의 고가형 오디오 출시에 성공한다.

축제분위기에 빠져들고 있던 90년대 중반, 롯데파이오니아의 성공은 오디오시장을 격랑에 휩싸이게 만들었다. 그리고 결코 무너지지 않을 것 같았던 인켈을 무너뜨렸다. 롯데파이오니아의 미니컴포넌트 출시. 롯데파이오니아는 학생들의 졸업시즌에 맞춰 저가형 컴포넌트를 내놓고 '방마다 미니미니' 캠페인을 실시했다.

유행처럼 퍼진 '방마다 미니미니' 열풍은 학생들을 중심으로 오디오시장을 바꿔내는 데 성공한다. 오디오시장의 판도는 어느새 미니컴포넌트로 넘어가 버렸던 것. 위기의식을 느낀 인켈은 채 6개월도 지나지 않아 '핌코' 라는 모델을 출시하며 추격을 시작했다.

품질에 있어서만큼은 자신이 있었던 인켈이었지만 미니컴포넌트 시장에서는 상황이 달랐다. 당시 최고의 인기를 누리던 가수 강수지를 모델로 총력전을 벌였으나 결과는 인켈의 완패.

| 시대 | 캠페인 | 오디오 | 기업의 운명 |
|---|---|---|---|
| 70~80년대 | (인켈) 음질우선주의<br>외국 수출 오디오<br>마니아가 찾는 오디오 | 재산목록 1호,<br>있는 사람들의<br>과시거리 | 인켈의 시장안착 |
| 80년대 중반 | (인켈)<br>새봄맞이 혼수세일 | 집집마다 한 대씩 | 인켈의 매출상승과 독주 |
| 90년대 중반 | (롯데파이오니아)<br>방마다 미니미니 | 방마다 한 대씩 | 해태전자의 인켈 인수<br>롯데파이오니아 매출상승 |
| 21세기 | (아이리버)<br>i+river : 인터넷 강<br>인터넷과의 연계 | 소스는 공짜 | 오디오시장 쇠퇴 |

표 1-1 : 오디오시장의 변화와 기업의 운명

이 사건을 계기로 점차 추락의 길로 내몰렸던 인켈은 결국 해태전자로 매각된다. 그러나 현재의 사정은 어떠한가? 롯데파이오니아 역시 쇠락을 길을 걸어 그 명맥조차 끊어진 상태다. 그렇다면 오디오시장은 사라졌는가? 그렇다. 지금은 오디오의 영광을 MP3플레이어가 대신하고 있으며, 그 제왕의 자리는 가전3사가 아닌 아이리버가 차지하고 있다.

가전3사가 아닌 아이리버가 MP3시장을 과점하고 있는 이유는 과연 무엇일까? 'i+river'는 인터넷 강을 의미하는 이름이다. 인터넷과의 연계를 통해 소스를 공짜로 내려 받을 수 있다는 점을 부각하며 이 땅에 탄생한 것이 바로 아이리버다. 출시 초기 젊은 층을 중심으로 퍼진 MP3 열풍은 대단한 것이었다. 아이리버의 시장선점은 오디오시장의 쇠퇴를 불러왔고, 가전3사의 뒤늦은 추격조차 허용하지 않았다.

## 일거에 문제 해결한 지방형보일러의 효자컨셉, '효'

다시 경동보일러 얘기로 돌아가 보자. '반 발짝 빠른 타이밍' 에 동의한 팀원들은 이를 견인할 만한 강력한 컨셉 확보를 위해 고심한다. 그리고 다시 C씨에 의해 '효' 컨셉이 제안되기에 이른다. 우리나라 사람들에게 있어 효의 의미와 상징은 매우 남다르다. 때문에 효는 매우 파워풀한 컨셉인 것이다. 이것을 제대로 끌어낸다면 반 발짝 빠른 타이밍을 만들어낼 수 있을 것이라는 주장에 팀원들 모두는 동의했다.

하지만 두 가지 문제가 있었다. 첫 번째 문제는 효와 경동보일러의 특성을 어떻게 연결시킬 것인가의 문제였으며, 두 번째는 표현에 대한 문제였다. 진지하지 못하면 효를 전달하기 어려울 것이고, 진지해지려면 부모들의 고생하는 모습을 보여줘야 하는데, 자칫 화면이 구질구질해질 수 있다는 것.

먼저 경동보일러와의 연결에 대한 문제를 풀었다. 캠페인집행을 2단계로 구분하고, 그 중 1단계에서는 강력한 임팩트와 공감에 집중하자는 것. 이렇게 하는 것만이 '효' 컨셉을 통한 구매결정을 만든다는 인식 아래에서 1단계는 '효' 컨셉만 강조하여 구매결정까지를 유도하고, 지방에 꼭 맞는 보일러(기능단순, 저고장-A/S필요성 낮음, 높은 열효율, 저렴한 가격)라는 컨셉은 2단계에서 운영하자고 의견이 모아졌다.

표현의 문제를 해결하기 위해 아이디어들이 쏟아졌다. 화면을 반으로 갈라 부모와 자식의 생활을 대비하자는 아이디어, 자식들이 제품 구매 중 부모님 걱정을 하며 한 대 더 구입하기로 합의시키자는 아이디어, 부모님께 보일러를 사가지고 간 효자의 모습을 보여주자는 아이디어 등 숱하게 많은 아이디어들이 제출되었다.

가이드라인이 만들어졌다. 한국적 심성에 호소하는 가장 한국적인 영상을 만들기 위해 다큐멘터리 기법을 도입한다는 것. 현실감을 극대화자는 의견이었다. 자식의 모습을 드러내지 않고, 부모님 고생하시는 장면만을 노출시켜 소비자들의 감정을 울리자는 것이었다.

## 보일러 판 세일링 포인트, '이 추운데 애들 고생이나 안하는지, 원'

다음은 경동보일러 광고캠페인, '효심' 편의 내용이다.

소를 몰고 들어오는 아버지. '이랴, 이랴.'

소를 묶으며, '추운데 뭐하는 거야?'

대꾸 없이 얼음 깨는 어머니,

아버지, 방으로 들어가며, '얼른 들어와.'

구들 안에 손을 넣으며, '에이그, 방이 왜 이래?'

어머니, '이 추운데 애들 고생이나 안하는지 원.'

아버지, '글쎄다.'

NA : 며느리, '여보, 아버님 댁에 보일러 놓아드려야겠어요.'

'보일러는 경동 보일러'

자막 : 열효율이 높은 제품을 선택합시다.

이 광고의 엔딩 멘트인 '여보, 아버님 댁에 보일러 놓아드려야겠어요.'는 아직까지도 회자될 만큼 유명하다. 하지만 광고제작에 있어 가장 주안을 두었던 세일링포인트는 '이 추운데 애들 고생이나 안하는지 원.'이었다. 그 힘든 상황 속에서도 오히려 자식을 걱정하는 부모님의 마음을 소비자들에게 충분히 공명시켜 보일러를 팔자는 것.

자식들의 모습을 보여주는 것이 아니라, 암전 중 자막과 함께 '여보, 아버님 댁에 보일러 놓아드려야겠어요.' 라는 멘트가 나오는 것 역시 고도로 계산된 것이었다. 그리고 그 멘트를 아들이 아닌 며느리가 던지는 것 역시 우연이 아니었다.

이어서 방영된 '황태덕장' 편에도 '효심' 편과 같은 세일링포인트가 숨어 있었다. 황태덕장, 추운 황태덕장에서 일하시는 부모님은 이런 멘트로 많은 자식들을 울린다. '이거 애들한테 좀 보내줘.' 부모님의 가없는 자식사랑을 매개로 만들어진 이 광고는 1991년 방영되어 '효심2편' 으로 1992년 12월 한국광고대상을 수상했다.

이후 경동보일러의 계획은 지방에 신설되는 아파트를 중심으로 리플릿을 활용한 적극적 현장판촉을 집행하여 시장을 넓혀가는 한편, 2단계 광고는 열효율을 중심으로 경동보일러가 지방형보일러임을 알려나가는 것이었다.

지방의 현장판촉은 계획대로 집행되었다. 그리고 지방에서의 약진에 성공했다. 그러나 이 광고 한 편만으로 귀뚜라미보일러를 앞지를 수는 없었다. 급격한 매출신장을 보이기는 하였으나, 이것은 경동보일러의 독주가 아닌 보일러시장 전체의 약진에 의한 것이었다.

### 2단계 전략 지연으로 완성되지 못한 미완의 전략

여기저기에서 2단계를 집행하기에는 시기가 적절치 않다는 의견이 개진되었다. 1단계 전략을 통해 이미지 구축과 브랜딩에 성공했으니, 미흡한 점을 보완하여 시리즈로 제작하자는 것. 매출도 기대 이상으로 오르고 있던 차에 한국광고대상 수상은 1단계 전략의 장기 집행을 부채질했다.

한국적 정서를 가장 잘 담아낸 획기적인 광고로 각인되었던 바, 경동보일러 광고를 기업의 문화기여 차원에서 연장 운영하자는 의견이 압도적으로 우세했다. 결과적으로 2단계 광고집행은 10여 년가량 늦어졌다. 여기까지 살펴 본 경동보일러의 예가 바로 마콤전략을 구축하고 실행한 과정이다.

단순히 상품의 기능적 우위를 알린다거나 소비자들의 인지를 확보하기 위해 광고를 집행하는 것이 아니라, 마케팅 상의 문제를 확인하고 이를 토대로 소비자들의 인식을 바꿔냈다는 점에 주목하자. 이것이 바로 마콤의 가장 초보적인 개념이다. 물론 그것만으로 마콤이 이루어졌다고 말하는 것에는 무리가 있다. 하지만 커뮤니케이션이 마케팅에 맞닿아 있어야 한다는 설명으로는 충분하리라 믿는다.

커뮤니케이션이 단지 커뮤니케이션을 위해 존재하는 것이 아니라 마케팅에 기반하고, 마케팅에 기여해야한다는 사실을 보여준 사례다. 그 전략수립과 집행과정을 도식화해보면 다음과 같다.

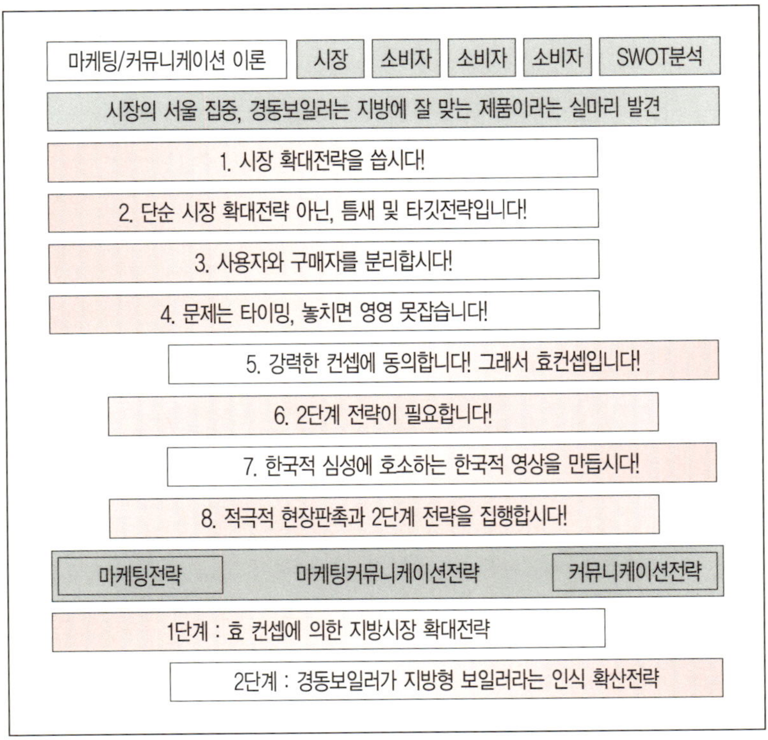


그림 1-2 : 경동보일러 광고의 구조 도해

가장 먼저 진행한 마케팅상황분석에서부터 4번까지는 마케팅전략에 해당된다. 그리고 5~6번은 광고컨셉과 운용단계, 7번은 아이데이션과 가이드라인 마련 등 크리에이티브 작업, 8번은 매체의 운용과 단계별 컨셉에 관한 내용이라 하겠다.

굳이 뿌리를 찾는다고 하면 조사과정에서부터 4번까지는 마케팅전략, 5~8번까지는 커뮤니케이션전략에 근거하여 구성된 전략이다. 그러나 그 모두는 마케팅커뮤니케이션전략이라고 하는 하나의 호흡 안에서 완성된 것이다. 이러한 전략수립의 예를 통해 마콤을 제대로 수립하기 위해서는 마케팅과 커뮤니케이션의 기초가 튼튼해야 한다는 사실을 알 수 있다.

그렇다면 모든 업종의 마콤전략은 이러한 호흡으로 진행되는 것인가? 결론부터 말하자면 그렇지 않다. 업종에 따라 매번 달라지며, 시대상황에 따라서도 달라진다. 때문에 이전에 검토된 업종이라 하더라도 시간이 지나면 다시 조사되어야 하고, 다시 검토되어야만 한다. 때문에 늘 시장을 제대로 이해하기 위한 관심이 필요한 것이다.

커뮤니케이션도 마찬가지이다. 사람들의 생각을 잘 읽고, 그 사회와 문화적 특성을 반영해야하는 것이 커뮤니케이션이다. 그러나 소비자들의 니즈와 사회의 트렌드는 변화해나간다. 그러므로 이런 흐름을 잘 읽는 것이야말로 마콤전략을 구성하는 가장 중요한 능력이라 하겠다.

1부 : 마케팅과 마콤전략

# 2

## 마콤전략의 개념

# 가치창출을 통해 교환을 돕는 소통, 마케팅커뮤니케이션!

광고인이었던 로이 윌리엄스에게 한 광고주가 수표를 건네며 물었다. "이 수표를 당신에게 주겠소. 당신은 나에게 무엇을 보증할 수 있습니까?" 그러자 로이 윌리엄스는 대답했다. "당신은 이 수표를 다시는 볼 수 없을 것입니다. 그 점을 보증하겠습니다." 참 오래된 얘기다. 그러나 지금의 광고주들이라면 이 같은 조크에 웃을 수 있겠는가?

광고인들이라면 보증할 수 있어야 한다. 10% 남짓한 수수료를 챙기기 위해 아무 것도 보증할 수 없는 광고를 만들겠다면 차라리 10%를 그냥 현금으로 달라고 하는 편이 낫다. 그럼 광고주는 남은 90%

로 제대로 된 마콤을 할 수 있을 테니 말이다. 광고가 마케팅의 도구임을 강조하기 위해 종종 등장하곤 하는 예화다.

그렇다면 마콤은 광고와 같은 말인가? 결론부터 이야기하자면 그렇지 않다. 언제부터인가 사람들은 '마케팅커뮤니케이션' 에 대해서 말하기 시작했다. 단, 여기에서 말하는 마케팅커뮤니케이션이란, 마케팅과 커뮤니케이션을 더한 개념이 아니다.

### 새로운 '시장' 의 개념, '소비자의 가치를 교환하는 공간'

'마케팅커뮤니케이션' 은 마케팅을 위한 모든 커뮤니케이션을 표현하고 있는 것이다. 그리고 그 줄임말이 '마콤' 이다. 광고는 그 중 하나의 도구에 불과하다. 마콤전략을 이해하기 위해서는 마케팅, 마케팅을 위한 커뮤니케이션, 전략을 각각 이해해야만 한다.

먼저 마케팅에 대해 알아보자. 1965년 미국마케팅협회(AMA)는 마케팅에 대해 '재(財)와 서비스의 흐름을 생산자에서 소비자로 흘러가게 하는 전체적인 비즈니스 활동' 이라고 정의한 바 있다. 결국 이것은 '판매를 촉진하기 위한 활동' 쯤으로 이해할 수 있다.

그러나 1985년 그들은 마케팅을 '개인과 조직의 목표를 달성하는 교환을 창조하기 위하여 아이디어 · 재(財) · 서비스의 개념설정(Conception) · 가격 · 프로모션 · 유통을 계획하고 실행하는 과정' 이라고 바꾸어 정의하였다. 구 버전과 신 버전 사이에는 마케팅이 생산자에서 소비자로 흘러가는 일방형에서 교환형으로 바뀌었다는 분명한 차이가 있다.

현대에 와서 일반적으로 굳어진 마케팅의 정의는 '시장에서 고객의 요구를 살펴, 기업이 이를 만족시키기 위한 교환을 구상하고, 그 목표를 정해 행하는 활동'이다. 이때 교환의 대상은 가치이며, 그 가치는 들어가는 비용과 비교해서 얻을 수 있는 이익으로 표시된다. 그리고 이 가치는 시대와 상황에 따라 변화한다.

결론적으로 마케팅이란, 고객들이 원하는 가치를 제대로 파악하여 그들을 만족시키는 활동이다. 이러한 활동을 통해 시장에서의 교환이 활발해진다는 것. 이것이 마케팅의 가장 기본적인 원리라 하겠다. 하버드 경영대학의 레빗(Theodore Levitt) 교수는 '성장산업 같은 것은 없다. 단지 소비자의 욕구만이 있을 뿐이고, 그것들이 변해갈 뿐이다.' 라고 말한 바 있다. 결국 소비자의 욕구를 알아내고 그것을 해결해가는 과정이야말로 기업의 성장비결이라 할 수 있는 것이다.

마케팅을 이해하기 위해 먼저 시장의 개념에 대해 살펴보자. 일반적으로 알고 있는 시장의 개념은 물리적 공간(Physical Zone)이다. 경제학적 관점에서는 수요와 공급이 만나는 개념적 장소(Virtual Place)를 시장이라 부른다. 그러나 경영학적 관점에서는 교환이 이루어지는 모든 가상의 영역을 시장이라 부른다.

앞서 말한 바대로 시장에서는 교환이 이루어진다. 교환이란 소비자에게 편익과 만족, 즉 가치를 주고 그 대가로 이익을 얻는 것이다. 마케팅은 이러한 교환을 활발하게 하는 일이다. 때문에 마케팅은 누이 좋고 매부 좋게 하는 궁리라 하겠다.

제품 또는 제공물은 소비자들에게 가치와 만족을 전달할 경우에 선택될 수 있다. 소비자는 여러 제공물 중 최상의 만족을 제공한다고 믿는 것 하나를 선택한다. 가치(value)란 고객이 획득하는 것과 고객이 제공하는 것 간의 비율로써 정의된다. 즉, 고객은 이점을 획득함으로써 비용을 감수한다는 것. 이점에는 기능적 이점과 감정적 이점이 포함되며, 비용에는 금전적 비용 · 시간 비용 · 에너지 비용 그리고 심리적 비용이 포함된다. 가치를 구하는 공식은 다음과 같다.

$$\text{가치} = \frac{\text{이점들}}{\text{비용}} = \frac{\text{기능적 이점} + \text{감정적 이점}}{\text{금전적비용} + \text{시간비용} + \text{에너지비용} + \text{심리적비용}}$$

표 2-1 : 가치를 구하는 공식

따라서 기업은 여러 가지 방법으로 고객에게 제공하는 물건의 가치를 증가시킬 수 있다. 이점을 증가시키는 것, 비용을 절감하는 것, 이점을 증가시키고 비용은 절감하는 것, 비용의 증가보다는 이점을 증가시키는 것, 비용의 절감보다는 이점의 감소를 적게 하는 것 등이 그것이다.

## 기능적 이점만이 아니라, 감정적 이점이 강조되는 시대

산업화가 처음 이루어지던 시대에 가장 중요한 가치는 역시 가격이었다. 사람들은 처음 경험하는 제품에 열광했고, 가격이 싼 제품에 대해 선호를 보였다. 금전적 비용이 적으면 적을수록 가치는 커졌던 것이다. 하지만 이 시장은 곧 '싼 게 비지떡' 이라는 인식으로 바뀌면서 품질에 대한 선호를 보이게 되었다. 주로 기능적 이점, 즉 물리적 이점에 반응하게 되었다는 것이다.

'질 좋고 싼' 물건이 각광받던 시대. 하지만 이러한 가치기준은 또 다시 시대의 흐름에 따라 변화하였다. 경쟁이 가속화되면서 대개 물건들의 품질이 비슷해지고 가격 또한 비슷해지자, 이제는 시간적 비용이 적게 드는 물건에 관심을 갖게 되었다. 살 수 있는 곳이 많아서 멀리 가지 않고도 빠른 시간 내에 물건을 손에 넣을 수 있는 것, 혹은 친절한 서비스가 동반되는 제품 등이 각광 받게 되었다.

그래서 공급자들은 앞다투어 대리점을 늘리고, 유통처를 늘렸으며, 직원들에게는 CS교육 등을 통해 친절을 강조하게 되었다. 현대에 와서는 제품이 '나를 표현하는 개성의 수단' 으로까지 발전하였다. 이처럼 가치는 지속적으로 변화한다.

그렇다면 마케팅을 위한 커뮤니케이션이란 무엇인가? 결론부터 이야기하면 '시장에서의 교환을 활발하게 하기 위해 집행하는 커뮤니케이션' 이라 할 수 있다. 따라서 마콤은 고객들의 '가치' 를 중심으로 구상하게 된다. 모든 마콤의 목표가 당장의 제품판매는 아니겠지만 그 최종목표는 언제나 제품의 판매에 있다.

그러니 이 마콤이라는 말은 마케팅이라는 말이 만들어진 후에 등장한 단어임에 틀림없다. 그러나 마케팅이 처음 만들어졌던 당시에는 마콤이라는 용어가 사용되지 않았다. 그렇다면 그때에 마콤을 대신하던 말은 무엇인가? 그것은 바로 '촉진(Promotion)' 이었다.

그렇다면 촉진과 마콤은 어떤 차이가 있는가? 여기에는 크게 세 가지의 차이가 있다. 촉진이 공급자적 시각이라면 마콤은 수요자적 시각을 반영한 것이라는 점이 첫 번째 차이다. 두 번째 차이는 촉진이 마케팅의 4P에서 나온 것이라면, 마콤은 4P가 진화한 4C에서 나온 말이라는 것. 즉 소통이라는 점이다.

촉진에는 제품구성과 관련한 커뮤니케이션이 포함되어 있지 않았지만 마콤에는 제품구성과 관련한 커뮤니케이션이 포함되어 있다는 것이 세 번째 차이이다. 먼저 공급자적 시각과 수요자적 시각에 대해 살펴보자. 대중(Mass)에 대한 초기 커뮤니케이션학의 입장은 매우 일방적이었다. '대중은 정보에 노출되면 이를 비판하지 않고 무조건 그 정보를 수용한다.' 는 것이 당시의 일반론이었다.

기업은 매스미디어광고를 통해 상품의 정보를 전달하였고, 소비자는 이것을 무비판적으로 수용했다. 뿐만 아니라 소비자들은 이렇게 전달된 정보를 생활에 필요한 매우 중요한 정보로 받아들였으며 경우에 따라서는 이것을 남들에게 알리기까지 했다. 로고송 등으로 확산된 매스미디어광고는 매우 파괴력 있는 촉진 수단으로 소비자들에게 다가갔으며, 기업들로부터 환영받았다.

하지만 이후 현대 산업사회가 진전되면서 이 이론은 '대중은 자기가 원하는 정보만을 취사선택한다.' 는 것으로 발전하게 된다. 이른바 쌍방향 커뮤니케이션(two-way communication)이 등장한 것이다. 그리고 이것은 이후 소비자들의 적극적인 의사전달이 기업에 영향을 미치는 형태로 발전한다. 물론 이렇게 된 데에는 뉴미디어의 등장 등 미디어환경의 변화가 큰 영향을 미쳤다.

### 쌍방향 커뮤니케이션은 '소통형 커뮤니케이션'

뿐만 아니라 소비자들이 생각하는 상품의 개념도 변화하였다. 단순히 물리적 이점과 금전적 비용만으로 상품이 구성되는 것이 아니라, 감정 · 시간 · 에너지 · 심리적 측면이 고려되어 상품이 구성된다는 것. 따라서 상품의 구성요소 중 서비스가 매우 큰 영역을 차지하였고, 이 서비스를 적절히 표준화하고, 이를 매뉴얼로 만들어 실시하게 하는 일들이 늘어나고 있다.

그런데 이 서비스는 결국 기업 내 조직원들에 의해 구현되므로 기업 내 조직원들과의 커뮤니케이션 역시 매우 중요한 커뮤니케이션이요, 마케팅커뮤니케이션의 한 분야로 부상하게 된 것이다. 그리고 이러한 커뮤니케이션은 단순한 인적판매의 차원이 아니라, 제품 구성의 한 요소로 인정받게 된 것이다.

이러한 서비스 구성의 마케팅, 조직원들의 사기 고양을 통해 이 서비스가 보다 의도대로 집행되게 하기 위한 수단으로 '인터널마케팅'이 부상하고 있다. 마케팅에 영향을 주는 일련의 마케팅을 일컬어 '인터널마케팅' 이라고 부른다. 그리고 이 분야는 매우 중요한 마케팅 커뮤니케이션으로 취급되고 있다.

일방적 커뮤니케이션이 가능하리라고 믿던 시대, 혹은 일방적 커뮤니케이션이 가능하던 그 시대에 사용하던 판매촉진이라는 말은 자연스레 '커뮤니케이션' 으로 변화하게 된다. 지금은 쌍방향 커뮤니케이션의 시대이기 때문이다. 오히려 소비자들이 보다 적극적으로 공급자를 향해 말을 걸어오기도 한다.

따라서 소비자들이 걸어오는 말, 소비자들로부터 확인하는 소비자들의 이야기 등 밖으로부터 안으로 들어오는 말을 잘 듣고 이에 대응하는 커뮤니케이션이 마콤의 첫 번째 커뮤니케이션이다. 조직원들과의 긴밀한 커뮤니케이션은 두 번째 커뮤니케이션이다. 그리고 이 커뮤니케이션은 인터널 커뮤니케이션이라 할 수 있다.

세 번째 커뮤니케이션은 고객 획득을 위한 커뮤니케이션이며, 네 번째는 고객 유지 및 강화를 위한 커뮤니케이션이다. 뒤의 두 커뮤니케이션은 인터널의 반대개념인 아웃터널 커뮤니케이션으로 규정할 수 있다. 시장 중심의 커뮤니케이션 개념이 이처럼 고객 획득과 유지 및 강화의 개념으로 아웃터널 커뮤니케이션이 변화한 것은 고객관계관리의 개념이 등장한 이후부터다.

세 번째와 네 번째 커뮤니케이션, 즉 아웃터널 커뮤니케이션은 상품과 시장의 특성에 따라 어느 한쪽으로 진행되기도 하고, 양쪽 다 활용하되, 어느 한쪽 중심으로 진행되기도 하며, 양쪽 방향으로 골고루 진행되기도 한다. 그러나 이것은 철저히 기업과 소비자 사이의 관계에 의해 결정되는 문제다. 따라서 일반적인 것이 없고, 매우 개별적이며 상대적으로 운용된다.

이것이 바로 판촉과 마콤의 차이이다. 하지만 이것은 겉으로 드러나는 차이를 중심으로 살펴본 비교일 뿐이다. 내부적으로는 이 모든 기능들이 서로 협력하고, 각기 자기 역할을 잘 할 수 있도록 기업의 구조 자체에 변화가 형성되고 있다.

앞서 '브랜딩솔루션'에서 첫 번째 문제와 두 번째 문제는 자세하게 소개하였으므로 이 책에서는 세 번째와 네 번째 문제, 즉 아웃터널 개념에 대해서만 다루기로 한다. 이 통합과 분산의 문제, 고객관계관리의 일환으로 운용되는 마콤에 대해서는 뒤에서 보다 자세하게 다루기로 하자.

## 기업활동을 위한 마케팅, 마케팅을 위한 커뮤니케이션

다음 표는 기업경영활동과 기업경영의 요소들을 도식화한 초기모델이다. 이 모델에서는 마케팅을, 기업경영을 위한 네 가지 관리영역 중 하나로 표시했다. 그리고 그 마케팅은 제품, 가격, 유통, 촉진 4가지로 구성된다. 그 중 하나인 판매촉진, 즉 프로모션은 다시 인적판매, PR, SP, 광고의 네 가지 프로모션 믹스로 구성된다.

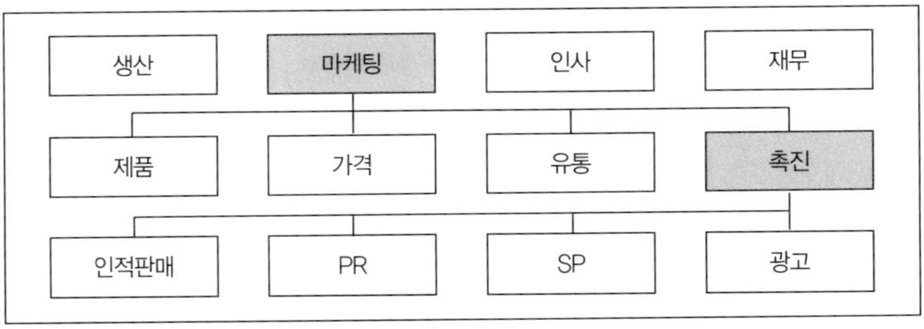

그림 2-1 : 초기 마케팅과 프로모션 믹스의 구조

마케팅의 입장에서 본 판촉이란 이러한 기업경영활동, 그 중에서도 마케팅을 위해서 실시되는 도구인 것이다. 그러므로 광고를 포함한 모든 촉진 수단들은 마케팅활동을 위해 실시된다. '마케팅 지향적 광고는 있되, 커뮤니케이션 지향적인 광고는 없다.'는 말이 생겨나게 된 것도 이런 이유이다.

매스커뮤니케이션의 위력으로 이러한 4P는 한동안 마케팅에 공헌해왔다. 소비자들은 공급자들이 매스컴을 활용해서 던지는 촉진에 설득되었고, 제품에 열광했다. 하지만 점차 경쟁이 가속화되면서 매스컴을 통해 던져지는 촉진, 즉 광고를 믿는 소비자의 수는 줄어들게 되었다. 소비자들이 똑똑해진 것이다.

이때부터 커뮤니케이션에 대한 새로운 시각이 만들어지게 된다. 커뮤니케이션의 쌍방향성을 이해하게 되었기 때문이다. 정보화시대를 맞이한 마케팅의 새로운 변화는 4P가 4C로 변화하는 것에서 출발한다. 그리고 감성시대로 넘어가는 현대에 와서는 4E의 개념까지 등장하게 되었다. 다음 표는 이 각 요소들을 연결성 중심으로 비교한 것이다.

| 4P | 4C | 4E |
|---|---|---|
| 제품 Product | 소비자혜택 Consumer | 체험 Experience |
| 가격 Price | 기회비용 Cost | 교환 Exchange |
| 유통 Place | 편리성 Convenience | 열성 Enthusiasm |
| 판촉 Promotion | 소통 Communication | 고객전도사 Evangelist |

표 2-2 : 4P, 4C, 4E의 비교표

따라서 마콤이라는 말의 뜻 안에 포함된 커뮤니케이션은 일반적 커뮤니케이션의 개념이 아니라, 4C가 말하고 있는 '소통' 차원의 커뮤니케이션이라고 이해하는 것이 옳다. 그러나 이 소통은 '마케팅의 4가지 요소 중 하나' 라는 식의 구별법 하에서의 개념이 아니다.

이후에 설명되겠지만 전략마케팅 개념으로 넘어가면 커뮤니케이션이 마케팅의 대부분을 차지할 만큼 중요한 요소로 등장하는 경우가 종종 있다. 따라서 우리는 이것을 넷 중 하나로 이해하기보다는 말 그대로 마케팅을 위한 '모든 소통' 으로 이해하는 것이 옳다.

## 좋은 아이디어 몇 개가 아닌 효율적 줄기를 찾는 일이 '전략'

그렇다면 전략이란 무엇인가? 우리는 가끔 '너는 이 일에 어떤 전략을 쓰려고 하느냐?' 또는 '전략적 사고를 하라.' 는 말을 듣는다. 이에 한 마디로 답하기는 어렵다. 과연 전략이라는 말에는 어떤 뜻이 담겨 있는가? 전략적 사고란 어떤 사고인가? 전략이라는 말은 마케팅용어인가?

결론부터 말하면 그렇지 않다. 전략은 전쟁용어에서 비롯되어 내려온 말이다. '적을 속이는 술책'이라는 그리스어 'strategia(將帥術)'에서 태어난 말로, 군에서 처음 만들어진 개념이었다. 그래서 그런지 전략이라는 말이 주는 느낌은 매우 살벌하다.

챈들러(A. Chandler Jr.)는 경영전략을 '기업의 장기적 목적 및 목표의 결정, 이들 목표를 실행하기 위해 필요한 활동방향과 자원배분의 결정'이라고 정의했다. 마이클 포터(Michael Porter)는 경영전략을 '기업의 경쟁우위를 구축하고 구체적인 경쟁방식을 선택하는 의사결정'이라고 정의했다.

이 두 정의를 바탕으로 정리해보면 전략이란 '목표의 결정과 이 목표를 실행하기 위해 필요한 활동방향과 효율적 자원배분에 대한 결정'이며, 전략적 사고란 '목적에 맞는 사고, 목적달성의 방향을 고민하는 사고, 효율성을 강조하는 사고'라 풀이해 볼 수 있겠다.

풀어보면, 전략이라는 말 속에는 '목적지를 정하는 일', '목적지까지 가는 길을 찾는 일', '그 길을 잘 갈 수 있는 방법을 찾는 일'의 세 가지 의미가 들어 있다. 그리고 그 세 가지 일 모두에 한결같이 적용되는 것은 '가장 효율적인 그것'이다.

우리에게 가장 효율적인 '그것'을 찾아내고, 그 세 가지를 모두 찾았다면 그것을 개념도로 그려보자. 일종의 지도그리기다. 길을 찾는 과정이니 찾아낸 길을 지도로 그려보는 일도 가능하지 않겠는가? 이 전략개념도를 연습하자. 수없이 거듭되는 전략개념도 연습이야말로 자신의 사고를 정리하게 해주는 원천이다.

마콤전략은 마케팅전략 하에서 움직인다. 그리고 마케팅전략은 경영전략 하에서 움직인다. 군대로 치면 경영전략은 사단전략이고, 마케팅전략은 연대전략, 마콤전략은 화기대대의 전략이라고나 할까? 그러나 최근에는 마케팅전략과 마콤전략을 하나로 보는 경향이 나타나고 있다. 마콤전략을 마케팅전략의 하위전략으로만 보기 어려운 이유다.

하지만 전략도 규모에 따라 여러 단계로 나눠지는 경우가 많다. 그렇다면 이렇게 각각 나눠진 전략단위와 전략의 하부단위인 전술은 같은 의미로 쓰일 수 있는가? 그렇지 않다. 전략단위의 끝이 목적지라면 전술의 끝은 늘 길 위다. 전략은 언제나 목적지를 지향하고, 전술은 길 위를 효과적으로 걷는 방법을 지향한다. 그래서 전술은 늘 전략의 품 안에 있어야만 한다.

전술은 전략의 하부단위일 뿐만 아니라, 이를 '뒷받침하는' 하부단위여야만 한다는 것. 그러니 전술 몇 개가 모였다고 전략이 구성될 수는 없는 노릇이다. 마찬가지로 몇 가지 좋은 아이디어를 전술화해서 결합시키는 것만으로는 결코 좋은 전략을 만들 수 없다. 먼저 전략을 구상하고, 그 전략 하에서 필요한 전술들을 구성해내야만 한다.

## 직원 두 명으로 시작한 대행사를 세계적 기업으로 성장시킨 초기전략

1948년, 38세의 오길비는 광고대행사의 문을 연다. 광고주 하나 없는 채로 2명의 직원과 함께 시작한 광고대행사 오길비 앤 매더(Ogilvy & Mather). 그렇게 시작한 회사는 무려 3,000여 개의 대행사들과 경쟁해야 했다. 그런 회사가 현재는 100여 개국에 360여 개의 현지법인을 가진 가장 큰 네트워크의 존경받는 세계적 기업으로 발전했다.

문을 연 뒤 그가 가장 먼저 한 일은 희망하는 5개 클라이언트의 리스트를 작성한 것이었다. '제너럴 푸드, 브리스톨 마이어스, 캠벨 수프, 레버 브러더즈, 쉘' 이 바로 그것이었다. 당시의 회사 상황으로는 엄두도 낼 수 없는 대광고주들이었다. 하지만 오길비는 늘 '1등급 비즈니스, 1등급의 방법' 을 주창했다.

그는 먼저 무명의 회사를 유명하게 만들고 이를 통해 중소형 광고주를 확보하는 일을 목표로 삼았다. 이 목표의 달성을 위해 오길비는 몇 가지 일을 추진해나갔다고 한다.

그는 가장 먼저 언론과의 관계를 구축한다. 광고업계지 기자 10명 정도를 점심식사에 초대한 오길비. 그는 '무(無)에서 출발하지만 큰 대행사를 만들겠다.' 는 야심을 기자들에게 털어놓는다. 그리고 그들의 도움을 요청하는 한편 그들과 보다 친밀한 관계를 형성하게 된다. 그 후 기자들은 오길비가 보내는 인쇄물이라면 아무리 작은 것이라도 반드시 기사로 다루어 주었다.

다음으로 오길비는 업계와 사회 속에서의 영향력 강화를 위한 이벤트를 벌인다. 아트 디렉터즈 클럽 강연을 활용하기로 마음먹은 그는 '좋은 레이아웃을 만드는 39개 원칙' 을 만든다. 만들어진 리스트는 강연 당일 참석한 아트 디렉터 전원에게 주어졌다.

그리고 대학의 광고 관련 강의의 몽매함을 고발하고, 실제로 사용될 수 있는 자격증을 수여하는 광고대학 설립을 위해 1만 달러를 내놓겠다고 제안했다. 당연히 이 바보같은(?) 제안은 신문 1면을 장식했다. 그 후 오길비는 회사의 내부역량을 비축하는 한편, 대외협력체계를 구축한다. 언제든지 협력 가능한 PR 컨설턴트와 경영 엔지니어들을 친구로 맞아들인 것이다. 그는 이렇게 구성된 그만의 인적 네트워크를 적극적으로 활용했다.

마지막으로 그는 고객들에게 자신과 자신의 일을 알렸다. 각 업종에 종사하고 있는 예상 고객 600명에게 업무진행보고서를 정기적으로 송부한 것. 이러한 네 가지 PR을 이용해서 오길비는 무명에서 스타로 부상하고 작은 광고주들을 영입하게 된다. 그의 첫 번째 목표가 달성된 것이다.

## 겉으로는 드러나지 않았던 그들의 핵심 론칭전략

두 번째 목표는 작은 광고주들이 성공할 수 있도록 하는 성공캠페인의 운영과 이를 통한 명성 확보였다. 신규 광고주를 유치할 수 있는 가장 쉬운 방법은 좋은 광고로 프레젠테이션을 하는 것이었다. 그는 신규 광고주를 유치하는 경쟁 프레젠테이션에서 무려 7년 동안 단 한 번도 패하지 않았다.

또한 오길비는 자신이 맡은 광고주들을 성공시킴으로써 명성을 확보하게 된다. 이로써 세 번째 목표인 대형광고주 확보를 위한 명성과 신뢰까지를 담보할 수 있게 된 것이다. 그리고 결국 그는 작은 광고주들의 성공과 명성 확보라는 계단을 넘어 처음 희망했던 대형광고주 5개를 모두 고객으로 맞아 세 번째 목표까지 달성한다.

이로써 오길비의 광고회사가 취한 론칭전략을 간략하게 설명했다.

물론 여기에는 미처 말하지 않은 몇 가지 사실들이 숨어 있다. 예상 고객 600여 명에게 업무진행보고서를 송부하기 위해서는 예상 고객들에 대한 데이터베이스가 있어야만 했을 것이다. 그리고 예상 고객 600명을 골라내기 위한 기준도 분명히 존재했을 것이다.

뿐만 아니라 기자들과의 관계를 통해 언론기반을 마련한 뒤에는 필요할 때마다 그들에게 퍼블리시티를 운영한다든지 하는 일상적인 일들을 진행했을 것이다. 이러한 오길비의 론칭전략을 도식화하면 다음과 같은 전략개념도가 만들어질 수 있을 것이다.

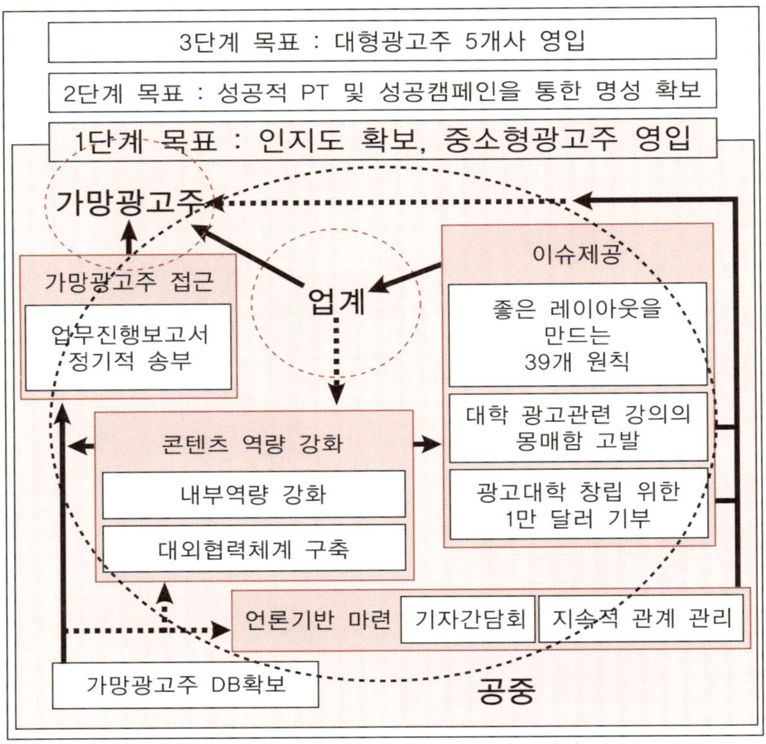


그림 2-2 : 오길비가 운영한 1등급 비즈니스를 위한 전략개념도

이러한 전략을 구성하는 데 있어 가장 중요한 3요소는 논리성, 창조성, 현실성이다. 많은 사람들이 아이디어와 전략을 혼동한다. 창조적인 것을 전략이라고 오해하는 경우도 많다. 물론 창조적인 것은 사람들의 관심을 끌 수 있다. 하지만 그러한 창조성이 논리적 개연성 없이 사용된다면 효과를 보기 어렵다.

모든 행동들은 논리적 개연성 아래에서 계산되어야만 한다. 아무리 참신한 프로그램도 그것이 목표달성에 기여하는 바가 없거나 전체적인 논지와 연결되지 않는다면 버려야 한다. 그리고 이렇게 구성된 전략은 충분히 현실로 구현될 수 있는 가능성, 즉 현실성에 기초해야만 하는 것이다.

결국 마콤전략이란 '마케팅에 필요한 커뮤니케이션을 보다 효율적으로 수행하기 위한 방법적 고안' 이라고 풀이될 수 있겠다. 기업 간의 경쟁이 치열해지면 질수록 이 마콤전략은 시장에서의 승리를 가르는 열쇠가 되고 있다. 하지만 마콤전략에는 정답이 없다.

시대상황에 따라, 시장상황에 따라, 업종에 따라, 회사가 처한 현실에 따라 마콤전략은 늘 달라져야만 하는 것이다. '이 정도면 됐다' 라고 안주하는 순간 기업의 위기는 다시금 달려들곤 한다. 바로 이것이 문제를 찾고 이를 해결해야하는 마콤전략의 숙명이라 하겠다.

이 마콤전략을 잘 구축하기 위해서는 마케팅에 대한 이해가 우선되어야만 한다. 지금부터 마케팅, 나아가 마콤전략의 세계로 다 함께 떠나보자.

1부 : 마케팅과 마콤전략

# 3

## 현대적 경영과 마케팅

# 기업경영 활성화의 도구, 마케팅관리와 마콤!

경영의 역사를 언제부터로 보는 것이 옳은가? 역사를 거슬러 올라가보면 경영은 기업이 탄생하기 훨씬 이전부터 존재했음을 알 수 있게 된다. 예를 들어 이집트의 파라오도 경영자였으며, 율법사 · 신부 · 장군 · 수도사도 넓은 의미로는 경영자였다는 것.

경영은 최소의 투자로 최대의 효과를 거둔다는 원칙 아래에서 '재화를 투입하여 새로운 재화를 창출' 하는 행위이다. 그렇다면 이러한 경영이 현대적 의미로 재탄생하게 된 과정은 어떠했는가? 그리고 그 속에서 마케팅의 개념과 커뮤니케이션의 개념은 어떠한 변화과정을 통해 현재의 모습을 갖추었는가? 그리고 마케팅은 경영 아래에서 어떤 위치를 점하고 있는가?

이것은 마콤을 하는 사람들의 입장에서는 매우 중요한 질문이 아닐 수 없다. 결국 마콤 역시 기업경영을 보다 활성화하기 위한 도구이기 때문이다. 그러나 이러한 질문의 답을 위해서는 꽤나 역사를 거슬러 올라가야만 한다. 인류가 생산을 시작하던 시대부터 차근차근 살펴보기로 하자.

### 제1의 물결, '농업혁명'으로 경제적 잉여를 마련하다

인류는 탄생과 동시에 생산활동을 시작했다. 수렵과 채집으로 생계를 유지하던 인류는 신석기시대에 와서 농업혁명을 이루게 된다. 이른바 제1의 물결이다. 가축을 기르고, 농경을 하여 경제적 잉여를 거두게 된 것이다. 이러한 경제적 잉여는 인류의 숫자를 늘렸으며, 사회를 형성하게 했다.

그러나 그때까지도 이 시대는 혈연적 씨족사회를 중심으로 자급자족의 생활을 영위하던 시대다. 농경지를 중심으로 자연스럽게 증가한 인구는 문명을 탄생시켰고, 그 대표적인 곳이 바로 4대문명 발상지이다. 이곳들은 곧 고대국가의 형태를 취하게 되었으며, 문화가 융성하는 한편 정치적 세력화가 일어나게 된다.

의사소통 차원의 커뮤니케이션은 인류의 탄생과 함께 시작되었겠지만 사회적 의미의 의사소통, 정치적 커뮤니케이션을 위한 광고의 형태가 나타난 것은 이러한 정치세력화와 궤를 같이 한다. 하지만 상업적 커뮤니케이션의 등장은 인류가 상업활동을 하면서부터이다. 이

상업활동은 농업혁명 이후에도 꽤 오랜 시간이 흐른 뒤 본격화되었다.

농업혁명이 일어난 후에도 생산의 무대는 여전히 '집'이었다. 집은 그 후로도 오랫동안 생활의 장이자, 생산의 무대였다. 물물교환의 형태로 시작된 상업활동은 점차 상설화된 시장을 통해 이루어지게 되었으며 화폐를 사용하는 등의 형태로 변모하게 된다.

가장 오래된 상업적 커뮤니케이션의 흔적은 고대 이집트에서 발견되었다. 파피루스를 이용해서 전단형태로 제작된 '샘이라는 노예찾기' 광고에서, 노예의 주인은 자신의 옷감가게를 광고하고 있다. 각종 간판형태로 시작된 옥외광고들은 로마시대에 와서 앨범이라는 형태로 정형화된다.

앨범은 건물이나 벽에 그림을 그리고 글씨를 쓴 형태의 광고다. 이 광고는 돌에 새기는 것처럼 한 번 설치해두면 바꿀 수 없는 것이 아니라, 다시 회칠을 하고 새로운 그림과 글씨를 쓸 수 있도록 했으며, 벽면에 앨범을 설치하고, 이를 임대하는 형태로 진행되었으니 이미 당시에 광고회사 내지 매체회사가 존재하였음을 방증한다.

각 문명을 중심으로 만들어졌던 문자와 종이의 개발은 지식의 축적과 정보의 전달이라는 측면 외에도 의식의 변화에 크게 영향을 끼치게 된다. 이렇게 발전해가던 커뮤니케이션은 1445년 구텐베르크가 발명한 금속활자에 의해 크게 변모한다.

유럽의 인쇄술은 그간 사제들에 의해 독점되던 성경의 인쇄에 적극적으로 활용되었고, 이것은 유럽 전역에 계몽사상을 탄생시키는 배경이 되었다. 뿐만 아니라 이러한 사회변동에 자극받아 종교개혁

이 발생하게 되었고, 권력에 대한 개념과 사상이 발달하게 되었다.

정보의 전달이라는 차원에서도 급격한 발달을 이루게 된다. 인쇄술의 발달은 이내 소식지의 탄생을 불러왔고, 15세기 말에는 신문도 탄생하게 되었다. 그리고 신문의 탄생은 상업광고의 탄생을 낳는다. 인쇄술이 낳은 지식의 축적은 기술의 발달을 불러왔고, 급격한 사회화를 가능케 했으며, 종국에는 산업혁명에도 크게 기여하였을 것으로 추측된다.

이러한 상황 속에서 장원 형태의 농장이 운영되었으며, 공장제 수공업이 생산의 주요 활동무대가 된다. 이때 비로소 사람들은 집을 떠나 '출퇴근' 하는 것으로 생산의 무대를 바꾸기도 하였지만 대부분의 사람들은 여전히 집을 생활과 생산의 무대로 활용하고 있었다.

### 제2의 물결, 산업혁명으로 현대적 기업이 등장하다

이들 모두를 출퇴근하게 만든 대사건은 다름 아닌 산업혁명이다. 1765년 와트의 증기기관 발명으로 촉발된 산업혁명은 18세기 후반부터 본격화되어 19세기 초에 완성된다. 면직물 공업부문에서 시작된 산업혁명은 실을 짜는 기계인 방적기와 직물을 짜는 기계인 방직기의 개량으로 이어졌으며, 1807년 미국 풀턴의 증기선 발명, 1814년 영국 스티븐슨의 증기기관차 발명으로까지 이어진다.

제2의 물결이라 불리는 이 산업혁명은 영국에서 처음 시작되었다. 그 배경에는 상공업의 발달, 충분한 자본, 많은 해외 식민지와 그를 통한 지하자원 및 노동력의 확보가 있었다. 그러나 아이러니컬하게도 식민지였던 미국이 산업혁명의 가장 큰 수혜자가 되었으며, 이후

제2차 산업혁명은 미국의 주도하에 이루어지게 된다.

미국은 1607년에 최초로 영국의 정착지가 건설되면서 개발되기 시작했다. 그렇다면 이렇게 후발주자였던 미국은 어떻게 빠른 성장을 구가할 수 있었을까? 무엇보다 미국 인구가 전 세계로부터 이주해 온 이민자들로 구성된 점에서 그 실마리를 찾을 수 있겠다.

그들은 개척자들이었다. 아무 것도 없는 대륙 위에 스스로 집을 지어야만 했고, 스스로 땅을 일구어야만 했다. 도전과 창조정신이야말로 그들에게 부여된 고된 노동이요, 축복이었다고 할 수 있을 것이다. 광대한 토지와 엄청난 천연자원이 그들에게 주어졌고, 그들은 생산증대와 인구증대를 동시에 이루었다.

신분제도로부터 벗어나 자본주의를 적극적으로 받아들였으며, 사실보다는 인식에 기초한 지식사회학의 발달로 민주적 제도들을 빠르게 안착시켰다. 여기에 더해 미디어의 발전은 그들에게 정보의 전달과 지식의 축적을 가속화시켰다.

1783년 미국은 영국으로부터 독립했고, 프랑스 · 에스파냐 · 멕시코 등으로부터 영토를 획득하여 1848년에는 거의 현재와 같은 대륙국가로 발전하였다. 이민객이 갑자기 늘어난 것도 이 시기다. 인구는 급격히 팽창하였으며, 1869년 개통된 대륙횡단철도는 미국의 산업을 급속도로 발전시켰다. 이른바 철도시대가 시작된 것이다.

이에 앞서 미국의 모스가 1843년 유선 전신을 발명하고, 벨이 1876년 전화를 발명함으로써 시작된 통신혁명도 산업의 발전에 기여하게 된다. 교통과 통신의 발달은 원료와 제품의 빠른 수송을 가능하게 하였고, 이것은 산업발달을 촉진시켰던 것이다.

미국은 공장제 기계공업으로 대량생산시대를 열어가게 된다. 산업혁명은 영국이 먼저 했지만 자본주의 민주사회질서에 따라 능력본위의 시대를 맞게 된 미국은 부르주아, 프론티어, 대량생산체제 등으로 본격적 경영의 포문을 열게 된다. 유럽의 경영관이 오랫동안 토지, 기계, 노동에 맞추어져 있었다면 미국의 경영관은 애초에 대량생산시대의 체질에 맞추어져 태동했던 것.

당시의 커뮤니케이션은 신문과 잡지로 대별된다. 국토가 넓었던 미국은 특히 잡지문화가 빨리 발전하게 되는데, 신문에 비해 컬러화가 먼저 진행되었던 잡지와 잡지광고를 통해 광고에 있어서도 미국이 유럽을 앞지르는 계기를 마련하게 된다.

## 생산관리를 시작으로 기업경영의 깃발이 오르다

미국 기업의 경영개념 중 가장 먼저 발달한 것은 생산관리였다. 그리고 그것은 19세기 말부터 시작되었다. 생산관리개념을 대표하는 이는 테일러(F. W. Taylor)다. 테일러의 시대에는 이미 대량생산체제가 도입되었고, 대규모의 공장이 가동 중이었다. 또한 급격히 팽창한 공장들은 회사 간 합병 등을 통해 적은 수의 회사만이 살아남는 독점체제로 전환되어가고 있는 시점이었다.

테일러는 산업공학자였다. 그는 과학을 생산에 적용하고자 노력했다. 테일러와 그의 제자인 길브레스(F. Gilbreth)는 시간연구(time study)와 동작연구(motion study)를 통해, 노동자들의 동작을 잘게 쪼개어 가장 기본이 되는 23개의 동작으로 구분해낸다. 뿐만 아니라 테일러는 각 동작에 소요되는 시간과 에너지를 면밀하게 계산하여 가장 빠른 시간에 가장 많은 일을 수행할 수 있는 방법을 찾아낸다.

하지만 이러한 테일러리즘은 훗날 자본주의적 착취제도의 전형, 사람을 무시한 조직관리로 비판을 받게 된다. 그럼에도 불구하고, 당시 이미 동기부여(motivation) 개념의 정립, 생산성 향상으로 산업사회 발전에 기여했다는 점 등에서 긍정적 평가를 받고 있기도 하다.

20세기 초반 미국의 자동차왕이었던 헨리 포드(Henry Ford)는 바로 '포디즘'을 통해 자동차대중화를 가져온 유명한 모델 T자동차를 생산했다. 포드는 1908년 개발한 모델 T자동차의 생산과정에 1913년부터 자동 컨베이어벨트를 이용한 대량생산 시스템을 도입했다. 그 결과 자동차 1대당 조립시간을 630분에서 93분으로 낮췄으며, 자동차 가격 또한 2,100달러에서 825달러로 낮출 수 있었다.

테일러리즘과 포디즘의 결합은 대량생산체제의 혁신을 가져온다. 이러한 분업체계는 3S를 중요하게 여겼다. 표준화(Standardization), 전문화(Specialization), 단순화(Simplification)야말로 대량화를 견인한 시대의 미덕이었다. 하지만 포디즘이란 결국, 극단적인 분업에 기초하여 직무를 파편화하고 컨베이어벨트와 같은 기계장치에 노동자를 완전히 종속시킨 것이었다.

이처럼 생산을 극대화하기 위한 생산관리는 20세기 초 미국에서 매우 활성화되었다. 그리고 이를 더욱 확대하기 위해 준비되었던 호손실험은 엉뚱한 방향으로 기업경영의 노력을 경주하게 만든다. 호손실험은 1924년부터 1932년에 걸쳐 호손공장에서 행해졌던 실험으로, 그 주된 목적은 과학적 관리법의 유효성을 실제로 검증하는 것이었다.

## 인사관리가 곧 생산관리임을 인식한 시대

호손실험은 조명실험을 통해 '작업환경 개선이 생산성에 미치는 영향'을 연구했던 것이다. 그러나 그 결과는 엉뚱하게 나타났다. 실험 결과, 조명의 강도에 관계없이 실험집단 모두에게서 생산량이 증가한 것이다. 뿐만 아니라 임금지급 방법, 휴식시간, 작업일수 변화 등 모든 요인에서 생산성이 증가하는 것을 발견하게 된다.

이러한 상관관계를 연구하던 연구팀은 대인관계의 개선이 생산량을 증가시키는 주된 원인이라는 잠정적인 결론을 내렸다. 이후 실험을 통해 능률을 향상시키고, 구성원의 사기를 진작하기 위해서는 물질이나 환경조건보다는 사회적 혹은 인간적 관계가 더 중요하다는 사실을 발견하게 되었다. 그리고 공식적인 집단 내에 비공식 집단이 존재한다는 사실도 알아내게 된다.

그들은 조직에서 비용이나 능률의 논리도 중요하지만 인간의 감정 논리 역시 중요하다는 사실을 발견하게 되었다. 즉, 인간 중심적 조직을 인식하게 된 것이다. 이후 조직이나 인사에 대한 관리가 기업 경영의 매우 중요한 분야라는 인식이 생겨나게 된다. 조직에 대한 연구, 인사에 대한 연구가 활성화된 것은 물론이다.

테일러의 과학적 관리론 역시 조직관리의 측면이 강했다고 할 수 있겠으나 호손실험을 이끌었던 메이요(Mayo) 등의 인간관계론, 베버(Weber)의 관료제론, 페이욜(Fayol)의 일반관리론, 행동과학 등이 현대적 의미에서의 조직과 인사관리 분야의 시작을 알렸던 것이다.

이후 조직과 인사관리야말로 생산관리의 기본이라는 인식이 팽배해졌고, 기업의 인사관리에 대한 인식은 급격히 높아지게 된다. 그

시기는 1920년대부터라고 보는 것이 옳다. 다음으로 맞이한 시대는 재무관리의 시대다. 현대적 의미에서의 재무관리가 탄생한 것은 주식시장과 함께였다고 보는 견해가 지배적이다.

1920년대 기업의 거대화가 이루어지면서 자금수요가 급증하게 된다. 이때 필요자금의 원활한 조달을 위해 기업들은 증권을 발행하게 된다. 주식시장의 역사 또한 유럽이 먼저였다. 1602년 암스테르담에 세계 최고의 증권거래소가 설립되면서부터 주식시장의 역사가 시작되었다.

하지만 현대적 의미의 주식시장은 미국이 먼저였다. 1789년 미국정부가 남북전쟁 비용조달을 위해 정부채권을 발행한 것이 최초이고, 이어 은행 · 보험사들이 속속 거래에 참여하기 시작했다. 그리고 1792년 월가(Wall Street)에는 최초의 거래시장이 생겨나게 된다.

이후 기업이 주식발행으로 자금을 조달하는 방식이 등장하였으며, 1920년대에 이르러 주식시장은 매우 활성화된다. 하지만 1929년에 몰아닥친 증시폭락으로 일대 전기를 맞게 된다. 미국정부는 주식의 안정성을 위해 1933년 증권감독원인 SEC(Securities&Exchange Commission)를 설립했다.

이후 정부는 상장기업들이 회사의 모든 경영 및 재무상태, 상장목적을 자세히 기록한 기초제안서를 SEC에 등록하도록 법으로 규정했다. 기업들은 자기 회사의 재무건전성을 내보여야만 했고, 재무관리의 필요성은 더욱 증대되었다. 따라서 신용에 대한 평가가 본격화된 1940년대부터를 현대적 재무관리의 시작으로 보는 것이 타당하다 할 것이다.

신용에 대한 투자자의 평가가 본격화된 시기는 1940년대다. 현금흐름의 개념이 도입되어 현금흐름의 분석과 각종 통제기법이 활성화되었고, 1950년대 후반 투자수익성 평가와 자본운영기법이 완성되면서 현대적 의미의 재무관리가 자리를 잡게 된다. 그러므로 현대적 재무관리가 등장한 시기는 1940년대부터라 할 것이다.

제품 판매가 아닌 주식발행으로 자금을 조달하는 방식은 기업으로 하여금 새로운 사업의 추진, 인수합병을 통한 사업다각화 등의 길을 열게 하였다. 이는 생산관리와 이를 위한 인사관리 등 생산성 향상에 몰두해 있던 기업들에게 새로운 방향을 제시한 일대사건이라 할 것이다. 또 주식은 기업의 재무적 안정성 외에도 투자가치에 대한 개념을 만들어준 산물이라 할 것이다.

우리는 앞에서 생산관리를 충실히 수행함으로써 기업을 잘 경영할 수 있을 것이라는 철학은, 생산관리를 잘하기 위해서는 인사관리가 매우 중요하다는 인식으로 변화하게 되었다는 것을 알 수 있었다. 그러나 이러한 인식은 다시금 재무관리의 영역과 만나게 되었다. 이처럼 재무관리의 중요성을 인식한 미국사회는 기업을 중심으로 신용카드 사용을 비롯한 각종 형태의 소비자 신용도를 은행 등의 금융기관을 통해 제공하는 시스템을 도입하게 된다.

### 생산의 시대, 판매의 시대를 거쳐 마케팅의 시대로

마케팅은 20세기 초부터 학문으로 자리를 잡아갔다. 최초의 마케팅 강좌는 이미 1902년부터 시작되었다. 아치 쇼, 월터 H. 스코트, L.D.H. 웰드, 폴 쉐링턴 같은 현대 마케팅의 아버지들이 마케팅의 기초를 잡아왔던 것이다. 20세기 초에 주로 활동했던 마케팅의 대가 폴 쉐링턴은 생산자와 소비자가 직접 만날 수 없는 상황에서 고객을 창출하고, 고객의 니즈를 파악해 제품을 개발하기 위해 마케팅이 고안되었다고 주장한다.

그러나 이처럼 학문적으로 자리를 잡기 이전에 마케팅은 이미 실제 비즈니스에서 많이 활용되고 있었다. 판매촉진과 마케팅이라는 용어를 구별하지 않고 사용한다면 마케팅의 역사는 한참 더 거슬러 올라갈 것이다. 요즘도 많이 하고 있는 견본품 증정, 가정방문 제품 시연회 등은 중세시대부터 실시되었다.

그렇다면 현대적 의미의 마케팅이 등장한 것은 언제이며, 그 배경은 무엇인가? 쿨센(Coolsen)의 연구에 의하면 1870~1900년까지 경제학자들에게 주도되어 온 마케팅은 제품유통(Distribution of products)란 용어로 쓰여 왔다고 한다. 이후 마케팅은 생산시대(1870~1930), 판매시대(1930~1950), 마케팅시대(1950~)로 발전했다는 것이 대다수 마케팅학자들의 일치된 견해다.

판매시대는 판로의 충돌이 일어나면서 전쟁을 통해 제국주의가 마감되는 시기이다. 제품차별화의 시대라고도 불리는 이 시대에는 트렌지스터, 컬러TV, 컴퓨터, 핵무기, 냉장고, 에어컨 등 혁신제품들이 쏟아져 나왔던 시기이기도 하다. 1923년 최초로 소비자 중심의 제품분류법이 등장했고, 이것이 활용되기도 했다.

마케팅시대에 들어서면서 가장 큰 변화를 맞이한 것은 1950년, 'Haires 쇼핑리스트조사법'을 필두로 한 소비자 조사를 통한 고객욕구 분석이다. 물론 갤럽에 의해 1930년대부터 소비자조사의 중요성이 대두되기 시작했던 것은 사실이나, 이것이 본격화된 시기가 바로 이 마케팅시대인 것이다.

현대마케팅의 개념은 1957년 로우 앤더슨(Wroe Alderson)이 제시했던 'Marketing Behavior and Executive Action' 에서 등장했다. 이것은 그간 설명과 분류 수준의 마케팅지식을 이론으로 발전시켰다는 평가를 받고 있다. 경제학자들이 연구한 네 가지 효용개념(노동 · 형태 · 시간 · 장소)으로부터 소비자 중심의 효용 가치를 더욱 깊이 연구함으로써 별개 학문으로의 전환점이 만들어진 것이다.

기업의 경영이 이러한 변화를 경험하고 있는 사이에 커뮤니케이션 환경도 급속히 변화한다. 라디오와 텔레비전의 출현이 그것이다. 유럽에 비해 자본주의적 경향이 강하고, 미디어에 대한 친숙도가 높았던 미국은 라디오와 텔레비전이라는 매스미디어를 급격히 받아들이게 된다.

## 매스커뮤니케이션의 시대를 넘어 5M의 시대로

1920년 최초의 라디오방송국이 개국되고, 1939년에는 TV방송국이 개국된다. 이 두 미디어의 발명은 그보다 훨씬 더 이전의 일이었다. 하지만 문제는 전파를 받아볼 수 있는 수상기의 보급이었다. 수상기의 보급에 있어서 미국은 매우 급속한 성장을 보인다. 1950년 미국의 TV수상기는 60만 대에 불과했다. 하지만 1960년에는 무려 10배인 600만 대로 증가했으며, 1967년에는 미국 전체 가정의 94%가 TV를 보유하게 되었다.

TV를 통한 매스커뮤니케이션의 발전은 상업의 매스미디어 의존도를 급속도로 신장시킨다. 2차 세계대전 종전 이후 군수공장들이 앞다투어 생산한 소비재들은 바로 이 매스미디어의 수혜로 소비자들에게 팔려나가게 된다. 그리고 이것은 다시금 광고산업의 발전에 큰 영향을 주게 된다.

혁신제품이 품질의 우월성을 무기로 절대적으로 우위인 상표를 확보하던 시대가 끝나고, 정보공유의 속도가 빨라져 경쟁제품 간의 차이가 급격히 줄어들게 되면서 마케팅에 대한 요구는 급격히 늘어나게 된다. 이른바 진리(truth)가 아닌 인식(perception)의 시대가 다가오고 있었고, 그것을 실무적으로 가장 먼저 포착한 사람이 데이비드 오길비(David Ogilvy)였다.

그리고 바로 뒤를 이어 알 리스와 잭 트라우트는 '포지셔닝' 이론으로 인지마케팅의 시대를 열게 된다. 현대 마케팅은 소비자의 마음을 어떻게 잡는가 하는 것에 점점 몰두하게 된 것이다. 매스커뮤니케이션의 팽창, 기업들의 경쟁 가속화, 다양해진 소비자들의 소비욕구는 결국 과학적이고도 체계적인 마케팅의 발전을 견인하게 된다.

정리해보면 현대의 경영은 1900년대 생산관리를 중심으로 본격화되었으며, 이후 1920년대에 이르러 조직과 인사관리가, 1940년대에는 재무관리가, 1960년대에는 마케팅관리가 본격화되면서 이 모두를 포괄하는 개념으로 변모하였던 것이다.

이들 네 개 분야가 공교롭게도 모두 M으로 시작하는 탓에 우리는 이들 네 분야를 중심으로 한 경영요소를 4M이라고 부른다. 그리고 현대에 와서는 여기에 경영정보관리까지를 포함하여 5M을 말하고 있다. MIS(Management Information System)는 컴퓨터기술의 발달에 힘입어 만들어진 시스템이다.

MIS는 정보기술을 활용해서 기업경영에 발생하는 의사결정의 효율성을 높이는 시스템인 것이다. MIS는 기업이 직면한 여러 문제들을 효과적으로 해결해주는데 기여하는 것을 목적으로 연구되고 활용된다.

정보기술의 활용을 통해 실행되는 MIS는 방대한 자료로부터 경영정보를 추출하는 것이 핵심이다. 경영자는 이를 통해 어떤 사람을 고용하고, 어떤 상품을 팔며, 어떤 시장을 공략해야 하는지를 결정할 때 도움을 받게 된다. 이러한 측면에서 MIS는 관계마케팅이나 통합마콤과 매우 중요한 영향을 주고받는다. 이를 도식화하면 다음과 같은 그림으로 표현될 수 있겠다.

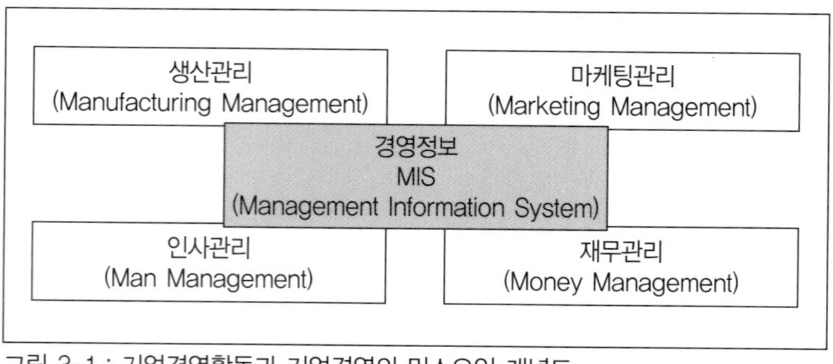


그림 3-1 : 기업경영활동과 기업경영의 믹스요인 개념도

1부 : 마케팅과 마콤전략

# 4

## 마케팅의 진화와 마콤

# 시장과 소비자를 겨냥한 마케팅시대의 개막과 진화!

1960년대에 현대적 개념으로 재탄생한 마케팅은 시대의 변화에 따라 진화를 거듭한다. 마케팅의 진화를 견인한 것은 시장과 소비자의 변화다. 그렇다면 시장은 어떻게 변화하였는가? 먼저 시장 내의 주도권 변화에 대해 알아보자.

우리나라의 경우, 60~80년대 기업의 최대 관심사는 생산이었다. 시장이 제조업 중심으로 운영되었기 때문에 발생한 현상이다. 소비는 늘고, 제품의 공급이 달리는 상황에서는 질 좋고 가격이 낮은 제품을 많이 만들어내는 일이 무엇보다 중요했다.

때문에 기업들의 영업전략이라고는 인기 없는 제품을 인기 있는 제품에 끼워 파는 정도로 충분했다. 독과점 치약업계에서는 매출을 늘리기 위해 치약의 구멍을 크게 뚫는 등의 방법을 써야했을 만큼 제조업은 호황을 구가했다. 유통도 자사의 대리점을 주로 활용했다.

## 제조사에서 유통점으로, 유통점에서 소비자로

그러나 생산성 향상 · 공급과잉 · 제조독점의 붕괴와 경쟁 형성 · 유통 정보력 증가 · 물류 효율화 · 소량 다품종 생산 · 자동화시스템의 붕괴가 일어나자 주도권은 유통으로 이전된다. 대리점체제는 붕괴되고, 가격결정권 또한 유통업체로 옮겨가게 된다.

제조사들은 매스미디어 광고 등을 통해 소비자들로부터 유통을 끌어내는 풀(pull) 전략을 구사하여 유통업을 견제하게 된다. 그러나 유통점은 POS시스템이라는 강력한 무기를 통해 자체적인 판매촉진을 운영하였으며, 제조업체들은 이런 유통업체들의 눈치를 보아야 하는 신세로 전락하고 만다.

지금은 바야흐로 소비자가 주도권을 쥔 시대다. 인터넷의 등장은 소매점 패널 데이터조차 무의미하게 했고, 인터넷경매, 공동구매 등으로 가격까지 소비자가 결정하는 시대를 맞이했다. 때문에 제조업체들은 소비자들의 정보를 직접 쥐는 시대로 이행되게 된다.

하지만 제조사들이 주도권을 다시 쥐게 된 것은 아니다. 제조사들은 소비자들의 요구를 수용하는 입장에 서게 되고, 소비자들은 적극적으로 자신들의 요구를 제기하게 되었던 것이다. 이렇게 되면서 마케팅의 중요성은 더욱 부각되었고, 마케팅전략의 내용 역시 변화를 맞게 된다. 이 내용을 도식화해보면 다음과 같다.

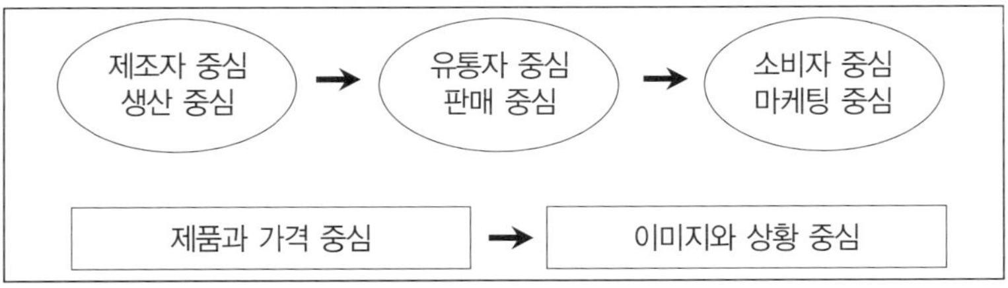

그림 4-1 : 시장변화의 구체적 방향

이러한 변화에 따라 마케팅믹스전략도 개발과 수정이 있어야만 했다. 생산자 중심의 산업사회에서는 제품, 가격, 유통, 판촉의 네 가지 요소들을 어떻게 구성할 것인가가 관건이었다. 그러나 이것은 철저히 '안에서 밖으로((in-out side)' 의 관점이었다.

하지만 소비자 중심주의 운동과 정보화사회를 거치면서 코틀러는 4C를 제안하였다. 그리고 지금은 4E를 말하는 시대가 되었다. 4P가 '안에서 밖으로' 였다면, 4C는 '밖에서 안으로(out-in side)' 이고, 4E는 '안과 밖(in&out side)' 라고 정리할 수 있겠다.

앞서 살펴본 바와 같이 마케팅은 시장에서 교환을 활발하게 하기 위해 펼치는 활동이다. 그리고 그 교환의 대상은 '가치' 다. 고객 가치를 키운다는 것은 비용보다 이점을 크게 만든다는 것이다. 경쟁이 치열해질수록 기능적 이점보다는 감정적 이점이 더 중요한 과제로 등장했다. 각 회사들이 내놓는 제품들이 모두 비슷비슷할 뿐만 아니라, 한 기업이 새로운 기능으로 가치를 높여놓는다 하더라도 다른 기업들이 이를 재빠르게 따라올 만큼 기술이 평준화되었기 때문이다.

비용 면에서도 변화가 있다. 소비자들은 이점만 크다면 금전적 비용을 투자할 용의를 가질 수 있을 만큼 소비력을 가지고 있다. 예전처럼 '질 좋고 값싼 제품'을 원하는 시대가 아니라는 것이다. 이미지와 상황에 의해 제품을 선택하는 시대다. 때문에 감정적 이점과 시간적 비용, 에너지 비용, 심리적 비용이 매우 중요해졌다.

### 소비자들이 주도권을 잡은 시대, 일방형에서 쌍방형으로

물질에 물리적노동을 보태어 생산물을 만들어내던 시대는 '질 좋고 값싼 생산물'이 잘 팔리던 시대다. 우리나라의 경우 이 시대는 90년대를 전후해 사라졌다. 이때는 4P의 시대였다. 제품을 좋게 하기 위한 노력, 가격을 싸게 하기 위한 노력, 유통을 편리하게 하기 위한 노력을 기울이며, 판촉활동 또한 활발하게 펼치는 시대였던 것이다.

이것은 마치 마케팅이라는 1개 대대 안에 제품 · 가격 · 유통 · 판촉이라는 각각의 중대가 있고, 판촉이라는 중대 안에 다시 인적판매 · 광고 · PR · SP라는 소대가 있는 것과 같다. 이때에는 인적판매 · 광고 · PR · SP가 각각 균형을 가지고 제 나름의 임무를 제각기 수행하는 식의 프로모션믹스가 운용되었다. 모두 열심히 하는 시대였다는 것이다. 이것이 일반적인 마케팅관리이기도 하다.

그러나 이후 생산물에 커뮤니케이션노동을 보태어 상품을 만드는 시대가 찾아와 마케팅은 전략마케팅으로 그 모습을 바꾼다. 이 시대에는 생산자가 소비자에게 일방적으로 제공하던 제품 · 가격 · 유통 · 판촉이 소비자와의 쌍방향적 관계 속에 놓이게 된다.

앞서 살펴본 미국마케팅협회(AMA)의 1965년 정의와 1985년 정의가 다른 것도 이러한 맥락에서 이해할 수 있다. 때문에 4P는 4C로 변화한다. 그러나 기업에서는 여전히 4P라는 용어를 활용해서 마케팅전략을 구축했다. 그것은 4P와 4C가 용어상의 변동일 뿐 일컫는 분야와 범위가 같기 때문이다.

예전에는 매표소를 '표파는 곳' 이라고 불렀다. 그러나 그것은 제공자의 입장이라 하여 요즘에는 '표사는 곳' 이라 부른다. 소비자의 입장에서 문제를 보자는 것이다. 4P가 '표파는 곳' 이라면 4C는 '표사는 곳' 이다. 둘의 이름은 다르지만 분야와 범위는 같다는 것이다.

그러나 우리가 마케팅을 이야기하면서 부르는 4P는 실제로 이미 4C로 바뀌어져 있다. 이미 현장에서는 제품이라는 말 속에 소비자혜택의 의미가, 가격이라는 말 속에 기회비용이라는 의미가, 유통이라는 말 속에 편리성이라는 의미가, 판촉이라는 말 속에 소통이라는 의미가 담겨 기획되어 왔다는 것이다.

입으로는 제품 · 가격 · 유통 · 판촉이라고 부르고 있었지만 이미 그 속에는 소비자혜택 · 기회비용 · 편리성 · 소통이라는 의미가 담겨 있었다는 것. 때문에 사람들은 머릿속으로는 4C를 생각하면서도 운용은 4P로 하는 데 큰 불편함이 없었다.

이 시대에는 마케팅믹스의 개념도 변화했다. 앞서 밝혔듯이 전략마케팅이란 골고루 잘하자는 것이 아니라, 뾰족하게 잘 하자는 것이다. 표적시장 내에서의 경쟁적 우위를 강조하는 것이기도 하다. 이러한 개념을 가지고 마케팅전략을 수립할 때에는 결코 '광고 따로, 인적판매 따로, PR 따로, SP 따로' 가 가능해지지 않는다. 이 모든 것들을 통합하여 운용할 때 시너지를 갖는 것이다.

이것은 마치 부서체제가 팀체제로 전환되는 것과 같다. 그렇다면 누가 앞에 서고 누가 뒤에 서는가? 그러한 선후관계는 철저히 소비자 접촉점에 포커스를 맞춰 기획된다. 그리고 대부분 그러한 일들을 광고대행사의 전략부서가 담당해왔다.

## 광고만으로는 안 된다. 어떻게 공조할 것인가?

광고회사가 만드는 광고전략은 커뮤니케이션 프로포잘이라는 이름으로 바뀌었고, 그 속에는 광고뿐만 아니라 PR과 SP, 심지어 인적 판매까지가 포괄되어 다루어졌다. 따지고 보면 이것이 바로 넓은 의미에서의 통합마콤(IMC : Integrated Marketing Communication)이다. 이미 현장은 오래 전부터 그렇게 바뀌어져 있었다.

그렇다면 마케팅의 구체적인 변화단계는 어떻게 나눠볼 수 있을까? 가장 먼저 등장한 마케팅은 '마케팅1.0'이라 할 것이다. 그것은 마케팅이론이 도입되어 상황분석, 마케팅목표, 4P의 개념이 만들어진 세대로 정의할 수 있다. 이때에는 공중을 상대로 일방향 커뮤니케이션을 실시하였으며, 자극과 반응을 소통의 개념으로 삼았다. 마케팅1.0세대의 마케팅목표는 상황을 분석한 마케터의 지침에 의해 좌우되었다. 기업의 목표를 소비자에게 실현하는 단계라 할 수 있다.

마케팅1.0은 안으로부터 밖으로의 단계이다. 이때의 마케팅목표는 시장점유율 · 판매량 · 이익의 증대 등이었다. 물론 이러한 목표를 정할 때 잠재수요를 예측하는 등의 과정을 거치기는 하였으나 매우 막연한 것일 수밖에 없었다. 이는 마치 큰 공장에 붙여놓은 현수막의 '10% 생산량 증가, 10% 불량률 감소' 캠페인과 같은 것이다. 지극히 안으로부터 밖으로 목표를 구현해가는 과정이었으며, 탁상공론인 경우가 많았다.

반면 '마케팅1.1'은 마케팅관리론의 시대다. 마케팅관리론이 도입되어 시장세분화·타깃팅·포지셔닝의 개념이 만들어지고, 4P를 믹스하여 운용하게 되었다. 공중보다는 분중을 대상으로 마케팅을 실현하고자 했으며, 기업에서 소비자로 송출되던 일방향의 소통을 쌍방향으로 바꾸려는 노력이 생겨난 세대이기도 하다.

마케팅1.1세대의 마케팅목표 설정과정은 1세대에 비해 보다 합리적이다. 대부분의 기업들은 각 부문에서 각각의 목표를 상정했고, 이를 수요예측과 종합하는 형태로 목표를 정하게 되었기 때문이다. 내부적으로는 매우 합리적인 구조라고 볼 수 있겠으나, 이것 역시 안으로부터 밖으로 목표를 구현해간다는 측면은 마찬가지였다.

이런 마케팅을 위한 분석·계획·실행·통제 행위를 통틀어 마케팅관리라 부른다. 그리고 마케팅믹스란, 마케팅관리를 위해 4P를 유효적절하게 구성하는 것을 말한다. 마케팅믹스라는 용어는 매카시(E. J. McCarthy) 교수가 자신의 저서인 마케팅기초(Basic Marketing)에 쓴 말에서 비롯되었다. 코틀러(Philip Kotler) 교수를 기반으로 하는 마케팅관리(Marketing Management)의 기본 패러다임(Paradigm)은 마케팅의 STP 뒤에 4P의 각론이 나온다는 것이 기존의 마케팅과 다른 점이다. 마케팅관리의 패러다임은 마케팅 기능을 개별적으로 보는 것에 비해 큰 발전을 이룬 것이라 하겠다.

이후 '마케팅1.2'라 할 수 있는 전략마케팅의 개념이 등장한다. 이 전략마케팅은 마케팅을 경영믹스의 하위인 실행레벨로부터 총체적 상위인 경영레벨로 올려 보낸다. 기존의 마케팅관리가 내부목표 지향적이라면, 전략마케팅은 외부시장 지향적인 형태를 띠게 된다.

## 경영자원 배분 · 핵심역량 활용 앞세우고 등장한 전략마케팅

마케팅관리에서는 시장세분화와 4P가 핵심적이었다면 전략마케팅에서는 경영자원이나 핵심역량(Core Competence), 지속적 경쟁우위(Sustainable Competitive Advantage) 같은 말들이 등장하게 된다. 때문에 전략마케팅의 핵심개념은 SWOT(Strength, Weakness, Opportunity, Threat)분석이라 할 수 있겠다.

마케팅목표를 중심으로 마케팅의 변화과정과 현재의 지점을 다시 한 번 확인해 보도록 하자. 물론 그 변화의 단계를 정확히 구분하기는 어려운 측면이 있지만 설명의 편의를 돕기 위해 마케팅을 3세대로 갈라서 살펴보았다. 변화하는 마케팅 버전들의 특징을 도식화하면 다음과 같다.

| 구분 | 마케팅1.0 | 마케팅1.1 | 마케팅1.2 |
|---|---|---|---|
| 중심 | 제조업 중심 | 유통업 중심 | 소비자 중심 |
| 이론 | 마케팅 | 마케팅관리론 | 전략관리론 |
| 핵심요소 | 상황분석<br>마케팅목표<br>4P | 상황분석<br>STP전략<br>마케팅목표<br>4P믹스 | 상황분석<br>SWOT분석<br>경영자원 배분<br>핵심역량 활용<br>경쟁우위 확보<br>프러포즈 |
| 마케팅 툴 | 4P | 4C | 4E |
| 대상 소비자 | 공중 | 분중 | 개인 |
| 대 소비자 소통 | 일방향 | 쌍방향 | 상호작용 |
| 소통개념 | 자극-반응 | 교환 | 가치교환 |
| 마케팅목표기준 | 마케터의 지침 | 각 부문 상황 종합 | 목표시장과 포지셔닝 |
| 사고체계 | Inside - Out | | Outside - In |

표 4-1 : 각 세대별 마케팅 기본특징 비교

'전략마케팅' 인 마케팅1.2세대의 마케팅목표 설정방법은 이전 세대와 확연한 차이를 보인다. SWOT분석을 토대로 목표시장을 정하고 그 규모를 측정하며, 이에 대한 포지셔닝을 실시한 뒤, 목표시장과 포지셔닝 사이에서 당겨져 올 것으로 예상되는 소비자와 그들을 통해 획득 가능한 성과를 측정하여 이를 마케팅목표로 삼았다.

매우 과학적인 접근법인 동시에 소비자들로부터 목표를 가져온다는 점에서 앞의 세대들과 확연한 차이를 보인다. 그 전과는 반대로 '밖에서부터 안으로' 목표를 구현해가기 시작한 것이다. 때문에 지금 우리가 정해야할 목적지는 우리가 정한 목표시장과 포지셔닝 사이에서 도출된다. 결국 소비자와의 관계를 바탕으로 목표를 확인하게 된다는 것. 때문에 커뮤니케이션목표와 마케팅의 목표가 일치하는 현상이 나타나게 되었다.

마케팅1.1까지는 마케팅 · 프로모션 · 광고의 시대다. 그런데 재미있는 것은 마케팅과 광고의 목표는 있으나 프로모션목표 혹은 커뮤니케이션목표는 없었다는 사실이다. 이러한 기형적인 구조가 만들어지게 된 이유는 무엇이었을까? 마케팅목표는 기업의 하달사항이요, 광고목표는 광고회사의 제안사항이니 그 두 가지 사이에 있던 프로모션은 감당하는 사람이 따로 없었던 탓에 생긴 문제로 짐작된다.

광고회사는 대행사이다. 더구나 광고에는 적지 않은 비용이 발생한다. 때문에 기업은 당연히 광고회사에 광고목표를 요구한다. 하지만 당시 광고를 제외한 PR · SP · 인적판매 등은 기업이 담당하고 있었으므로, 이를 통합한 목표를 세우는 일을 담당할 사람이 없었을 것이다.

이러한 시기를 지나 지금의 기업들 대부분은 프로모션을 통합하여 운용하고 있으며, 그 중 상당수는 다시 프로모션의 통합수준을 넘어 통합마케팅커뮤니케이션을 도입하여 활용하고 있다. 통합마케팅커뮤니케이션의 단계에 들어서면 마케팅목표와 커뮤니케이션목표는 일치한다. 오히려 커뮤니케이션목표를 먼저 수립하여 이를 마케팅목표에 반영하는 경우도 있다.

목표시장을 설정하고, 포지셔닝을 결정한 뒤에 할 일이란 결국 커뮤니케이션이다. 제품적 요소나 가격적 요소조차도 소비자들의 가치를 충족시켜주기 위한 마케팅커뮤니케이션의 요소에 불과하다는 주장이다. 이제 좋은 제품을 만들어 이것을 파는 개념은 구식이 되었다. 소비자들의 요구대로 만들어진 커뮤니케이션을 위해 제품 · 가격 · 유통을 얼마든지 바꿀 수 있다는 개념이 현대의 마케팅으로 자리 잡게 된 것이다.

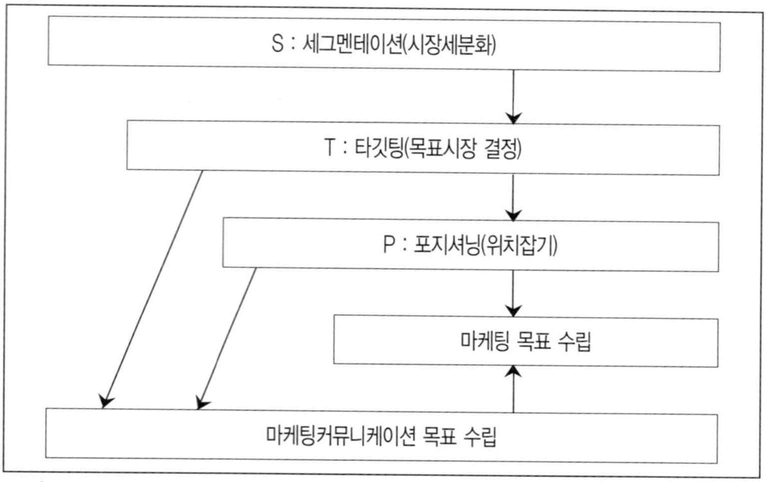


그림 4-2 : 마케팅커뮤니케이션과 마케팅의 목표수립 절차

## 타깃팅과 포지셔닝은 마케팅커뮤니케이션목표의 산실

전략마케팅의 등장은 '모든 것을 고르게 잘하자'에서 '우리가 잘 할 수 있는 것을 뾰족하게 잘하자'로 마케팅의 패러다임이 변화한 것을 의미한다. 소비자들이 금전적 비용과 기능적 이점보다는 시간적 비용과 심리적 비용, 에너지 비용과 정서적 이점을 더욱 중요하게 여기게 된 이 시대에는 제품 · 가격 · 유통 · 판촉이라는 4P를 고루 잘 하는 것만으로는 제대로 된 마케팅전략을 수립할 수 없다.

오히려 1P, 즉 프러포즈(propose)를 어떻게 잘 할 것인가를 해결하는 것이야말로 제대로 된 마케팅전략의 수립에 큰 영향을 미친다. 바로 이것이 현대 마케팅커뮤니케이션의 핵심이다. 중요한 것은 표적시장 내에서 남과 다른 경쟁우위를 갖는 것이다. 그리고 그것을 소비자들에게 제대로 알려내고, 소비자들이 태도를 형성하도록 만드는 것이야말로 전략마케팅의 핵심과제라 하겠다.

앞에서 우리는 마케팅1.2, 즉 전략마케팅이 '핵심역량을 활용해서 경쟁우위를 확보하는 것이며, 자원의 효과적 배분을 미덕으로 하는 마케팅'이라고 정의하였다. 이를 잘 보여준 아주 오래된 사례 하나를 소개할까 한다.

시골집 한 채를 사서 호텔로 개조한 후 막 개업을 하려는 시골사람 하나가 있었다. 개업하는 그 호텔의 고객유치 광고가 필요했던 그는 런던의 한 광고회사를 찾아 나선다. 그리고는 그 회사의 사장을 만나 도움을 청했다. 광고회사 사장은 어느 정도의 예산을 쓸 수 있는지 물었다. 그가 제시한 금액은 500달러였다.

광고회사를 우습게 봐도 유분수지, 어디 500달러를 가지고 광고를 내달라고 요청할 수 있단 말인가? 광고회사 사장은 그의 요청을 대수롭지 않게 받아들였다. 그래서 사장은 그 일을 정식직원이 아니라 사환 정도 되는 사원에게 넘겼다. 그는 회사에서 잡일이나 심부름을 하는 사람이었다. 사장은 그에게 마음대로 해보라고 말했다.

## '적은 자원을 투입해 성공하는 것', 그것이야 말로 큰 일

만일 당신이 이런 일을 맡게 되었다면 어떻게 처신했을까? 보통의 경우라면 '사장이 돈도 안 되는 별 볼 일 없는 일을 내게 맡겼구나. 대충해서 치워버리자', 혹은 '이 돈으로 어떻게 호텔을 론칭하라는 말인가? 적당한 매체 하나 잡아 돈만큼 집행하고 말아버리자.' 라고 생각할 것이다. 또 어떤 이는 500달러라는 돈에는 신경조차 쓰지 않고, '어떤 말로 호텔을 론칭할까?' 에 골몰했을 수도 있다.

그러나 이 친구는 꽤 적극적이고 머리도 좋은 친구였던 모양이다. 그는 곧 500달러의 예산으로 우편엽서를 사서 호텔 주변에 있는 부유층 인사들을 대상으로 발송했다. 그로부터 6주 후 그 호텔은 손님들로 성황을 이룬 가운데 성공적인 개업을 맞이할 수 있었다.

우편엽서로 성공한 사람의 이야기다. 훗날 그는 세상에서 가장 유명한 광고인이 된다. 광고하는 사람이라면 모르는 이가 없는 광고인, 오길비(David Ogilvy). 그가 맡았던 첫 광고의 이야기다. 이 내용은 「광고 불변의 법칙」으로 번역되어 출판된 「Ogilvy On Advertising」에 나오는 이야기다. '작은 배역이란 없다. 단지 작은 배우만이 있을 뿐이다.' 라는 말의 단적인 사례라 하겠다.

이 사례를 통해 우리가 얻을 수 있는 교훈은 적은 자원을 투입하는 일이라고 해서 모두 작은 일일 것이라는 판단은 옳지 않다는 점이다. 오길비는 오히려 적은 자원을 투입해서 성공을 거두는 일이야말로 큰일이라고 여겼다. 세계전쟁사에서 내로라하는 장수들은 한결같이 안 된다는 일을 되게 만든 장수들이다. 승산이 없는 전쟁에서 승리를 거둔 장수들이다. 바꾸어 말하면 적은 자원으로 상대의 큰 병력을 제압한 장수들이라는 것이다.

적은 자원을 투입해서 성공을 거두라는 미션을 받게 된다면 그것은 매우 큰 기회다. 물론 성공이 그리 쉽지만은 않겠지만 성공을 거둔 뒤를 생각해보라. 결코 그 일을 작은 일로 치부하여서는 안 된다. 나에게 주어진 일이 큰일이든 혹은 작은 일이든 그것에 연연하지 말고, 우선은 주어진 작은 일 하나하나에 최선을 다해나갈 때 비로소 우리는 제대로 일을 성공시킬 수 있다.

앞에서 말한 오길비의 우편엽서가 단순히 어느 광고인의 무용담으로 치부되어서는 안 되는 이유가 여기에 있다. 많은 사람들은 겉으로 드러난 행위에만 초점을 맞춰 그 일을 평가하곤 한다. 그러나 그 속에는 치밀하고도 정교한 전략이 숨어 있기 마련이다. 그러니 우리는 그러한 전략들을 살펴 알아내고, 그런 전략들로부터 배우고, 나만의 새로운 전략을 구성해내는 능력을 길러야만 한다.

단순히 촌철살인의 카피 한 줄, 기발한 매체개발로 전략의 줄거리를 덮어버려서는 더 이상 배울 것이 없다. 빙산일각(氷山一角)이라는 말이 있다. 드러난 부분은 극히 적다는 말이다. 남이 한 일에 내재되어 있는 전략을 찾아내 살피는 것은 전략공부에 크게 도움이 된다. 이것이 앞서 설명한 전략마케팅의 핵심이다.

자원의 효율적 활용과 배분이 전략마케팅과 전략적 커뮤니케이션의 핵심임을 다시 한 번 생각해보아야 할 것이다. 하지만 이것이 끝이 아니다. 컴퓨터의 등장과 발전, 이와 더불어 발전해온 고객관계관리 개념의 등장은 마케팅의 흐름에 다시금 커다란 변화를 만들게 된다.

02

# 2부. 마케팅 대전환

**5장 : 전략마케팅과 마콤**

뾰족하게 잘 하기 위한 나만의 프러포즈!

**6장 : 고객관계관리(CRM)의 개념**

단골고객을 잡고, 신규고객을 찾는 신세대 솔루션, 고객관계관리!

**7장 : 마케팅 패러다임의 변화**

관계마케팅과 마케팅2.1, 시장이 아닌 고객을 상대로!

**8장 : 통합마콤전략의 등장**

IMC, 마콤과 마케팅을 넘어 기업경영전략을 말하다!

2부 : 마케팅 대전환

# 5

## 전략마케팅과 마콤

# 뾰족하게 잘 하기 위한 나만의 프러포즈!

마케팅1.0시대의 마케팅커뮤니케이션전략 수립과정은 어떻게 운영되었는가? 전략마케팅에서는 가장 먼저 SWOT분석을 실시하여 우리만의 핵심역량과 경쟁우위 확보가 가능한 지점을 확인한다. 이 과정을 통해 시장과 소비자를 읽고 그 속 어느 위치에 우리를 위치시킬 것인지를 파악하는 것이다.

SWOT분석이 끝나면 우리에게 맞도록 시장을 세분화하여 그 시장 중 우리 타깃을 확정하고, 그 타깃과 우리를 이어줄 포지셔닝 전략을 구성한다. 이런 일련의 과정을 통해 마케팅목표를 추출하며, 이를 기존의 데이터들과 결합시키고 유추하여 확정하게 된다.

### 모두 잘하려는 것은 전략마케팅이 아니다

전략작업이 끝나면 이 전략을 집행하기 위한 프러포즈를 고민하게 된다. 프러포즈를 위해서는 구체적인 툴(tool)을 활용하게 되는데, 마케팅1.0시대에는 4P 모두를 잘하는 것으로 소비자들을 겨냥했다. 그러나 마케팅관리의 시대에는 이 4P를 적절히 믹스하기에 이른다. 이 4P가 각기 존재하는 것이 아니라는 사실을 발견했기 때문이다.

제품의 구성에 따라 가격이 연동되는 것은 너무나도 당연한 사실이다. 제품이 도입되어 초기수용자(early adopter)들에게 어필하는 초기에는 고가격 전략을 구사할 수밖에 없다. 가격경쟁력을 통해 시장을 푸쉬(Push)한다는 성숙기 시장의 원리는 제품과 가격이 따로 존재하지 않음을 말해준다.

그뿐만이 아니다. 유통 범위를 넓히게 되면 광범위한 판매촉진이 이루어져야 하며, 그만큼의 비용이 발생한다. 이것은 다시 가격에 영향을 미치게 된다. 이런 이유들로 '4P를 모두 잘한다' 는 개념은 이론일 뿐이라는 사실을 알게 된 것이다.

전략마케팅시대에는 이 개념조차 깨지게 된다. '이 네 가지 요소들을 모두 잘하려고 하는 것은 문제가 있다.' 는 것이 전략마케팅의 주장이다. 우리가 잘 할 수 있는 것으로 경쟁우위를 점해야한다는 것이다. 그러므로 전략마케팅은 모든 것을 잘하는 것이 아니라, '뾰족하게 잘하는 것' 이 잘하는 것이라는 생각에 다다르게 된다.

따라서 전략마케팅을 제대로 운용하기 위해서는 '모두에게 이로운 전략' 이 아닌, '나에게 맞는 전략' 을 구축하는 것이 가장 중요하며, 이를 위해서는 SWOT분석이 제대로 이루어져야만 한다. 마케팅환경

분석을 통해 얻어지는 SWOT분석이야말로 전략마케팅의 첫 단추라 할 것이다. 과거와 현재를 명확히 분석하고 이해하는 것이야말로, 미래를 예측하고 전략 수립의 지침을 제공하는 가장 효과적 수단이다.

따라서 마케팅환경의 조사와 분석은 '마케팅 의사결정을 위한 정보제공의 목적으로, 다양한 자료를 체계적으로 획득하고 분석하는 객관적이고도 공식적인 과정' 이다. 마케팅상황의 명확한 조사와 분석만이 명확한 SWOT을 제공할 수 있는 것이다. 이 상황분석을 통해 밝혀진 실마리를 중심으로 공략 대상과 목표를 분명히 하게 된다.

만일 환경분석이 '분석을 위한 분석' 이 되었을 때에는 전략을 구성하는 단계와 분리되는 현상이 나타난다. '분석을 위한 분석' 이란 무엇인가? 그것은 전략수립의 과정을 고려하지 못한 분석이다. 교과서적으로 잘 정돈된 상황분석이라 하더라도 그것이 이후에 이루어질 전략수립을 고려하지 않은 분석이라면 결국 어떤 도움도 되지 않는 '분석을 위한 분석' 에 그치고 만다는 것이다.

마케팅환경분석의 대상은 시장, 소비자, 자사, 경쟁사 등 네 가지라고 알려져 있다. 하지만 이것들을 따로따로 분석하는 것은 있을 수 없으며, 유효하지도 않다. 마케팅상황분석을 위한 조사의 범위는 필요를 중심으로 기획되어야 하며, 그러기 위해서는 '가치교환이 이루어지는 시장 내에서 교환을 보다 활발하게 하기 위한 활동' 으로써의 마케팅 목적에 맞도록 설계되어야 한다.

따라서 우리는 시장과 소비자 속에 있는 자사와 경쟁사를 분석한다는 개념으로 마케팅환경 조사와 분석에 임해야만 한다. 그러므로 이 조사는 시장 속의 자사와 경쟁사, 소비자들의 인식 속에 있는 자사와 경쟁사를 알아가는 과정으로 이해할 수 있다. 여러 가지 방법과 기법들을 활용해서 진행되는 이 조사는 결국 제품을 둘러싼 물리적 환경과 소비자들의 인식을 알아내는 것이라 할 수 있겠다.

### 본원적 경쟁에 대한 이해 아래에서 환경분석에 임해야

그렇다면 경쟁사는 누구인가? 환경분석에 임하기 전에 우리는 경쟁범위를 결정해야만 한다. 경쟁범위를 규정하지 않고 진행한 환경분석은 현실성이 없다 하겠다. 경쟁범위를 알아내기 위해서는 본원적 경쟁에 대한 이해가 필요하다. 우리 제품을 둘러싸고 현재 어떤 본원적 경쟁이 존재하며, 향후 어떤 본원적 경쟁이 가능한지를 살펴 이에 대한 공략지점과 방어체제를 구축해야 한다는 것.

본원적 경쟁이란 '동일 속성 제품뿐만 아니라 동일한 효익을 갖는 다른 속성 제품들과의 경쟁'을 의미하는 것이다. 언뜻 보기에는 전혀 다른 제품 속성으로 경쟁관계가 없는 것처럼 보이지만, 효익의 측면에서는 분명한 경쟁관계에 있는 경우가 많다. 보다 넓은 안목으로 경쟁의 범위를 설정해야 하고, 그 차원을 제품 속성뿐만이 아니라 효익이나 사용상황에까지 확대해야만 한다.

우리 제품을 구매하는 고객의 사용예산범위 내에 있는 제품, 추구효익이 같은 제품, 사용시기가 같은 제품 등도 모두 경쟁의 범주로 보아야 한다. 같은 내용을 가진 제품이라 하더라도 가격대가 현저히 다르거나, 지역에 따라 사용상황이 현저히 다르거나, 이미지가 현저히 다르다면 경쟁의 범주에서 벗어나는 것이다.

예를 들어 같은 아이스크림이라 하더라도 아이스크림숍의 아이스크림과 편의점 · 슈퍼마켓에서 판매하는 아이스크림은 직접적 경쟁상대가 아니며, 부산에서 주로 판매되는 시원소주와 제주도에서 주로 판매되는 한라산 소주는 서로 직접적 경쟁상대가 아니다.

이러한 경쟁관계는 각 기업들이 채택한 전략 · 시장점유율 · 수익성 · 매출증가율의 급격한 변화에 의해서도 달라질 수 있다. 기업에 있어 경쟁의 진정한 의미는 그 기업이 획득한 최종적 성과와 관계가 있는 것이므로 그 범위는 매우 넓어질 수 있다.

효율적 조사를 위해서는 먼저 내부 데이터와 문헌조사를 통해 조사 전반을 훑어보는 일이 필요하다. 기업 내부의 마케팅자료는 어떤 자료보다도 확실하고도 객관적인 데이터들이다. 요령 있는 문헌조사를 실시하면 기존의 조사자료를 상당량 획득할 수 있다. 이러한 자료 확보는 조사의 범위를 매우 효과적으로 좁혀준다. 이 기초조사를 통해 조사계획을 위한 자료를 얻을 수 있게 된다. 조사계획을 꾸릴 때에는 가급적 조사범위를 명확히 하고, 필요한 예산 · 일정 · 조직 등을 제대로 정리하는 것이 일을 보다 효율적으로 하는 방법이다.

그리고 조사를 진행함에 있어 지역별 · 연령별 · 성별 · 소득별 · 직업별 분류에 의해 통계산출이 가능하도록 구조화하는 것도 매우 중요하다. 사전준비는 후에 진행되는 시장세분화(segmentation)에도 도움을 주게 된다. 조사계획에 따라 조사와 분석을 실시한 후, 비로소 우리는 시장세분화를 진행할 수 있게 된다.

그러나 시장세분화 후 타깃팅(targeting)을 하기 위해서는 세분시장에 대한 추가조사를 실시, 세분시장에 대해 확실히 파악해야만 한다. 세분시장에 대한 확실한 이해가 있어야만 타깃팅과 포지셔닝

(positioning)이 가능해지기 때문이다. 이때 유의해야 할 것은 분석대상과 조사방법, 그리고 조사대상의 결합방법이다. 하나의 조사대상에 대해서도 여러 각도의 조사방법이 동원될 수 있다. 때문에 하나의 조사대상에 대해 한 가지 이상의 조사방법을 동원하는 일이 흔하게 있다.

이 구조에 대한 명확한 이해가 없을 경우, 다각적인 분석이 어려워 데이터에 편견을 갖게 되는 경우가 종종 발생하게 된다. 따라서 보다 치밀한 조사계획이 필요하다. 그 조사내용은 매우 다양하며, 업종에 따라, 제품에 따라, 시장성숙도에 따라 달라진다. 아래 개념도는 시장조사 전반의 제 과정을 도식화한 것이다.

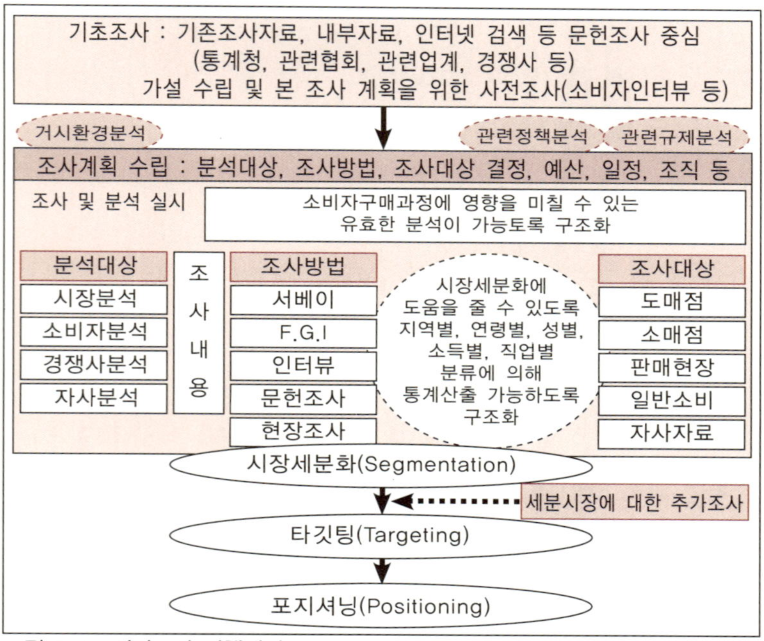

그림 5-1 : 시장조사 진행개념도

이때 유의해야 할 것은 분석대상과 조사방법, 조사대상이 얼마든지 필요에 따라 결합될 수 있다는 점이다. 소비자조사와 분석이라고 해서 꼭 그 대상은 소비자일 필요가 없다는 것. 소비자들에 대한 이해를 갖기 위해 소매점이나 판매현장을 조사할 필요가 있을 수도 있다. 조사방법 또한 상황에 따라 가장 유효한 것을 선택해야만 한다.

## SWOT분석은 전략으로 가는 첫 단추

이런 조사가 끝나고 상황이 분석되면 이 데이터를 근거로 SWOT분석표를 작성한다. SWOT분석은 강점(Strengths), 약점(Weaknesses), 기회(Opportunities), 위협(Threats)의 매트릭스를 통해 바람직한 전략을 수립하게 하는 무기가 된다. 아래 표는 SWOT분석 시 고려해야 할 사항을 나타낸 것이다.

| 강점(Strengths) (내부적) | (Weaknesses)약점 |
|---|---|
| - 탁월한 능력 - 적절한 재무적 자원<br>- 좋은 경쟁적 기술수준<br>- 구매자들이 가지고 있는 호의적 평가<br>- 인정받고 있는 시장선도자<br>- 잘 수행되고 있는 기능별 전략<br>- 규모의 경제 활동 - 비밀기술<br>- 원가상의 유리점 - 경쟁상의 유리점<br>- 제품혁신능력 - 입증된 경영능력 | - 불분명한 전략적 방향<br>- 쇠퇴해가고 있는 경쟁적 지위<br>- 낙후된 시설 - 평균 이하의 수익성<br>- 주요 기술이나 능력의 결여<br>- 빈약한 전략수행 - 경쟁상 불리점<br>- R&D 투자 열등 - 열등한 품질<br>- 평균 이하의 마케팅기술<br>- 전략변경에 필요한 자금력 부족 |
| 기회(Opportunities) (외부적) | (Threats)위협 |
| - 새로운 시장과 세분시장에의 진입<br>- 제품계열의 추가<br>- 관련제품으로의 다각화<br>- 보완제품의 추가 - 수직적 통합<br>- 보다 좋은 전략집단으로의 이행력<br>- 경쟁사간의 화목 - 빠른 시장성장 | - 새로운 경쟁자의 진입가능성<br>- 대체제품의 판매량 증가<br>- 느린 시장성장 - 역행하는 정부의 방침<br>- 증대되는 경쟁적 압력<br>- 경기후퇴와 경기변동에의 가변성<br>- 증대되는 고객이나 공급자의 교섭력<br>- 역으로 바뀌고 있는 인구통계 |

표 5-1 : SWOT 분석 시 고려해야 할 사항

이를 통해 전략적 지점을 확인해내고, 기본적인 전략을 구성할 수 있게 되는 것이다. SWOT분석을 마쳤다면 각 요소들을 매치하여, 사용가능한 전략요소들을 추출해보는 일이 필요하다. S-O, W-O, S-T, W-T를 매치하여 사용가능한 전략을 추출해볼 수 있다.

## 시장세분화의 경향은 구매행동 · 사용상황 · 추구효익 중심으로

SWOT분석 이후 STP전략을 구축한다. 마케팅전략의 핵심은 STP전략이다. STP전략이란, 시장을 세분화하고 평가한 뒤 그 중 표적시장을 찾고, 이 시장에서 확실한 경쟁우위를 갖기 위해 소비자들의 인식 속에 분명한 위치를 잡아가는 과정이다.

즉 STP전략이란, 몇 개의 기준들을 사용하여 시장을 가치가 있는 다수의 시장으로 분류(Segmenting)하고, 세분화된 여러 시장 중 자사 능력 · 경쟁상황 등을 고려하여 표적시장을 선택(Targeting)한 뒤, 마케팅믹스를 이용하여 제품을 시장 내 소비자의 마음속에 심는(Positioning) 과정이다.

결국 STP전략은 기업이 다양한 소비자들의 욕구를 찾아내고, 이를 잘 반영할 수 있도록 하기 위한 일련의 과정이다. 해당제품 시장의 특성을 고려해서 기준을 선택하고, 이를 바탕으로 동질적 특성을 가진 소비자군을 분화한 뒤(시장세분화), 경쟁상황과 자신의 능력을 고려하여 가장 자신 있는 시장을 찾아내서(표적시장의 결정), 그 시장의 소비자들에게 자사의 제품이 가장 적합하다는 것을 알려주는(포지셔닝) 일련의 과정을 수행하는 것이 바로 STP인 것이다. 다음은 STP과정을 도식화한 그림이다.

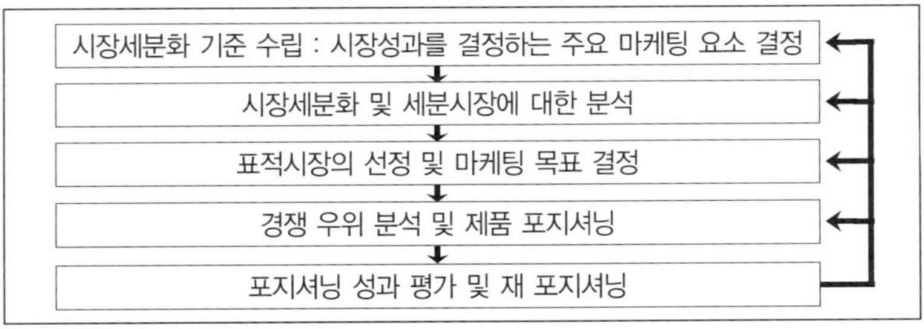

그림 5-2 : STP전략 구성과정 개념도

예전에는 소비자의 대부분이 공통된 욕구를 가지고 있었고, 기업은 표준화된 제품을 대량생산한 뒤, 이를 공중마케팅하는 형태로 전략을 운용했다. 그러나 소비자들이 다양한 욕구를 갖게 되고, 경쟁이 심화되면서 STP는 마케팅전략에 있어 필수불가결한 사항이 되었다. 이것은 공중마케팅과 대별되는 의미에서 분중마케팅이라 부를 수 있겠다.

시장세분화는 몇 개의 기준을 사용하여 시장을 가치 있는 다수의 시장으로 분류하는 것을 말한다. 시장은 소비자들의 집합이다. 시장에는 특정 제품군에 대한 태도 · 의견 · 구매행동이 비슷한 소비자 집단이 존재한다. 이 집단들을 분리하여 하나의 집단으로 묶는 과정이 시장세분화이다.

이때 임의적 기준에 따라 시장을 분할해서는 안 된다. 목표와 관련성을 갖도록 시장을 세분화하는 것이 중요하기 때문에 기준이 매우 중요한 의미를 갖는 것기 때문이다. 따라서 시장세분화의 핵심은 기준을 결정하는 것이다. 그 기준은 소비자의 인구통계적 특성 · 추구효익 · 구매행동 · 사용특성 · 라이프스타일 등 여러 가지가 있겠지만, 실제적인 적용에 있어서는 마케팅목표에 맞는 제품의 특성과 시장의 경쟁구조 등의 상황변수에 의해서 결정된다.

단순한 인구통계적 변수만을 고려한 시장세분화는 기업이 처해있는 환경과 나아갈 방향에 도움을 주기 어렵다. 때문에 기업이 처해있는 환경과 나아갈 방향을 고려하여 기준을 설정하는 것 또한 매우 중요하다. 하나하나 쪼개놓은 각 세분시장은 마케팅프로그램을 실행했을 때 각기 다른 반응을 보일 수 있도록 분할되어야 한다. 그리고 그 규모와 구매력 등의 측정이 가능하도록 경계를 명확히 그을 수 있어야 한다.

### 세부시장 매력도와 자사 적합성 평가를 통해 표적시장 결정

각 세분시장은 마케팅프로그램을 실행하였을 때 효과를 거둘 수 있을 만큼 충분한 규모를 갖추고 있어야 하며, 각 세분시장에 접근이 가능한 수단이 존재해야만 한다. 이처럼 측정가능성 · 규모 · 접근가능성 · 차별적 반응의 네 가지를 효과적인 시장세분화의 요건이라 부른다.

시장세분화라 하여, 시장을 너무 잘게 쪼개놓는 것은 바람직하지 못하다. 과도한 시장세분화는 무리하게 많은 마케팅비용의 지출을 가져오게 되며, 결국 수익구조를 악화시킬 수 있다. 그러나 시장경쟁이 심화되고 구매자의 욕구가 다양해지면 시장의 세분화 정도가 높아지게 된다. 따라서 시장세분화는 시장여건에 맞추어 진행할 필요가 있다.

이때 하나의 기준변수만으로 시장을 세분화할 경우에는 위험이 발생할 수 있기 때문에 시장세분화의 기준변수를 조합하여 사용하는 것이 바람직하다. 흔히 이루어지는 상황변수 조합은 인구통계–사용상황, 인구통계–추구효익, 인구통계–심리분석–추구효익, 인구통계–구매행동–추구효익, 인구통계–사용상황–추구효익 등이다.

시장세분화가 끝났으면 표적시장을 결정한다. 표적시장은 세분시장 중에서 자사의 경쟁우위와 경쟁상황을 고려했을 때 가장 좋은 기회를 제공해 줄 수 있는 특화된 시장을 의미한다. 가장 유리한 표적시장을 선택하기 위해서는 다양한 시장세분화 변수를 이용, 정교한 세분시장 대안들을 마련해놓아야 한다. 표적시장을 결정하기 위해서는 먼저 각 세분시장의 매력도를 평가해야 하는데, 세분시장 매력도 평가요인은 다음 표와 같다.

| 1. 시장요인 | 2. 경쟁요인 | 3. 자사와의 적합성 |
|---|---|---|
| 시장규모<br>시장성장률<br>제품수명주기 | 현재의 경쟁자<br>잠재적 경쟁자 | 기업목표<br>자원<br>마케팅믹스 |

표 5–2 : 세분시장 매력도 평가요인

## 포지셔닝은 표적시장 내 경쟁우위를 중심으로

표적시장 결정까지 끝나고 나면 포지셔닝을 진행할 차례다. 포지셔닝이란 자사제품이 경쟁제품과는 다른 차별적 특징을 가지게 하여, 표적시장 내 소비자들의 욕구를 보다 잘 충족시킬 수 있다는 사실을 소비자들에게 인식시키는 과정이다. 경쟁기업들과 효과적으로 경쟁하기 위해 마케팅믹스를 사용하여 소비자의 의식 속에 제품의 정확한 위치를 심어주는 과정이기도 하다.

포지셔닝은 자사의 경쟁우위를 활용할 수 있도록 구성하는 것이 효과적이다. 경쟁우위는 어떤 제품 혹은 브랜드가 다른 제품 혹은 브랜드에 비해 소비자들에게 더 많은 가치를 제공해줄 수 있을 때 달성된다. 앞에서도 말했듯 가치란, 제품이 원래 가지고 있는 타고난 우월성에 의해서 만들어지기도 하지만 그 제품 혹은 브랜드를 대하는 소비자들의 주관적 가치에 의해 많은 부분이 결정되기도 한다.

이러한 가치의 결정에는 사회적 트렌드도 영향을 미친다. 소비자의 욕구와 사회적 트렌드를 고려하여, 소비자들의 마음속에 강력한 위치를 차지하는 포지셔닝전략을 구사하는 것은 매우 중요하다. 다음은 경쟁우위를 결정하는 요소들을 결합시켜 만든 경쟁우위 확보를 위한 개념도이다.

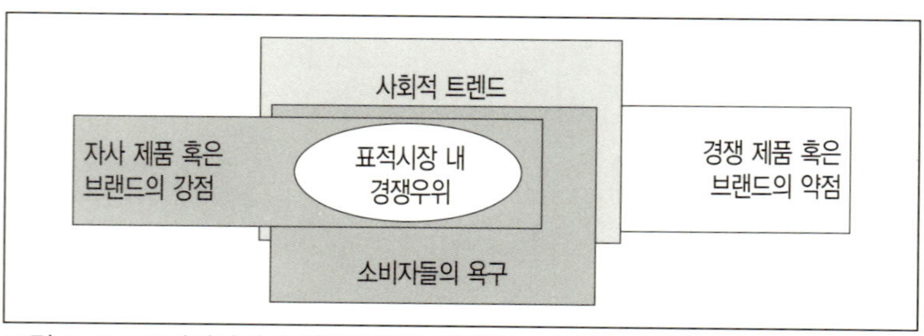


그림 5-3 : 표적시장에서 경쟁우위를 결정하는 요소들의 결합

## 시장에서 당면한 문제점을 발견하고, 그 해법을 찾는 일

그러나 한 가지 유의해야 할 것은 경쟁우위를 찾아내는 일 만큼이나 중요한 것이 있다는 것이다. 그것은 바로 현재 우리 상품이 시장에서 부딪히고 있는 문제점을 발견하고 그 해법을 찾아내는 일이다.

그리고 그 해법의 중심은 우리의 경쟁우위를 활용하는 것이다. 앞서 말한 것처럼 SWOT분석을 하게 되면 강점이나 기회와 같은 긍정적 요인 이외에도 약점이나 위협 등 부정적 요인들을 발견하게 된다.

만일 상품이 시장에서 고전하고 있다면 그것은 바로 이러한 부정적 요인들에 의해 문제가 발생하고 있다는 것이며, 이 문제점들을 분석하고 해결하는 것이 새로운 활로를 개척하는 솔루션이 되기도 하기 때문이다. 따라서 문제점의 정확한 발견과 이것을 고려하는 경쟁우위 추출이 매우 중요해지는 것이다. 이후에는 앞 장에서 말한 바와 같이 1P, 즉 프러포즈의 방법에 대한 고려가 필요하다.

산업이 변화한 것도 마케팅커뮤니케이션전략이라는 용어를 만들어내는데 한 몫을 했다. 산업사회, 정보화사회를 거쳐 우리는 지금 감성사회의 초입에 다가서 있다. 유명상표 하나 때문에 불과 몇 만원의 재료로 만들어진 가방이 몇 백만 원을 호가하는 시대. 이처럼 브랜드가 주도하는 사회로 우리는 이미 진입했으며, 이러한 사회를 만들어낸 것은 커뮤니케이션노동에 이은 감성노동의 결과인 것이다.

바로 이것이 전략마케팅과 마케팅커뮤니케이션의 핵심이다. 중요한 것은 표적시장 내에서 남과 다른 경쟁우위를 갖는 것이다. 그리고 그것을 소비자들에게 제대로 알려, 소비자들이 태도를 형성하도록 만드는 것이야말로 우리가 해결해야 할 최대의 과제라 하겠다.

때문에 커뮤니케이션이 단지 4P 중 한 분야로서가 아니라, 마케팅의 핵심적 영역으로 올라가서 일련의 역할을 담당한다는 전제하에 마케팅커뮤니케이션전략이라는 용어가 사용되기도 하는 것이다. '마케팅은 소비자들과 어떻게 커뮤니케이션할까를 가장 우선하는 것이다' 라는 전제 속에서 등장한 용어가 바로 마케팅커뮤니케이션 전략이다.

최근에는 광고회사의 존립이유와 평가기준이 변하고 있다. 그 새로운 기준은 '광고회사가 마케팅커뮤니케이션전략의 수립과 운용을 얼마나 잘 해내는가' 이다. AE(Account Executive)와 마케터만으로는 부족함을 느낀 광고대행사들이 속속 AP(Account Planner)제도를 도입하는 이유도 바로 여기에 있다고 할 것이다.

2부 : 마케팅 대전환

# 6

## 고객관계관리(CRM)의 개념

# 단골고객을 잡고, 신규고객을 찾는 신세대 솔루션, 고객관계관리!

우리는 앞서 마케팅의 변화를 살펴보고 이를 통해 소비자들의 관심이 기능적 이점과 금전적 비용에서 감정적 이점과 시간적 · 심리적 · 에너지적 비용 쪽으로 옮겨갔음을 알게 되었다. 그리고 나아가 소비자들마다의 관심이 다양해지고, 개성을 중시하는 쪽으로 변화하고 있다는 사실도 알게 되었다

따라서 마케팅도 다양한 소비자들의 요구에 발맞추어 매스마케팅에서 퍼스널마케팅으로 변화해왔다. 고객에 대한 개념이 공중, 분중을 넘어 개인으로까지 세분화된 것이다. 분중 개념의 등장으로 마케터들은 시장을 세분화하고 목표시장을 정하며, 그 목표시장에 대한

투입을 강화하는 것을 마케팅의 중요한 과정으로 이해하게 되었다.

하지만 컴퓨터와 인터넷의 발달은 분중 단위의 고객을 개인 단위로 바꾸어 놓았다. 고객 한 사람 한 사람에게 각기 다른 마케팅을 실시할 수 있게 된 것이다. 개별 고객마다 각기 다른 커뮤니케이션을 하고, 각기 다르게 접촉하는 것이야말로 바로 CRM(고객관계관리)의 핵심이다. 이처럼 컴퓨터와 인터넷의 발달로 정보화시대를 맞이한 상황을 일컬어 제3의 물결이라 표현하고 있다.

이렇게 소비자를 분중화하고, 그 중에서 관리대상을 선별하는 데 있어 일차적 대상은 충성도 높은 단골고객이다. 이러한 충성고객은 뜨내기고객들에 비해 훨씬 높은 수익을 가져다준다. 높은 매출을 올려주는 것은 물론, 적은 투입비용과 에너지로도 관리가 가능하기 때문이다. 뿐만 아니라 마케터들은 새로운 고객획득의 모델로 충성고객들의 성향을 활용하곤 한다.

## 80대 20 법칙이 낳은 헤비유저 중심의 마케팅 툴, CRM

이러한 사실을 우리에게 확인시켜준 것이 '80대 20법칙' 이다. 이는 이탈리아 경제학자인 빌프레도 파레토(Vilfredo Pareto)가 발견한 법칙이다. 그래서 우리는 이 80대 20법칙을 '파레토의 법칙' 이라고도 부른다. 파레토는 19세기 영국의 부와 소득 유형을 연구하던 도중 전체 인구의 20%가 전체 부의 80%를 차지하고 있는 부의 불균형 현상을 발견하게 된다. 그리고 이를 통해 이 법칙을 완성해냈다.

인간들과는 조금 다른 면이 있긴 하지만 개미 사회에서도 이와 같은 현상이 벌어진다. 개미의 사회적 행태를 연구하여 세계적인 권위자로 인정받고 있는 서울대 최재천 교수의 연구에 의하면 개미는 우리가 알고 있는 것처럼 부지런하고 협동적인 곤충이 아니라고 한다. 개미의 80%는 열심히 일하고, 나머지 20%는 '놀고 먹는다' 는 것.

마케팅에 있어서도 이러한 법칙은 예외 없이 나타난다. 기업의 전체 상품 중 20%가 전체 매출의 80%를 차지하며, 전체 고객의 20%가 전체 매출의 80%를 올려준다는 것. 이러한 파레토의 법칙에 힘입어 고객관계관리의 제 이론들이 탄생한다.

20%의 충성도 높은 고객, 즉 헤비유저를 중심으로 집중적인 관계를 형성함으로써 매출극대화를 이뤄내 신규유저 역시 헤비유저들로부터 얻은 정보를 근거로 접근하여 영입하는 것이다. CRM은 고객관계관리라는 말로 바꾸어 부를 수 있다. 한 사람 한 사람 고객과의 지속적 관계를 유지하고 발전시켜나가는 행위라 하겠다.

하지만 이처럼 고객을 관리해나가기 위해서는 데이터의 수집과 활용이 필수적이다. 따라서 CRM의 시작은 데이터의 수집 및 활용과 맥을 같이한다 하겠다. 그리고 이러한 데이터의 수집과 활용에 컴퓨터와 인터넷이 끼친 영향은 지대하다.

마케팅에 과학적 데이터를 활용하게 한 첫 계기는 POS(Point Of Sale)시스템이다. POS는 입출고 관리시스템이다. 단순히 하루 매출과 부족 제품의 파악을 위해 시작된 것이지만 이를 통해 우리는 하루 매출, 월간 매출, 연간 매출 등을 집계할 수 있게 되었다.

이러한 단순 매출 집계기능은 곧 품목별 집계, 월별 매출 추이, 요일별 매출 추이, 시간별 매출 추이 등을 파악할 수 있도록 발전하였고, 여기에 계절 · 날씨 · 기념일 변수요인을 투입하여 계절별 매출,

날씨별 매출, 기념일에 따른 매출 변화 등을 파악할 수 있게 되었다. 이러한 데이터들은 '스캐너 데이터(store scanner data)' 라고 부르며, 지금까지도 마케팅의 기초자료로 요긴하게 활용되고 있다.

## 컴퓨터의 발달이 과학적 근거와 소통 만들어

여기에 보너스카드 · 할인카드 등이 보태져 시너지가 생긴다. 보너스카드 · 할인카드 등을 통해 고객의 기본신상정보가 파악 가능해지고, 소매점 패널 데이터(store scanner panel data)가 확보되었던 것이다. 여기에 다시 데이터베이스가 기능을 더하면 장바구니 분석(Market Basket Analysis)이 가능해진다. 즉 고객의 장바구니 속에 어떤 제품들이 들어있는지를 각 고객별로 파악하여, 한 사람의 쇼핑 횟수 · 쇼핑주기 · 매출량 · 품목 등을 예측할 수 있게 되었던 것.

나아가 장바구니 분석은 매우 정교하게 소비자의 구매패턴이나 선호상품, 심지어 판촉제안(가격 할인과 사은품 지급, 각기 다른 지역별 광고와 지역별 매출 등)에 따라 바코드를 달리함으로써 판촉에 대한 소비자의 반응까지 파악할 수 있게 해준다. 이러한 데이터 수집과 활용의 변화를 도식화하면 다음과 같다.

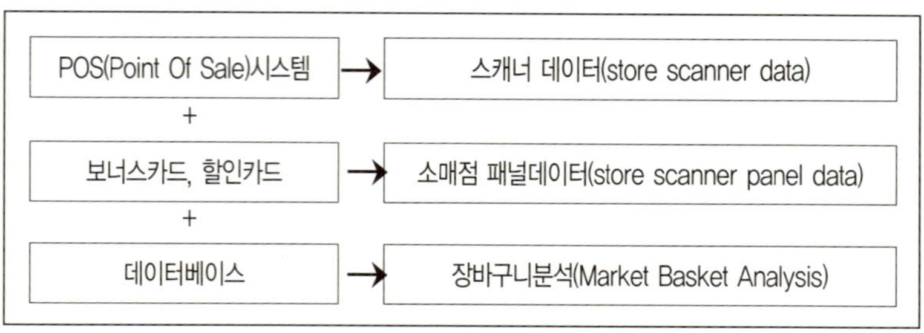


그림 6-1 : 데이터의 수집과 활용의 변화

일명 80대 20으로 불리는 파레토의 법칙과 신규고객 개발보다는 단골고객 관리가 훨씬 효과적이라는 시장과 소비자적 요인의 발견이 CRM의 아버지라면, 컴퓨터의 개발 · 데이터베이스의 발전 · 인터넷의 발달 · 바코드 · 바코드리더와 스캐너 · 칩이 내장된 카드 · 카드리더 개발 등 기계적 요인들은 CRM의 어머니라 하겠다.

대부분의 마케팅을 CRM시스템에 의존하는 인터넷쇼핑몰에는 별도의 소매점 패널 데이터가 필요 없다. 회원가입 시 제공되는 기본정보는 고객의 체류시간 · 클릭횟수 · 각 상품별 쇼핑시간 · 구매주기 등과 합쳐져 중요한 정보들을 제공해주는 것은 물론 분석까지 하나의 시스템에서 운영할 수 있게 해준다.

그렇다면 CRM을 위한 고객 데이터에는 어떤 것들이 있을까? 이 데이터들은 크게 고객정보 · 제품정보 · 구입정보 · 프로모션반응 · 행동관련 데이터 등의 다섯 가지로 구분해 볼 수 있겠다. 먼저 고객정보에는 이름 · 성별 · 생년월일 · 주소 · 전화번호 · 통신ID 또는 E-Mail address, 결혼여부 · 자녀수 · 연간수입 또는 월수입 · 학력 · 최종학력 · 직업 · 주거방법(단독 · 아파트 · 자가 · 전세 · 월세 여부 등) · 기타 라이프스타일 정보 등이 포함된다.

제품정보에는 제품군 · 구입상품 · 제품에 대한 의견이, 구입정보에는 최초 구입일 · 최근 구입일 · 최근 구입 시 가격 · 총 구입 누적 횟수 · 총 구입 누적금액 · 횟수에 따른 구입금액 평균 · 구입 장소 등이, 프로모션 반응에는 제안한 프로모션과 그 내용 · 제안한 프로모션에 대한 반응 등이, 행동관련 데이터에는 소유 회원권 · 소유차종과 연식 · 즐기는 운동 · 취미 · 상품 및 서비스 구입처 · 상품 및 서비스 정보원천 등의 데이터가 포함된다.

효율적인 마케팅을 위해 시장세분화를 실시하고, 모든 타깃이 아닌 목표시장을 향해 마케팅을 운영하는 것은 전략마케팅의 기본이며, 마케터들에게는 상식이다. 이러한 변화의 최전선에 컴퓨터와 인터넷이 있었다. 컴퓨터는 고객을 관계있는 참여자로 변화시키는 데에 가히 혁명적인 기여를 해주었다. 뿐만 아니라 컴퓨터와 인터넷은 단순히 고객정보를 파악하는 것에서 그치지 않고, 미디어로서의 제 몫 역시 톡톡히 해내고 있다는 점에서 더욱 중요한 가치가 있다.

## 우수고객과의 인터렉션이 CRM의 기본개념

CRM의 핵심은 우수고객들을 분류해내고, 우수고객들과의 개별적 접촉을 통해 인터렉션(Interactions:상호반응)을 이끌어내는 것이다. CRM은 고객 분석을 통해 목표시장의 발견 · 마케팅 평가 및 전략자료의 제공 · 의도별 맞춤형 판촉 · 고객군별 맞춤형 판촉 등 네 가지의 기능을 가지고 있다.

첫째, CRM은 고객 분석을 통해 목표시장을 발견하게 한다. 핵심고객 DB를 제공해주는 한편, 그들과의 소통통로를 확보해준다. 뿐만 아니라 고객 상황에 따른 매출추이를 분석하고, 이를 통해 세분시장의 성향을 분석해준다. 이러한 분석은 가망고객의 성향을 확인시켜주는 것에 다름 아니다.

둘째, CRM은 마케팅평가 및 전략자료를 제공한다. CRM을 통해 소비자의 니즈를 파악할 수 있으며, 제품의 시장테스트도 가능해진다. 프로모션별 바코드를 달리 부여함으로써 각 프로모션의 효과를 파악할 수도 있게 하며, 프로모션 샘플링도 가능하게 하는 것이다.

셋째, CRM은 의도별 맞춤형 판촉을 가능하게 한다. 베네핏(benefit) 시스템을 통해 1회 구매마다의 단위매출 상승을 유도하도록 해주기도 하고, 누적매출의 상승을 유도하기도 한다. CRM을 잘 활용하면 시즌매출 상승유도 효과도 거둘 수 있을 것이다.

넷째, CRM은 고객군별 맞춤형 판촉을 가능하게 한다. 각 고객의 선호품목을 파악하여 선호품목 중심의 판촉을 가능하게도 하며, 각 고객의 쇼핑주기를 파악하여 쇼핑주기에 따른 판촉을 가능하게도 한다. 핵심고객들을 선별, 그들을 중심으로 베네핏을 활용한 특별판촉도 가능하게 하는 것이 바로 CRM인 것이다.

이러한 CRM활동을 위한 절차는 데이터베이스 구축과 관리 · 데이터 마이닝 · 고객 채널을 통합하고 연계하는 캠페인의 운영 등 3단계로 나누어 살펴볼 수 있다. 데이터베이스의 구축과 관리는 계약 · 처리와 관련된 데이터와 영업점 · DM · 콜센터 · 캠페인 등을 통해 얻은 고객반응정보를 인구통계학적 데이터들과 함께 데이터 웨어하우스(전사적 관점에서 데이터 모델에 근거하여 구축된 데이터베이스)의 관점에 기초하여 체계적으로 관리하고 활용하는 것을 말한다.

데이터 마이닝이란 모아진 데이터를 의미 있는 자료로 가공하는 것이다. 과학적이고도 통계적인 방법을 통해 기존 고객들의 특성을 파악하여, 기존 고객에 대한 서비스를 개발하는 것은 물론 새로운 고객군 발굴에 활용하도록 하는 일련의 과정을 의미하는 것이다.

이렇게 데이터 마이닝이 마무리되면 마케터는 일련의 자료를 토대로 고객을 유치하고, 이탈을 방지하는 한편, 타 상품과의 연계판매

(Cross-sell) · 수익성 높은 상품 판매를 위한 상승판매(Up-sell) 등 고객채널을 통합하고 연계하는 캠페인을 운영하게 된다.

### 숍마스터의 눈썰미가 단골고객을 만든다

CRM의 이해를 돕기 위해 의류판매점 숍마스터의 역할을 분석해 보자. 기존 숍마스터의 역할과 본격적 CRM의 도입으로 변화되는 환경을 비교해봄으로써 CRM에 대한 이해를 보다 넓혀갈 수 있을 것이다. 숍마스터는 매장으로 들어오는 고객들을 보며, 그리고 구매과정을 통해 무의식적으로 몇 가지 판단을 하게 된다.

우선은 입장한 고객이 단골고객인가, 신규고객인가를 판단한다. 이 판단에 따라 인사부터 달라진다. 단골고객일 경우에는 파악되어 있는 기존 구매성향을 참고로 서비스에 임한다. 입장고객이 신규고객일 경우에는 그의 옷차림이 어떠하며, 그와 잘 어울리도록 코디되었는가를 살핀다. 그리고는 고객의 취향에 맞추어 몇 가지 옷을 권유하거나, 얼굴모양 · 머리모양 · 체형 등과 옷차림의 조화에 따른 제안점을 제시한다.

그리고 판매서비스를 진행하는 동안 고객이 적극적 권유에 반응하는지, 아니면 간섭을 싫어하는 스타일인지를 판단하여, 그에 맞도록 서비스를 제공하게 되는 것이다. 이렇듯 고객에 따라 그때그때 서비스가 달라진다. 이러한 과정 중에도 숍마스터는 신규 구매고객으로부터 여러 가지 고객정보를 수집하기 위해 노력한다.

먼저 대화를 통해 고객정보를 수집한다. 이것저것 일상사에 대한 질문들을 해가며, 고객의 직업 · 소득수준 등 인적사항은 물론 방문

계기 · 관심사 등까지 파악하는 것이다. 회원가입 권유와 카드발급을 통해 정보를 얻기도 한다. 보너스카드를 만들게 되면 고객의 개인정보를 제대로 수집할 수 있기 때문이다.

카드가 너무 많고, 카드신청서 쓰기가 귀찮거나 사생활이 노출된다고 꺼리는 고객들이 있으므로, 보너스카드 회원가입자에게는 이점을 주는 것이 보통이다(누적포인트를 통한 할인 · 카드고객만을 대상으로 하는 사은품 등). 이러한 베네핏은 단위매출 상승 · 누적매출 상승 · 시즌매출 상승 등을 유도하는 직접적 방법으로도 활용된다.

그럼에도 불구하고, 보너스카드를 만들지 않겠다는 고객이 있다면 세일고지 등을 미끼로 노트에 이름과 전화번호 등 간단한 메모를 남겨두는 선에서 정보를 수집한다. 이러한 일련의 과정을 통해 얻어진 정보는 숍마스터의 기억이나 기록 등을 통해 정리된다.

보너스카드 발급을 위한 개인정보는 POS데이터와 함께 요긴한 자료로 활용된다. 성별 · 연령 · 거주지역 · 직업 · 소득수준 등 제반의 정보들과 함께 구매금액과 구매제품 · 구매주기 등의 분석은 매우 중요한 마케팅자료를 제공하며, 주소 · 전화번호 · e-mail주소 등은 고객과의 소통통로를 제공하기 때문이다.

덧붙여 파악된 각종 기념일은 개별판촉 소스로도 활용된다. 여기에 숍마스터가 작성한 씀씀이 · 취향 · 구매과정과 파악된 신상정보를 보태면 훌륭한 패널 데이터가 만들어지게 되는 것이다. 그리고 숍마스터는 이러한 고객정보를 활용해 매출을 견인한다.

첫째, 제품이 들어오면 숍마스터는 고객과 제품을 매치시킨다. 고객들의 씀씀이 · 취향 · 스타일 등을 고려하여 제품의 주인을 찾아내고, 전화 등을 통해 내방을 권유하는 것. 연계판매 · 상승판매 등을 고려하여 정보를 제공하고 판매를 권유하기도 한다. 연계판매란 의류의 경우 상하의 코디네이션을 통한 판매 등을 말하고, 상승판매란 보다 수익이 낮은 제품 대신 높은 제품을 권유하여 수익을 높이는 것을 말한다.

### 숍마스터의 고객정보는 여러모로 매출을 견인해낸다

뿐만 아니라 숍마스터의 능력이 발휘되는 최고의 타이밍은 세일 등을 이용한 시즌매출 상승이다. 먼저 문자서비스 등을 통해 세일을 고지하게 되는데, 이때에는 얼마나 많은 고객을 가지고 있는지, 고객 취향에 맞추어 세일참여도를 높일 수 있는지의 여부가 성공을 가늠하게 한다. 헤비유저들에게는 세일 하루 전 예약판매 등을 통해 특별 판촉을 실시하기도 한다.

기념일과 고객을 매치시켜 매출을 상승시키기도 한다. 명절 · 발렌타인데이 등에 고객들을 대상으로 명절인사 · 명절기념품 등을 미끼로 문자 내지 전화를 실시하여 내방과 판매를 유도하는 것도 그 좋은 예이다. 생일 · 결혼기념일을 얼마 앞둔 시점에 안부전화를 하여, 생일이나 결혼기념일 선물로 제품구매를 유도하는 것 역시 매우 정교한 판촉방법이다.

CRM은 판매부진 요소 극복을 위해서도 활용될 수 있다. 요일 · 기상 등으로 말미암아 판매부진이 예상되는 상황에서 판촉문자 내지 전화를 실시하여 일정 이상 매출을 높이는 방법, 판매부진이 예상되는 상황에서 특별한 이점으로 고객 내방을 유도하는 방법 등도 모두

CRM을 활용한 판촉수단이라 하겠다.

유출고객의 관리도 CRM을 통하면 가능하다. 내방주기를 넘겨도 내방하지 않는 고객들의 대부분은 경쟁사로 유출된 이탈고객들이다. 때문에 이들을 상대로 판촉전화 · 불만상담 등을 실시하여 해결하곤 하는데 만약 CRM이 제공하는 데이터가 없다면 가능하지 않은 판촉이라 하겠다.

위의 사례에서 보듯 의류판매점의 CRM은 어느 정도 진전을 본 상황이며, 그 역할도 어느 정도는 자리를 잡았다. 그러나 아직까지도 매출의 대부분이 숍마스터의 능력과 노력 여하에 좌우되고 있다. 그리고 CRM은 숍마스터의 능력을 보조하는 수단으로 기여하고 있는 수준이다. 아직까지는 숍마스터들 간의 개인차가 크며, 그 개인차에 의해 매출이 달라지는 상황인 것이다. 그러나 이러한 개인차는 CRM에 의해 표준화될 것이다.

### 특급 숍마스터의 고객수첩이 무용지물인 세상!

그렇다면 곧 닥치게 될 미래의 의류판매점의 모습을 상상해보자. 숍마스터는 출근과 동시에 컴퓨터를 켜고 본사의 서버에 접속한다. 모니터에는 오늘의 계절 · 요일 · 기상상태가 표시되고, 예년 같은 조건일 때의 매출추이 · 최근 매출추이 등의 그래프가 나타나게 된다. 그리고 이를 통해 산출된 그 날의 예상매출액과 목표액도 출력된다.

확인버튼을 누르면 당일 기념일을 맞이한 고객들의 명단과 전화번호, 그리고 그에 알맞은 문자서비스 상용문구가 출력되고, 다시 확인버튼을 누르면 자동으로 문자서비스가 송신된다. 그리고 난 뒤에는 업계 및 제품과 관련된 정보와 최근의 제품경향 등이 담긴 뉴스브리핑이 시작된다. 숍마스터는 필요한 기사들을 대충 훑어보고 다시 확인버튼을 누른다.

화면이 바뀐 모니터에는 내방주기를 일정 이상 넘긴 고객들의 명단과 정보가 출력되고, 숍마스터는 그 고객들의 명단 중 필요하다고 생각되는 사람들에게는 전화를 걸고, 전화까지는 필요하지 않다고 판단되는 고객들을 체크하여 확인버튼을 누르면 안부를 묻는 문자서비스가 발송된다.

유출예상고객 관리가 끝나고 나면 오늘 도착할 제품과 그에 가장 잘 매치되는 고객들의 리스트를 출력한다. 이 리스트는 그간 고객들의 구매성향과 제품취향 등을 고려하여 만들어진 것이다. 역시 필요하다고 생각되면 문자서비스를 이용하기도 하고, 전화를 걸기도 한다. 기상상태 · 요일 · 최근의 경향 · 현재 판매점 내의 재고상황 등을 고려한 디스플레이 제안이 모니터에 출력된다.

고객이 입장하면 게이트에 설치된 센서를 통해 고객의 각종 정보가 숍마스터의 모니터에 출력된다. 그 내용은 성별 · 연령 · 지역 · 직업 · 소득수준 등 기본정보는 물론, 최초 내방일 · 평균 내방주기 · 최종 내방일 · 총 구매금액 · 1회 평균 구매금액 등 기본구매정보가 망라되어 있다.

구매한 제품의 색상 · 디자인 · 스타일 · 사이즈 등 구매성향정보 등도 고스란히 들어 있는 것은 물론이다. 숍마스터는 이 정보들을 활용하여 구매를 유도한다. 모든 구매기록들은 다시 보너스카드를 통해 데이터베이스로 저장된다. 그러나 정작 중요한 것은 숍마스터도 모르는 사이에 많은 일들이 벌어진다는 것이다.

본사 CRM시스템을 통해 새로운 제품 정보들이 그간 저장되었던 데이터베이스를 바탕으로 고객들에게 전달된다. 시즌마다 혹은 월별로 고객에게 제품정보가 담긴 카탈로그, 혹은 e-mail이 발송되며, 그 속에는 각 고객의 구매성향과 제품취향에 맞추어진 몇 개의 제품들만이 골라 담겨 있다. 뿐만 아니라 각 고객의 관심정보와 각 고객의 취향별로 제공되어야 할 이점들이 함께 들어 있다.

### 고객정보로 일대일 커뮤니케이션을 만든다

대부분의 시스템은 전자동으로 운영되며, 콘텐츠 생산만 마케팅팀 직원들이 담당한다. 마케팅팀에서는 기존고객들의 성향을 파악하고, 그에 맞는 이점을 통해 연계판매 · 상승판매 전략을 개발하는 한편, 기존고객들의 분석자료를 바탕으로 신규고객 개발을 위한 베네핏을 준비한다.

그리고 이러한 데이터들을 통해 얻어낸 정보를 토대로 가망고객들을 추출하며, 이 가망고객들을 대상으로 각종 지원판촉을 운영한다. 뿐만 아니라 숍마스터들이 의식하지 못하는 사이에 각종 제품개발과 판촉개발을 위한 테스트가 판매점 내에서 실시되며, 그 결과는 다시 CRM시스템에 의해 분석된다.

너무 심한 비약이라는 생각이 드는가? 하지만 이미 상당히 많은 분야에서 위에서 본 바와 같은 CRM시스템이 부분적으로나마 활용되고 있다. 그리고 이러한 시스템의 발전을 위한 연구가 매우 빠른 속도로 진척되고 있다. CRM의 발전은 곧 숍마스터의 능력을 표준화하는 데 기여하게 될 것이다.

CRM은 잘 정비된 기계나, 패키지 상품이 아니다. CRM은 솔루션이며, 언제든지 기능이 추가되고 발전할 수 있는 열린 도구이다. 때문에 그 가능성 역시 무한한 것이며, 사람들의 상상에 의해 그 역할은 더욱 늘어날 것이 분명하다.

지금까지 CRM을 개략적으로나마 알아보았다. 눈여겨보아야 할 것은 이러한 CRM의 역할과 기능이야말로 마케팅 패러다임의 대전환을 만들어냈다는 것이다. 그리고 CRM은 매스미디어에 밀려 한동안 중요하지 않은 것으로 여겨지던 인적판매를 마케팅의 전면에 내세우게 되는 변화를 견인하였으며, 판매촉진의 전반적인 방향에도 큰 변화를 만들어냈다.

하지만 아직까지는 대부분의 데이터들을 유통점이 가지고 있었던 탓에 고객관계관리는 유통점이 지배하는 체제의 도구로 인식된 측면이 없지 않았다. 그리고 아직도 CRM을 소비자들의 적극적인 참여를 전제하지 않은 채 '관리'의 차원으로 이해하고 있는 마케터들이 적지 않은 실정이다.

이러한 분위기를 바꿔놓는 큰 변화는 웹2.0의 등장이다. 웹2.0은 마케팅에 있어 많은 변화를 이끌어냈다. 그 중에서도 가장 큰 변화는 그간 유통점에 머물러 있던 마케팅의 주도권을 소비자들에게 넘겨줄 수밖에 없게 된 것이다. 웹2.0의 등장에 따른 이러한 여러 가지 변화와 마케팅 패러다임의 급격한 변화에 대해서는 다음 장에서 살펴보기로 한다.

2부 : 마케팅 대전환

# 7

## 마케팅 패러다임의 변화

# 관계마케팅과 마케팅 2.1, 시장이 아닌 고객을 상대로!

웹2.0이라는 용어가 널리 퍼지면서 일부에서는 마케팅 2.0을 웹2.0과 연동하여 설명한다. 물론 그런 차원에서 마케팅의 새로운 버전을 말할 수도 있을 것이다. 하지만 이것은 커뮤니케이션 측면만을 강조하고 있다는 문제가 있다.

웹2.0과 마케팅2.0을 연계하여 설명하는 이들은 웹이 만들어낸 소비자들의 적극적인 소통이 마케팅에 영향을 주었다고 말한다. 웹2.0의 기본정신이라 불리는 참여, 개방, 공유의 개념이 소비자들로 하여금 적극적 참여를 가져왔으며, 이것이 다시 기업의 마케팅활동에 변화를 이끌어냈다는 것이다.

첫째, '참여'는 그간 기업의 정보전달시스템의 변화를 의미한다. 소비자들의 커뮤니케이션 활동이 적극성을 띠게 되면서 기업은 소비자들이 감성적 공감대를 형성하고 자발적으로 정보를 생산하고 전달할 수 있는 환경을 만들어주게 되었다. 그렇게 해서 더욱 활성화된 '참여'는 소비자 간의 커뮤니케이션은 정보가 급속히 확산되는 웹2.0시대에 긍정적이고 강력한 효과를 발휘하고 있다.

둘째, '개방'은 기업의 투명성을 의미한다. 오늘날 소비자들은 다양한 정보를 통해 현명한 소비활동을 하고 있으며, 기업의 실수나 거짓을 용납하지 않는다. 따라서 기존의 허위와 과장으로 포장된 정보 대신 진실하고 투명한 정보를 소비자에게 제공하려는 기업의 의지가 필요하며, 그것을 현실화시키기 위해 노력하고 있다는 것이다.

셋째, '공유'는 기업이 내부고객, 즉 직원들과 기업의 철학과 비전을 함께 나누기 위해 펼치는 노력을 의미한다. 기업과 직원들이 하나의 비전으로 결속될 때 직무몰입 및 성과 형성에 매우 긍정적인 효과가 나타난다는 사실이 밝혀지면서 기업들은 다양한 방법으로 사내 커뮤니케이션을 실시하기 위한 노력을 경주하고 있다.

### 관계마케팅의 탄생과 발전이 마케팅2.0으로의 패러다임 변화로

이처럼 웹2.0에 대응하는 마케팅2.0의 개념은 지극히 커뮤니케이션적 입장이다. 웹2.0이 마케팅에 큰 변화를 가져다 준 것은 사실이다. 하지만 이러한 변화가 커뮤니케이션 환경의 변화에만 기인했다고 믿는 것은 너무나도 단순한 논리다. 이러한 논리에 의해 변화한 개념을 도식화하면 다음과 같다.

|  | 마케팅1.0 | 마케팅2.0 |
|---|---|---|
| 주요 채널 | 매스미디어 | 쌍방향 온라인 채널 |
| 대상자 | 1:n(기업:다 소비자) | n:n(다 소비자:다 소비자) |
| 커뮤니케이션 방식 | 방송(Broadcast) | 대화(Conversation) |
| 커뮤니케이션 목적 | 기업이 의도한 메시지 전달 매출기회 증대 | 소비자참여, 메시지 생산·확대 소비자 간 소통 활성화 |
| 관리포인트 | 브랜드인지도 | 브랜드경험 |

표 7-1 : 웹2.0에 대응하는 마케팅2.0의 개념

이러한 커뮤니케이션의 환경변화와 더불어, 그 간에 있어왔던 마케팅의 진화, 그리고 CRM의 안착이 가져온 새로운 마케팅패러다임은 단순히 커뮤니케이션의 문제만은 아니다. 그렇다면 새로운 마케팅패러다임이란 무엇인가? 그것의 다른 이름은 이른 바 '관계마케팅' 이다.

여기서 말하는 관계마케팅은 그 간의 논의 및 이론들과는 완전히 새로운 차원의, 근본을 흔드는 변화라 하겠다. 그래서 우리는 이 관계마케팅의 탄생과 발전을 일컬어 마케팅2.0이라 부를 수 있는 것이다. 관계마케팅이 이전의 마케팅들과 가장 현저히 다른 점은 마케팅의 대상이 시장의 개념에서 고객의 개념으로 넘어갔다는 사실이다.

그간 마케팅관리와 전략마케팅은 공중을 대상으로 하던 마케팅을 분중화 시키기 위해 시장세분화 개념 아래에서 전략을 구성하여왔다. 이것이 마케팅2.0인 관계마케팅으로 넘어가면 개인을 대상으로 하여 각 개인에 맞는 마케팅을 운영하게 된다.

시장을 가치 있는 기준으로 보다 잘게 쪼개어 세분화하는 개념인 세그멘테이션(segmentation)은 수집된 데이터를 활용한 어그리게이션(aggregation)의 개념으로 넘어가게 된다. 어그리게이션이란 개인들의 행동양식을 분석하여, 이것을 보다 분중화된 단위로 끌어 올리는 차원이라 하겠다.

## 관계마케팅을 가능케 한 핵심은 데이터베이스

이처럼 고객들을 어그리게이션 하기 위해서는 데이터의 확보가 전제되어야만 한다. 컴퓨터를 통해 확보된 데이터를 저장하고, 그 데이터를 의미 있게 유형화해 고객들을 분류하는 것으로 관계마케팅은 시작된다. 따라서 관계마케팅이란 데이터베이스를 기반으로 가능해지는 것이다.

이렇게 유형화된 단위별로 필요한 커뮤니케이션을 실시하고, 이러한 소통은 해당 고객군과의 관계를 보다 공고하게 만들어 준다. 그리고 그 변화는 다시 데이터베이스에 저장 된다. 따라서 관계마케팅은 앞서 설명한 CRM을 기반으로 하는 마케팅이라 할 것이다. 그리고 변화된 고객군의 신념과 반응은 다시금 새로운 어그리게이션을 형성하게 된다.

주변의 간접 데이터들을 참고하여 임의적 기준으로 시장을 분류하고, 그 시장 속에 있는 고객들을 짐작하는 개념에서 고객의 직접 데이터를 활용, 대상들을 분명하게 분중화하는 관계마케팅은 분명한 대상을 상대로 마케팅을 운용할 수 있다는 장점을 가지게 된다.

뿐만 아니라, 매출로 드러나는 결과 외에도 고객 신념이나 반응을 분명하게 파악 가능하기 때문에 마케팅효과를 분명히 할 수 있는 것이 바로 이 관계마케팅이라 하겠다. 따라서 관계마케팅은 투입 대비

효과를 분명히 측정할 수 있는 마케팅이라고도 할 수 있겠다.

관계마케팅을 가능케 한 핵심은 데이터베이스이며, 데이터베이스를 활용해서 진행하는 고객의 어그리게이션이야말로 전략마케팅과 관계마케팅을 구분하는 가장 중요한 특징이라 하겠다. 정해동 님과 박기철 님은 '통합된 마케팅 커뮤니케이션 IMC'를 통해 세그멘테이션과 어그리게이션을 알기 쉽게 그림으로 표현했다. 아래의 그림 두 가지는 각기 세그멘테이션과 어그리게이션을 표현한 것이다.

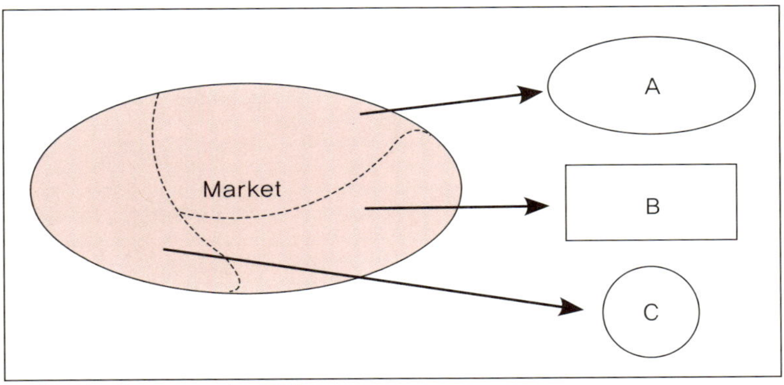

그림 7-1 : Segmentation모형

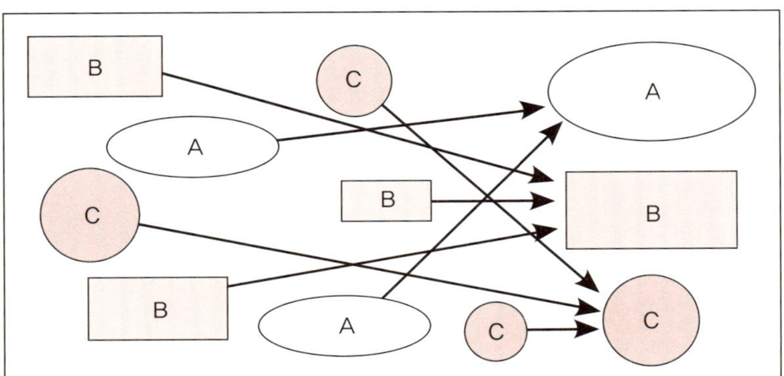

그림 7-2 : Aggregation모형

### '나에 대한 고객 의존도 끌어올리기'가 관계마케팅의 목적

일찍이 스탠 랩과 톰 콜린즈는 열 가지 마케팅 대전환을 예고한 바 있다. 그들은 이 마케팅 대전환을 통해 이미 관계마케팅의 기본원리를 말하고 있었던 것. 관계마케팅은 컴퓨터를 활용한다는 특징 외에도 여러 가지 특징들을 포함하고 있다. 아래 표는 그들이 말한 대전환 열 가지를 나열한 것이다.

| 불확실한 잠재고객 | 현재고객의 확실한 파악 |
|---|---|
| 크리에이티브 중심 | 고객반응 중심 |
| 불도저식 시장 확보 | 개별 틈새시장의 공략 |
| 광고 인상 중시 | 새 고객의 확보 |
| 독백식 광고 | 소비자와의 대화 |
| 시장에 대한 광고세례 | 관계구축 |
| 수동적 소비자 | 관계있는 참여자 |
| 매스 마케팅 | 다이렉트 매스 마케팅 |
| 독특한 판매 소구점 제안 | 잉여가치 제안 |
| 단일 유통망 | 복수 유통망 |

표 7-2 : 스탠 랩과 톰 콜린즈가 제시한 열 가지 마케팅 대전환

그렇다면 관계마케팅, 즉 마케팅2.0의 본질적 특성은 무엇인가? 관계마케팅 역시 그 시작은 이미 19세기 말과 20세기 초에 각광을 받던 통신판매에서 비롯되었다 할 것이다. 아론 몽고메리 워드나 리처드 시어즈 같은 통신판매 선구자들이 새로운 판매 채널과 물류 방

식을 개발해 시장을 넓혀나갔던 것.

관계마케팅은 고객 등 이해관계자와 강한 유대관계를 형성하는 것에서부터 출발한다. 그리고 이 관계를 유지하고, 발전시키는 마케팅 활동을 통해 고객만족을 극대화하는 것에 초점을 맞춘다. 즉 관계마케팅은 판매 위주의 거래 지향적 개념에서 탈피, 장기적으로 고객과 경제·사회·기술적 유대 관계를 강화하는 것에서 비롯된다.

그리고 이런 활동은 결국 '나에 대한 고객의 의존도를 제고시키는 것'에 이르게 된다. 관계마케팅이란 단어에서의 '관계'는 기업과 고객 간 관계에 한정되는 개념이 아니다. 고객뿐만이 아니라 사내고객, 공급업체, 유통업체 등과의 관계가 모두 포함되는 개념이라는 것.

관계마케팅은 첫째, 제품의 질보다는 고객과의 관계와 그 질을 중요하게 생각한다. 둘째, 시장점유율이 아니라 고객점유율을 핵심으로 한다. 따라서 기존의 STP전략이 아닌 고객의 분류와 유지 및 강화의 개념을 중심으로 한 전략으로 변화하게 된다. 셋째, 커뮤니케이션의 중심도구가 매스미디어에서 퍼스널미디어로 옮겨간다. 넷째, 본사 중심이 아니라 지역상권 중심의 유니트전략을 구사한다고 할 수 있다.

관계마케팅에서는 기업과 고객의 '관계'가 다섯 단계로 발전해간다고 설명한다. 첫 번째 단계에서는 기업과 고객이 제품을 단순히 '사고 파는' 행위만 한다. 두 번째 단계에서는 기업이 제품 판매 후 고객에게 문제나 문의사항이 있을 경우 연락을 취하도록 독려한다.

세 번째 단계에서는 기업이 제품판매 후 제품의 만족도 등을 체크하는 피드백 과정을 거친다. 네 번째 단계에서는 기업의 사원이 수시로 고객에게 전화해서 제안을 받는다. 다섯 번째 단계에서는 기업이 지속적으로 고객과 함께 활동한다.

따라서 기업이 높은 수준의 관계마케팅을 실현하기 위해서는 단순히 판매와 관련된 고객 데이터만을 확보하는 데 그쳐서는 안 된다. 기업 내 각 부서들이 확보해서 축적된 각각의 데이터들이 데이터베이스로 모이고, 이것을 통합하여 고객과의 보다 원활한 소통을 가능케 해야 한다는 것.

이 내부자료에는 마케팅이나 영업부서가 확보하고 있는 고객들에 대한 자료뿐만이 아니라, 고객서비스, 기술지원, 나아가 회계와 조사부서의 자료들까지 포함된다. 아래 그림은 부서별 내부자료의 원천을 그림으로 표현한 것이다.

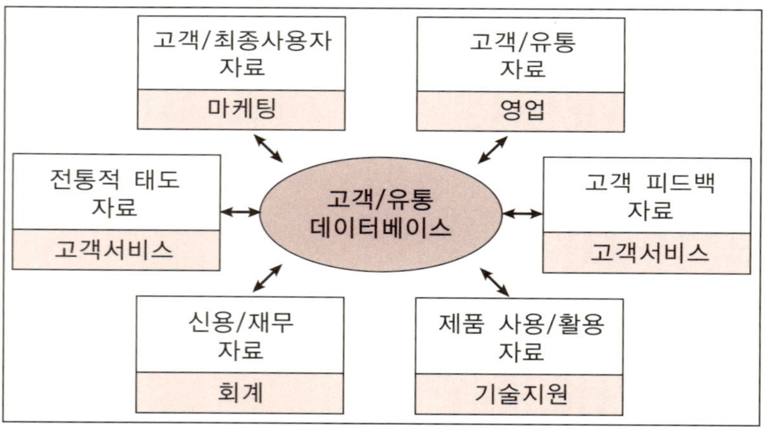


그림 7-3 : 부서별 내부자료의 원천

## 장기간 노력으로 가꾸고 키워나가는 '경작형 마케팅'

관계마케팅의 가장 큰 이점은 충성도 있는 고객을 확보할 수 있다는 것이다. 충성도 있는 고객 확보는 매출 신장으로 연결되기 때문이다. 새로운 고객 창출을 위한 비용이 절감된다는 이점도 있다. 또한 충성도 있는 고객은 긍정적인 구전 등을 통해 구매력 있는 새 고객을 유치하는 데 기여하기도 하고, 가격에도 덜 민감하기 때문에 가격 변동에도 크게 영향을 받지 않는다.

관계마케팅은 기업과 고객 사이의 지속적인 관계형성과 강화를 핵심으로 하는 마케팅 접근 방식이다. 이 과정은 한 명의 잠재고객이 현재고객으로 전환되고, 브랜드에 친근해진 충성고객으로 발전시키게 되며, 지속적인 관리와 의사소통을 통해 브랜드의 클라이언트(Client)와 이를 넘어선 지지자(Supporter) 혹은 동반자(Partner)로 발전하도록 하는 프로세스다.

또 이 결과는 판매처럼 단순히 Yes 혹은 No와 같은 이분법적 발상이 아니다. 정성을 가지고 지속적으로 프로세스를 실행시킴으로써 얻어진다. 그래서 장기간 노력으로 가꾸고 키워나가는 관계마케팅을 '경작형 마케팅' 이라고도 부른다.

따라서 관계마케팅은 고가이고 구매에 많은 리서치가 필요하며, 상품과 서비스의 구매 후 소유시간이 짧지 않은 상품에 특히 유효하다고 할 수 있다. 반대로 한 명의 잠재적 고객을 기업의 상품과 서비스를 구매한 고객으로 만드는 데 집중하는 마케팅은 '수렵형마케팅' 이라고도 부른다.

현대 마케팅의 목표는 고객과의 관계형성과 강화를 통해서 기업이 시장에서 비교우위를 점하고 유지해나가는 것이라 할 수 있다. 얼마나 많은 고객에게 상품과 서비스를 팔았나보다는 얼마나 많은 충성고객(Loyal Customer)을 가지고 있는가가 초점이다. 앞서 설명한 것처럼 이때 충성고객은 그 구매의 빈도나 구매량에 있어 일반 소비자를 능가하게 된다.

따라서 고객점유율보다는 시장점유율이 그 기업에 대한 고객의 충성도를 더 반영한다고 할 수 있다. 동시에 기업이 시장에서 비교우위에 있다는 의미이기도 하다. 더구나 충성도 높은 고객은 현재의 판매뿐만 아니라 미래의 판매비용 감소를 의미하고 또한 기업의 위기 시에 더 큰 자산이 된다.

### 아직도 전략마케팅의 역할은 사라지지 않았다

일반적으로 구매의사결정은 문제인식, 정보탐색, 선택대안의 평가, 구매, 구매 후 행동의 순으로 진행된다. 이 과정에서 우선 충성도 높은 고객과 지속적으로 의사교환을 했던 기업이라면 고객이 문제를 인식하는 과정에서 이미 개입되어 있을 개연성이 높다.

예를 들어 한 고객이 이미 5~6년 전에 세탁기를 구매하였고, 그 기업이 지속적으로 그 고객을 관리해왔다고 가정하자. 기업은 새로운 기능이 포함된 세탁기에 대해 알려주고 그 필요성과 편리함 등에 대해 의사소통을 한다면 고객은 쓰고 있던 세탁기가 고장 났을 때 수리보다는 신형 세탁기의 구매필요성을 느끼기 쉽게 된다는 것이다.

또한 브랜드 파워가 높은 상위 3가지 브랜드를 전후해서 구매가 이루어진다는 것을 감안하면 이미 브랜드 경험이 있고 브랜드 충성도가 있는 기업은 선택받을 수 있는 확률이 훨씬 높아지게 될 것이다. 이는 이미 정보탐색과 선택대안의 평가 과정이 특정 브랜드에 편파적으로 진행된다는 것을 의미한다.

질적 · 비용적 측면에서 별다른 차별성이 없는 상품군의 경우, 해당 상품군에서 필요를 충족시키는 상품과 서비스를 찾은 고객은 더 이상의 정보수집이나 판단을 하지 않는 경향이 있다. 선택대안과의 비교평가과정도 생략된다. 이것이 바로 충성도가 높은 고객이다. 이처럼 충성고객이 되면 상품에 대한 필요를 느끼는 것과 거의 동시에 상품의 선택과 구매가 함께 일어나기 마련이다.

기업은 고객의 문제인식과 정보탐색 과정에서 자신들의 상품이 선택되도록 하기 위해 광고와 MPR 혹은 각종 프로모션 등을 통해 자신의 상품과 서비스를 알려야만 한다. 하지만 충성도 높은 고객이 없는 기업이라면 이 과정에서 높은 비용이 드는 것과 동시에 효과는 상대적으로 낮을 수밖에 없다.

일반적으로 신규 고객을 만드는 비용은 기존 고객을 유지하는 데 비해 5배 이상이 발생한다고 알려져 있다. 더구나 이 신규 고객을 상위 20%의 충성도 높은 고객으로 전환하는 데에는 상당한 시간과 비용이 발생하게 된다. 이것이 바로 관계마케팅을 각광받게 한 이유다. 이러한 측면에서 관계마케팅은 전략마케팅과 확연히 구별된다.

기존의 마케팅들이 판매를 위한 것이라면 관계마케팅은 고객의 유지와 강화를 목표로 한다. 따라서 그 대상 역시 시장이 아닌 고객이다. 단순히 표준화된 가치교환을 기획하는 것이 아니라, 고객과의 유연한 관계와 상호작용을 통해 소통한다. 아래의 표는 전략마케팅과 관계마케팅으로 대별되는 마케팅의 시대구분상의 특징을 나타낸 것이다.

| | 마케팅1.0시대 | 마케팅2.0시대 |
|---|---|---|
| 이론 | 전략마케팅 | 관계마케팅 |
| 주요 마케팅목표 | 판매 | 고객의 유지와 강화 |
| 대상 | 시장 | 고객 |
| 전략수립을 위한 데이터 | 시장세분화와 타깃팅 | 어그리게이션 |
| 주요 전략 | 자원의 효율적 배분과 활용 | 관계관리 |
| 소통개념 | 가치교환 | 관계 속의 상호작용 |

표 7-3 : 마케팅 시대구분상의 특징 비교표

앞서 설명한 것처럼 환경의 급격한 변화에 따라 우리는 관계마케팅의 시대를 맞이했다. 그렇다면 이제 마케팅1.0의 시대는 완전히 사라진 것인가? 결론부터 말하자면 그렇지 않다. 관계마케팅이 등장했고, 많은 기업들이 관계마케팅을 도입하고 있지만 아직도 전략마케팅은 충분한 매력으로 어필하고 있다.

뿐만 아니라 몇 가지 이유들로 말미암아 관계마케팅만으로는 현대의 마케팅을 모두 수행해내기에 어려운 상황이 우리 앞에 놓여 있다. 상황에 따라서는 아직도 전략마케팅이 매우 유효하게 적용될 수 있다는 것이다. 그 이유는 무엇이며, 그러한 예는 어떤 것들이 있는가?

## 관계마케팅의 한계가 전략마케팅과의 통합을 시도하다

첫 번째 경우는 신생기업, 새로운 사업분야로의 진출, 신제품의 개발 등 새롭게 시장에 접근하는 마케팅이다. 그들에게는 기존의 고객이 존재하지 않는다. 그러니 관리할 고객이 애초에 존재하지 않는다는 것이다. 물론 수완에 따라서는 주변의 다른 데이터를 활용해서 관계마케팅에 접근하는 경우도 있는 것이 사실이지만 그것 역시 본원적 의미에서의 관계마케팅만으로는 쉽지 않은 경우라 하겠다.

두 번째의 경우는 유통점이 데이터를 독점하고 있는 경우다. 물론 이러한 경우에는 제조사가 직접 쇼핑몰을 운영하는 등의 노력을 포함하여 고객 데이터를 수집하고, 그 데이터를 활용하기 위한 노력을 기울여가야 할 것이다. 하지만 초기 단계에서부터 관계마케팅만을 적용하여 마케팅활동을 펼치기는 쉽지 않을 것이다.

세 번째의 경우는 데이터를 확보하기 어려운 제품, 즉 단가가 낮은 제품의 경우다. 투입 대비 환수효과가 매우 낮게 나타나기 때문에 데이터를 활용한 관리가 쉽지 않다. 이러한 제품들은 대개 저관여상품으로, 제조사가 고객을 직접 만나는 데에 한계가 있으며, 직접적 관계보다는 간접적 관계를 통해 고객을 관리해야하는 어려움이 있다.

이 외에도 관계마케팅만으로 마케팅을 전개하기에는 아직까지 어려움이 있는 상황이 도처에 존재한다. 뿐만 아니라 시간이 더 지나고 기술과 지식이 더욱 발전한다고 하더라도 수렵형 마케팅의 위력은 엄존할 것이라는 게 대개의 관측이다.

결국 마케팅2.0조차도 모든 상품의 모든 경우를 포괄하지는 못한다. 게다가 기업이 처해진 상황에 따라 그 전략의 수준과 운용이 모두 달라진다. 따라서 이러한 마케팅을 기계적으로 적용하기보다는 상품이 놓인 위치에 따라 각각에 맞춰 유연하게 대처하는 노력이 필요하다 하겠다.

패러다임의 변화를 충분히 인식하고, 관계마케팅적 개념을 도입하기는 하되, 기존의 전략마케팅의 개념을 바로 던져버릴 수는 없는 것이 현재의 상황이다. 달리 생각하면 관계마케팅이 등장하고, 아직 뿌리도 내리기 전에 다시금 전략마케팅과의 결합을 말해야하는 시점이 도래했다는 것이다.

이를 위해서는 고객의 획득과 유지 및 강화의 개념을 한 데 모으는 형태로 마케팅의 새로운 버전이 등장할 필요가 있다. 그렇다고 이러한 개념이 전혀 새로운 형태의 것은 아니다. 관계마케팅을 기본으로 하되, 전략마케팅의 고객획득 개념을 접목한 새로운 버전은 이미 많은 기업들에서 활용하고 있다. 이러한 마케팅을 우리는 마케팅2.1이라 부를 수 있겠다.

이 마케팅2.1은 시장의 개척단계나 새로운 상품의 론칭에서는 전략마케팅적 개념의 접근을 통해 고객을 획득한다. 하지만 고객 획득 과정에서 철저히 관계마케팅적 전환을 위한 데이터베이스를 확보하고, 어느 정도 체계가 구축되면 본격적인 관계마케팅으로 전환하게 된다. 이것은 전략마케팅과 관계마케팅의 통합이다.

그 대표주자가 바로 IMC(Integrated Marketing Communication), 즉 통합마케팅커뮤니케이션이다. IMC는 그 용어가 가진 한계 때문에 마치 커뮤니케이션 분야에 한정된 개념으로 오인 받을 소지가 있다. 하지만 그 안으로 들어가 보면 마케팅, 나아가 경영개념까지를 아우르는 매우 넓은 영역의 전략개념이다. 다음 장에서는 이 IMC에 대해 구체적으로 살펴보자.

2부 : 마케팅 대전환

# [ 8 ]

## 통합마콤전략의 등장

# IMC, 마콤과 마케팅을 넘어 기업경영전략을 말하다!

산업혁명 이후 기업은 효율을 전제로 급속히 분화되었다. 앞서 생산관리의 발전을 통해 충분히 설명했지만 3S를 중심으로 한 분업은 효율적 기업경영을 위한 불문율처럼 작용해왔다. 표준화, 단순화, 전문화는 누구도 이의를 제기할 수 없는 산업적 가치였던 것.

분업은 산업을 발전시키는 데 크게 기여했다. 하지만 이처럼 지나친 세분화는 여러 가지 부작용을 낳게 된다. 뿐만 아니라 고객들의 요구는 세분화로는 더 이상 해결할 수 없는 수준으로 다양해졌다. 시장 내 고객의 지위가 향상되면서 결국 기업들은 앞다투어 고객들의 다양한 요구를 만족시키기 위해 팔을 걷어붙였다.

## 분업에 대한 반성, 통합으로의 회기

기업들은 다양한 종류의 생산이 가능한 체제를 구축해야하는 상황에 직면하게 되었으며, 이러한 상황은 그간의 분업에 대한 반성을 불러왔다. 그리고 이것은 다시금 '통합으로의 회기현상' 을 만들어내게 된다. 또 이러한 통합은 각 장르의 경계를 무너뜨렸다. 이른바 크로스오버가 진행된 것.

장르의 설정 자체가 갖는 실효성에 대한 의문조차 일어나게 된다. 이러한 현상은 마케팅이나 커뮤니케이션 영역에서도 예외 없이 나타났다. 그간 마케팅은 그 실체를 면밀히 살펴 요소들을 4P로 분리하고, 그 중 판촉은 다시 네 개의 요소로 쪼개어 이들 각 영역의 전문성을 확보하고 발전시켜왔다. 하지만 현대기술의 발달과 산업의 변화는 이들의 경계를 흐트러뜨려버린 것이다.

이를테면 홈쇼핑이나 인터넷쇼핑에서 유통과 판촉의 경계는 어디인가? 홈쇼핑이나 인터넷쇼핑은 촉진의 도구인가? 유통의 도구인가? 그 둘 다를 위한 도구라면 어디가지가 촉진이고, 어디까지가 유통인가? 이처럼 경계가 모호해졌음에도 불구하고 분업의 효율성만을 주창하며, 각각의 전문성을 옹호하는 기업이 있다면 그 기업은 고객으로부터 외면당하고 말 것이다.

광고전략이란 그야말로 마케팅의 4P 중 프로모션, 그중에서도 프로모션 믹스인 광고, PR, SP, 인적판매 네 가지 중 하나로, TV, 라디오, 신문, 잡지라는 4대매체 광고와 그 외 비대인적 미디어들 몇 가지를 결합한 전략 짜기를 말한다.

광고전략의 시대에는 타깃과 매체특성의 결합을 통해 가장 적합한 하나의 매체를 선정하여 그에 맞는 메시지를 담아 보내거나, 경우에 따라서는 여러 매체의 광고를 각 매체특성에 맞게 기획하기만 하면 되었다. 그러니 각 매체들은 여러 곳에서 한 목소리, 즉 동일한 메시지로 타깃에게 어필하는 역할에만 충실하면 되는 시대였던 것이다.

그 시대에는 매스미디어를 활용한 광고전략만으로도 상품이 날개 돋친 듯 팔려나갔었다. 상품에 대한 정보가 적고, 경쟁이 적던 시대에 이 매스미디어의 위력은 그야말로 가공할 만한 것이었다. 따라서 주요 매체를 중심으로 광고전략이 구축된 것은 당연한 일이었다.

하지만 앞서 설명한 바와 같이 마케팅환경은 급변하였고, 이러한 마케팅환경에 적응 가능한 마콤전략의 필요성이 대두되면서 마콤의 개념이 변화하게 된다. 따라서 마콤의 개념은 단순히 상품판매만을 목적으로 한 것이 아니며, 일방형 전달방식인 광고의 전략 짜기만을 의미하는 것이 아닌 보다 넓은 의미로 발전해갔다.

소비자들의 목소리에 귀 기울이는 소통, 제품과 서비스를 구축하는 과정에서의 소통, 새로운 고객을 확보하기 위한 소통, 기존 고객들을 유지하고 강화하기 위한 소통을 포함하는 넓은 영역의 마케팅 소통. 이러한 모든 영역을 광고 하나만으로 해결하기에는 광고가 가지고 있는 한계가 너무나도 분명했던 것이다.

그렇다고 해서 이제 광고의 역할이 없다거나, 광고의 시대가 끝났다는 것은 아니다. 여전히 매스미디어와 광고의 위력은 건재하다. 다만 광고만으로는 안 된다는 것이다. 따라서 광고전략만을 따로 기획하기보다는 마케팅전략 속에 마콤전략을 녹여 넣고, 광고는 그 중 일부의 역할을 하는 형태의 구조가 점점 늘어나고 있다.

따라서 마콤전략을 구축하기 위해서는 마케팅과 커뮤니케이션에 대해 분명한 이해를 가지고 있어야만 한다. 마케팅의 변화와 시장의 현실, 상품과 고객을 제대로 이해하지 못한 채로는 좋은 마콤전략을 구축할 수 없기 때문이다.

갸우뚱거려지는 디자인, 완성도 떨어지는 영상, 잘못된 문장 몇 개는 용서될 수 있어도, 기업이 가는 방향, 상품이 추구하는 마케팅 방향에 부합하지 못하는 광고전략은 용서받을 수 없다. 그러므로 마케팅과 마케팅전략을 충분히 이해하고, 이에 부합하는 마콤전략을 수립해야 할 것이다.

### 4대 매체의 퇴조, 퍼스널 커뮤니케이션의 시대

IMC(Integrated Marketing Communications)는 통합마케팅커뮤니케이션이라고 해석되어 사용되고 있다. 이러한 이름 때문인지 IMC에 대한 오해가 많다. 그 중 가장 흔한 것은 동일한 아이콘 내지 동일한 이미지를 지속적으로 노출시켜 회사나 제품의 이미지, 즉 정체성을 만드는 일을 IMC라고 생각하는 오해다. 그러나 이것은 CI(Corporate Identity)를 IMC로 잘못 이해한 것이다.

그 밖에도 기업이나 상품의 광고를 내보냄에 있어 다매체전략을 쓰는 것을 두고 IMC라고 생각하는 오해가 있다. ATL광고는 물론 BTL도 사용하고, 뉴미디어에 판촉물까지 사용하고 있으니, 이것이 바로 통합마콤이 아니냐고 생각한다는 것. 하지만 이것은 다매체전략이요, 미디어믹스일 뿐 통합마콤은 아니다.

지금까지 우리는 4대 매체를 중심으로 광고해 왔다. 하지만 경쟁이 치열해지고, 고객들의 니즈가 다양해지는 것은 물론 사용상황에 따라 선택이 달라지는 시대에 와서는 퍼스널중심의 커뮤니케이션 수단들이 각광을 받게 되었다. 따라서 광고에서도 퍼스널미디어의 선호가 갈수록 늘어나는 것은 당연한 일이다.

많은 사람들에게 매우 빠른 속도로 일시에 전달하는 것보다는 고객 각각에 따라 메시지를 달리하는 형태, 즉 퍼스널미디어들이 선호되고 있다는 것이다. 그리고 이를 위해 CRM시스템이 활용되고 있다. 만들어진 고객 데이터베이스로부터 유효한 분류를 실시하고, 이렇게 어그리게이션된 분중, 혹은 등급화된 분중, 특정 상황에 처한 분중들을 대상으로 퍼스널커뮤니케이션을 시도한다는 것.

뿐만 아니라 광고만으로 상표충성도를 형성하기가 매우 어렵기 때문에 기타의 마케팅 수단들도 힘을 합쳐야 하는 시대이다. 여기에는 SP의 개념도 합쳐지게 되며, 소비자들은 물론 기업의 각종 이해관계망과 관계를 형성해나가는 PR도 함께 힘을 모으게 된다. 소비자가 정보의 주체인 이 시대에 와서 소비자와의 관계를 형성해가는 PR은 점점 더 그 중요성이 더해지고 있다는 것이다.

소비자들은 광고는 물론, 구전 · 이벤트 · 객장 종업원 · 점포나 객장 혹은 회사나 공장 등에 방문한 경험 · 회사직원 · 회사직원의 가족 · 전문가 등을 모두 정보원으로 활용하고 있다. 특히 주목해야 할 것은 정보화사회의 커뮤니케이션이 대부분 쌍방향으로 이루어진다는 사실이다. 그리고 나아가 기업은 상호작용을 통해 보다 우호적으로 소비자와의 관계를 형성하기 위해 노력해야 한다.

## 커뮤니케이션, 마케팅을 넘어 기업 경영전략으로까지

이러한 사회적 변화에 즈음하여 등장한 것이 통합마케팅커뮤니케이션 즉, IMC다. 마콤도 통합되어야 한다는 것. 그러나 아직까지도 이 통합마케팅커뮤니케이션의 정의에 대해서는 의견이 분분하다. IMC라는 용어가 처음 등장한 것은 1991년 미국에서 소비재 광고주를 대상으로 하는 논문이 발표된 때다. 이후 여러 사람들이 IMC에 대해 정의했다.

"IMC란 광고, 직접 반응, 판매 촉진, PR 등의 전략적 역할에 대한 포괄적 이해가 주는 부가가치를 인식한 마케팅커뮤니케이션 기획, 이들 수단들의 통합에 의한 커뮤니케이션 효과를 극대화하고자 하는 것이다." 이것은 돈 E. 슐츠(Don E. Schultz) 교수가 1993년 그의 저서 'The New Marketing Paradigm'을 통해 말한 통합마케팅커뮤니케이션에 대한 정의다.

이 정의는 IMC를 커뮤니케이션 수단들의 통합으로 말하고 있다. 그리고 이들의 통합적 운용을 통해 효과를 극대화하자고 주창한다. 하지만 슐츠 교수는 1997년 "IMC란 다양한 커뮤니케이션 수단들의 전략적 역할에 대한 부가가치를 인식하고 이들을 통합하여 명확하고 지속적으로 커뮤니케이션 효과를 극대화하기 위한 마케팅커뮤니케이션 기획의 개념이다."라고 정의를 수정한다. 앞서의 정의와 비교할 때 앞의 것은 IMC를 단순히 수단의 통합으로 이해한 반면, 뒤의 것은 IMC를 기획의 개념으로 끌어 올린 것이다.

제임스 오그덴(James R. Ogden) 또한 1998년 자신의 저서를 통해 "통합적 마케팅커뮤니케이션이란 마케팅믹스를 구성하는 다양한 판촉수단들을 총망라하는 것으로, 대상 고객에게 동일한 메시지를 보내는 것이 무엇보다도 중요하다."라고 밝혀 돈 슐츠 교수와 같은 맥락에서 IMC를 정의하였다.

이어 그는 "따라서 IMC의 모든 요소가 동원되어야 하며, 때로 이들 각 요소 간 중복이 불가피하다. IMC의 각 수단은 모두가 마케팅 프로그램에 영향을 미치기 때문에 이러한 관점에서 각각의 요소는 효과가 극대화될 수 있도록 관리되어야 한다."고 밝히고 다음과 같은 마케팅흐름도를 제시했다.

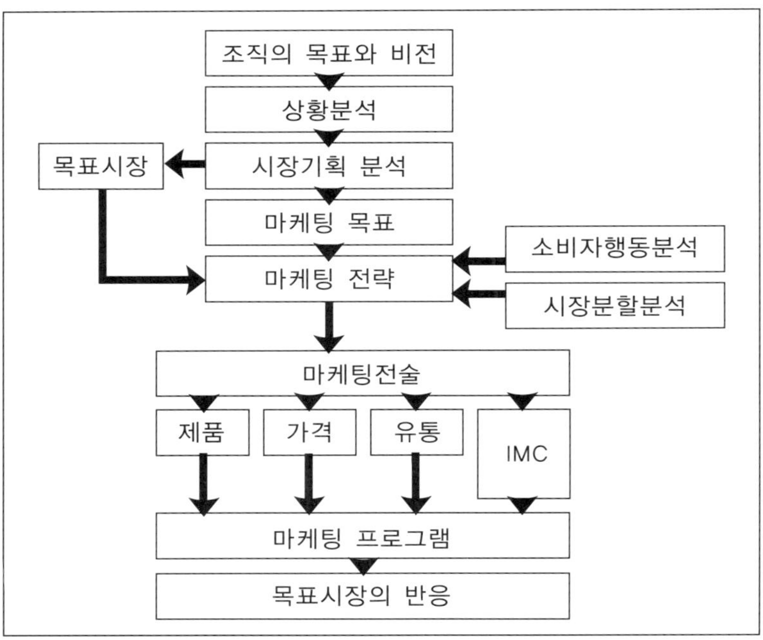


그림 8-1 : 제임스 오그덴(James Ogden)의 마케팅흐름도

이후 슐츠 교수가 다시 2003년, "IMC란 소비자, 고객, 종업원 혹은 기타 조직 내 · 외부의 관련된 모든 공중을 대상으로 상호 조정되고 측정가능하며, 설득적인 마케팅커뮤니이션 프로그램을 지속적으로 적용하는 전략적인 사업과정이다."라고 IMC를 새롭게 정의했다.

이 정의에 따르면 기업의 조직은 마케팅커뮤니케이션-표면적으로는 고객-을 중심으로 변화하여야 하며, 경영전략 역시 이러한 고객을 고려하여 구축되어야 한다는 것에 다름 아니다. 아래 그림은 이러한 정의를 토대로 전통적 조직구조와 IMC가 추구하는 통합적 조직구조를 비교한 것이다.

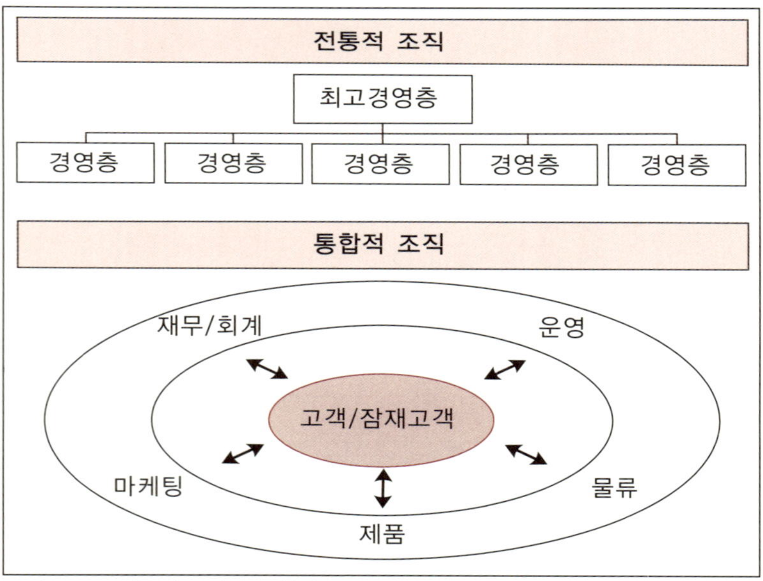


그림 8-2 : 전통적 조직과 통합적 조직의 비교

결국 슐츠 교수조차도 10여 년에 걸쳐 IMC를 커뮤니케이션 도구에서 마케팅커뮤니케이션 전략으로, 그리고는 다시 조직경영의 전략적 차원으로 다시 이해하게 되었던 것이다. 이처럼 IMC는 아직까지도 발전 중인 개념이다. 물론 이 발전은 사회와 산업의 발전과 그 궤적을 같이 하고 있다.

뒤로 갈수록 개념이 커지고, IMC가 작용하는 영역이 넓어진다. 이렇게 넓어지게 되면 '인사관리와는 무엇이 다르고, 경영과는 무엇이 다른가?' 라는 의문이 생길 수 있다. 이러한 정의는 다시 한 번 우리가 통합의 시대를 살고 있음을 깨닫게 해준다. 기업경영이 분리되고 전문화되던 것으로부터 통합된 하나의 체계로 모아지고 조정되는 분위기를 반영했다고 할 수 있겠다.

## IMC에 대한 정의는 아직도 '성장형'

그러나 IMC에 대한 정의는 아직도 '성장형' 이다. 사회와 산업의 발달과 맞물려 지속적으로 변화하게 될 IMC의 현주소를 보다 구체적으로 이해하기 위해 미국생산성품질센터(APQC : American Productivity and Quality Center)가 발표한 'IMC 발달의 4단계' 를 살펴보자.

APQC는 1997년 IMC 우수사례에 관한 최초의 조직적인 벤치마케팅에 착수했다. 하지만 이 당시까지만 해도 IMC에 관한 통일된 정의가 존재하지 않았다. 뿐만 아니라 IMC에 관한 통일된 평가기준이 없었다. 그래서 이들은 회사의 다양한 마케팅과 커뮤니케이션 활동을 평가할 수 있는 기본 모델을 개발했다. 다음 그림은 APQC가 창안한 'IMC 발달의 4단계' 다.

**4단계 : 재무적, 전략적 통합의 수준**

앞서의 단계들을 거치면서 수집한 고객정보를
회사의 전략적 기획에 반영하는 단계.
고객에 대한 투자 환수 효과 측정을 위해
재무관리체계를 '폐쇄 순환'으로 운영

**3단계 : 정보기술을 통합에 응용한 수준**

IT기술을 이용해서 핵심고객을 찾아내고, 그들에 대한
가치 평가를 하며 내부 조직과 대외 커뮤니케이션의
효과를 관측하는 등 경험적 고객데이터의 활용단계.
고객과의 관계를 보다 다양하고 경쟁력 있도록
다양한 고객데이터 소스를 모으고 또한 이를 통합함

**2단계 : 마케팅 커뮤니케이션의 시각을 고객으로 바꾼 수준**

마콤 담당자들이 모든 접점에서의 고객에 대한 통찰력과
파악을 위해 커뮤니케이션을 운영하는 단계.
마콤의 영역이 담당 부서에서 종업원, 공급업체, 그 밖의
모든 대외 커뮤니케이션 활동과 관련된 협력사들로 확대된다.

**1단계 : 마콤의 수단들을 전술적 차원에서 통합한 수준**

다양한 대외 마케팅, 커뮤니케이션 요소들이
각 기능상의 일관성을 유지하여
시너지를 낼 수 있도록 하는 전술적 통합의 단계.
모든 마케팅커뮤니케이션 활동이 'one sight, one sound'를
유지할 수 있도록 하는 전반적인 커뮤니케이션 정책을 강조한다.

그림 8-3 : APQC가 창안한 IMC 발달의 4단계 모델

이 모델은 매우 초보적인 전술적 차원의 활동에서부터 경영전략의 일환으로 활용되는 단계에 이르기까지 모두 4단계로 구성되어 있다. 이 모델은 기업이 IMC에 대한 경험을 축적해 갈수록 보다 전략적이며 전사적인 차원으로까지 그 영역을 넓혀가는 것을 전제로 만들어졌다. 이 모델에서 우리는 전략마케팅과 관계마케팅 개념을 읽을 수

있으며, 이러한 마케팅환경 속에서의 커뮤니케이션 활용에 대해서도 이해할 수 있게 된다.

### 프로모션믹스의 통합을 지향하는 1단계

먼저 1단계 수준의 IMC에서는 '프로모션믹스의 통합'을 지향한다. 광고 · PR · SP · 인적판매를 구분 없이 하나의 전략에 녹여 넣는 것이라 할 수 있겠다. 그 수단이 되는 ATL과 BTL도 마찬가지로 하나의 전략 안에 녹여 넣는다. 이처럼 하나의 전략 안에 이 모든 것들을 녹여 넣어 활용한다는 측면에서 기존의 4대 매체 중심의 광고전략과 다르다.

그리고 마콤을 위해 사용되는 모든 매체들이 이른바 한 목소리(One Sight, One Voice)를 낼 수 있도록 하기 위해 각각의 매체 특성과 역할에 따라 여러 커뮤니케이션 수단들을 캠페인 형식으로 통합하여 전개하는 것(Cross Functionality)이 가장 초보적인 수준의 통합마콤 개념이라 할 수 있겠다.

이것은 마치 하나하나의 부품이 각자의 역할을 정확한 타이밍에 수행해내어 자동차를 굴러가게 하는 것과 같은 이치다. 오케스트라 연주와도 비교할 수 있다. 각 악기들이 연주해야할 악보가 제각기 만들어져 있지만 각자 이 부분들을 정확히 소화해내면 멋진 화음으로 음악 전체가 완성되는 것과 같다 하겠다.

이 수준에서는 마콤을 위한 각각의 미디어들이 결합하여 응집력 있는 한 목소리를 내는 데에 목표가 있기 때문에 각 부문이 긴밀하게 협조하는 것이 가장 중요하다. 광고, 판촉, 홍보 등 각각의 담당자들이 각기 맡은 바 일을 하던 것에서 하나의 프로젝트를 중심으로 결합하여 함께 논의하는 형태의 새로운 조직으로 결합하는 것도 이 수준에서 나타나는 현상이다.

2단계 수준에서는 시각을 고객으로 바꾼다. 기업의 편의나 마콤 각 영역에서의 효율을 위한 사고를 고객과의 접점 위주로 바꾼다는 것. 시장이 아닌 고객의 개념으로 사고를 전환한 점, 상표접촉점에 대해 인식한 점이 매우 중요한 개념의 변화라 하겠다. 이 두 가지 개념의 변화야말로 앞서 설명한 밖에서 안으로의 접근 방법이며, 관계 마케팅형 사고라 하겠다. 상표접촉점이란 고객과 상표가 만나는 모든 지점들이다.

상표접촉점이란 의도적으로 상표를 보여주어 고객이 볼 수 있도록 하는 접촉점이 아니라, 고객이 만나는 모든 접촉점을 의미한다. 고객은 그 모든 접촉점에서 만나는 상표들에 대해 인식한다. 기업이 의도적으로 만들어낸 접촉점이 아니라 하더라도 고객은 그 자리에서 만난 그 상표에 대한 이미지를 있는 그대로 갖게 된다는 것.

이러한 상표접촉점은 단순히 마콤 수단으로만 구성되는 것이 아니다. 판매점에서 만나는 판매원, 애프터서비스 기사와의 만남도 모두 상표접촉점이다. 특히 현대처럼 상품을 구성하는 요소 중 서비스가 큰 비중을 차지하는 경우에는 더욱 더 대인적 방법의 상표접촉점 관리가 중요해진다.

따라서 담당 부서가 전략을 잘 짜고, 그것을 잘 운용하는 차원이 아닌 고객이 만날 수 있는 모든 상표접촉점을 관리하는 차원으로 사고를 전환할 필요가 있다. 이 수준에서는 사내 종업원, 공급업체, 그 밖의 모든 대외 커뮤니케이션 활동과 관련된 협력사들로 범위가 확대된다.

이 수준에서는 이들 모두를 고객과 만나는 상표접촉점이자 커뮤니케이션의 대상으로 파악하는 노력이 필요하다. 따라서 고객과의 대화에 필요한 교육과 지침 등 지속적 커뮤니케이션을 실시할 필요가 있다. 이를 통해 내부 구성원들을 한데 묶고 또한 이들을 대외 커뮤니케이션활동과 일치시키는 것은 매우 중요하다.

이 수준에서 특히 중요한 것은 내가 뭐라고 말했는지가 아니라, 고객이 무엇이라고 들었는가를 이해해야만 한다는 것이다. 고객들이 상표를 어떻게 인식하는지, 또 적절한 상표메시지가 어떤 것이어야 하는지를 제대로 파악해야한다는 것이다.

### 정보기술을 통합에 응용하는 3단계

3단계 수준에서는 정보기술을 통합에 응용한다. 이 수준에서는 정보기술을 두 가지 영역에서 이용한다. 첫 번째는 고객을 파악하기 위해 데이터를 활용하는 것이며, 두 번째는 성향이나 상황이 제각기 다른 고객들에게 그에 맞는 메시지를 전달하기 위해 정보기술을 활용하는 것이다. 그러나 더욱 중요한 것은 고객의 행동을 경제적으로 평가하고 결과의 도출 또한 경제적인 점에 초점을 맞춘다는 것.

광고전략의 기본개념은 'Say' 다. '무엇을 어떻게 말할 것인가' 가 가장 중요한 광고의 역할이라는 것. 그러나 현대의 마케팅은 한가하게 Say에만 집중하도록 우리를 내버려두지 않는다. 마케팅은 프러포즈이며, 그 프러포즈를 위해 커뮤니케이션하도록 요구하고 있다.

그리고 고객의 인식이나 태도를 변화시키는 것을 넘어서 고객의 행동까지 유발해달라고 요구하고 있는 것이다. 이제는 say가 아니라 do의 시대다. 때문에 우리는 'What to do', 'How to do'에 집중해야만 한다. 커뮤니케이터는 더 이상 메가폰을 들고 다니는 사람이 아니다. 고객의 손을 잡고 함께 뛰어다녀야 하는 것이 우리 마케팅커뮤니케이터들에게 주어진 새로운 운명이다.

때문에 이러한 시대의 커뮤니케이션은 단지 여러 미디어들을 통합하는 수준만으로는 만족할 수 없다. 그 목적과 내용의 변화도 수반되어야만 한다. 기술발달과 경쟁가속화로 말미암아 각 기업들이 내놓는 제품의 기능과 가격에 차별성이 떨어지면서 제품 차별성을 중심으로 고객을 설득하던 방식 역시 위력을 잃게 되었다.

이제는 4P를 고르게 잘하는 제품이 각광받는 시대가 아니라, 어느 것이든 하나를 뾰족하게 잘해서 표적시장 내 경쟁우위를 확보해야만 살아남는 시대다. 그리고 그것을 타깃들과의 호흡 아래에서 강력하게 전달하고 강제하는 시대다. 단순히 인식을 바꾸는 것이 아니라 행동을 유발시키는 툴이 필요해진 것.

결국 중요한 것은 고객의 행동을 경제적으로 평가하고, 이를 분석하여, 각각에 맞도록 구조화된 메시지를 통해 자극하고, 그 결과를 측정하는 것이다. 따라서 단지 고객에 대해 방대한 데이터를 보유하고 있는 것만으로는 3단계 수준을 달성했다고 보기 어렵다. 이를 적극적으로 활용하기 위한 시스템이 갖추어져야만 한다.

먼저 고객들에 대한 데이터는 고객의 기본정보와 구매정보, 상표와 상품에 대한 고객의 태도, 이를 통해 고객을 분류한 최종 데이터까지를 포괄한다. 고객정보는 단순히 이름, 주소, 전화번호, 결혼 여부, 보유차종, 보유주택, 소득수준, 생일 등만이 아니다. 이처럼 인구통계학적 특성뿐만 아니라, 과거구매기록에서부터 판촉에 대한 반응, 소비자 불만의 내용과 그에 대한 해결, 상품이나 서비스에 대한 문의 등이 포함되어 있어야만 한다.

이런 데이터를 가지고 할 수 있는 가장 핵심적인 활동은 재구매 활성화 등 고객 보유전략의 수립이다. 그리고 이후 고객 보유전략의 결과를 정확히 측정하기 위해서는 사전에 사용주기라든지 재구매 패턴 등을 일정한 기준으로 규정해 두어야 할 것이다. 그러기 위해서는 여러 번에 걸쳐 이루어지는 고객들의 구매를 지속적으로 추적하고 분석해두어야 한다.

데이터베이스시스템이 잘 구축되어 있으면, 고객들의 상표와 상품에 대한 태도와 그 변화도 확인이 가능하다. 기존의 커뮤니케이션 효과 측정 방법들은 대개가 간접방식을 택하고 있다. 시청률이 그렇고, 도달률이 그러하며, 열독률, 상표상기도나 인지도, 상표에 대한 태도나 선호가 모두 그렇다.

하지만 이러한 것들은 고객들의 잠재적 태도일 뿐, '어떤 고객이 어떤 반응을' 같은 것과는 상관없다. 하지만 정보통신기술을 이용한 퍼스널매체를 활용하여 커뮤니케이션을 할 경우에는 고객 한 사람 한 사람의 반응을 직접적으로 확인할 수 있게 된다. 뿐만 아니라, 그것이 판매와 어떤 상관관계를 갖는지도 파악할 수 있다.

지금까지의 데이터들을 정리하면 고객군의 분류가 가능해진다. 그것은 매출액에 의한 것일 수도 있고, 우리 상품이나 상표에의 태도에 의한 것일 수도 있고, 자극에 대한 반응일 수도 있다. 유효한 분류에 의해 고객정보를 수집하면 그것은 곧 퍼스널커뮤니케이션을 위한 직접 대상자의 명단이 된다.

지금까지 말한 모든 것들은 데이터 자체를 말하는 것이 아니라, 이러한 데이터들이 모여 분석되고 분류되는 시스템을 말하는 것에 유의할 필요가 있다. 아무리 많은 데이터가 있다하더라도 그것이 서로 교차되어 확인되고, 필요한 정보를 추출해낼 수 있는 기준으로 정리되지 못한다면 소용이 없다.

## 재무적, 전략적 통합으로 기업경영전략에까지

4단계 수준에서는 재무적, 전략적 통합이 이루어진다. IMC의 요체는 '밖에서부터 안으로의 접근'이며, 한 번의 전략으로 끝나는 것이 아니라, 순환하여 반복하며 확대되는 것이다. 이를 중심으로 마콤의 수단들이 통합된다는 것. 그러기 위해서는 기업과 고객의 관계가 달라져야만 한다.

그리고 이것은 기업의 조직 조정과 자원의 재분배를 요구하는 일이며, 전략의 재설정을 요구하는 일에 다름 아니다. 즉 기업이 마콤 중심으로 체질을 달리한다는 것. 이 단계가 가장 최상위 수준의 IMC라 할 것이다. 그리고 그 수준의 IMC가 이루어지기 위해서는 최고경영자의 의지가 매우 중요하다.

전략의 재설정, 조직의 조정, 자원의 재분배를 요구하는 IMC는 최고경영층의 확고한 의지와 추진력 없이는 결코 이루어질 수 없는 것이기 때문이다. 하지만 이처럼 조직을 재편하고 자원을 재분배하기 위해서는 그로 말미암아 발생할 이익에 대해 확신을 가질 수 있어야 할 것이다. 투자한 만큼 수익이 발생하는지가 관건이다.

따라서 IMC의 마지막 수준은 이처럼 타깃을 어그리게이션해서 그들에게 커뮤니케이션 노력을 얼마나 해야 하는지, 그러기 위해서는 투자범위를 얼마로 잡아야 하는지, 그러면 그 결과는 어떻게 나타날 것인지, 투자에 대한 회수가 명확히 어느 정도 될 것인지를 판단할 수 있도록 해야 한다.

IMC활동에 대한 평가는 결국 투자대비환수효과, 즉 투자수익률로 판가름 난다. 문제는 각각의 수단이 얼마나 효과적이었는지가 아니라, 매출이 얼마나 발생했는지에 있다는 것이다. 이를 명확히 하기 위해서는 투자수익률을 입증할 도구가 필요하다.

투자수익률을 입증하는 도구는 현재 고객의 경제적 가치를 확인하고, 여기에 IMC활동을 실시하여 고객의 경제적 행동에 있어서의 측정 가능한 변화를 확인할 수 있도록 고안되었다. 이를 통해 IMC활동 이전과 이후의 변화를 분명히 하고 있다. 투자수익률에 대한 보다 자세한 설명은 뒤에서 다루기로 한다.

이처럼 IMC가 재무적, 전략적으로 통합되기 위해서는 조직의 조정이 필수적이다. 앞서 살펴본 것처럼 IMC를 위해서는 매우 많은 수단들이 하나의 목표를 위해 모여야만 한다. 하지만 그러기 위해서는 매우 많은 각각의 담당자들이 같은 곳을 바라보며, 각자의 역할을 재분배해야한다는 전제가 필요하게 된다. 이를 보다 원활하게 하기 위해서는 기능적으로 통합되어야 하며, 이것은 조직을 재구성하는 문제에 다름 아니다.

각각의 프로모션들이 하나의 목표를 향해 일사불란하게 움직이는 일, 각 접점에서 움직이는 수많은 이들이 같은 인식으로 각각의 서비스에서 고객만족을 획득하는 일, 각종의 접점에서 수집된 데이터를 하나의 시스템으로 모으는 일, 그 어느 것 하나 조직의 재편과 자원의 재분배 없이 가능한 일은 없다. 따라서 높은 수준의 IMC활동을 위해서는 IMC를 보다 효과적으로 운용할 수 있도록 조직을 재편하여야만 할 것이다. 그리고 이것은 나아가 기업경영전략에도 영향을 미친다.

결국 슐츠 교수가 2003년 정의에서 밝힌 '전략적인 사업과정' 이라는 의미는 '고객을 중심으로 구축되는 새로운 전략경영' 으로 해석될 수 있을 것이며, 이를 바탕으로 조직과 자원의 분배가 조정된다는 것을 뜻한다 하겠다. 그리고 이것은 IMC를 경영의 중심에 세우는 일에 다름 아니다.

03

# 3부. 통합마콤전략

**9장 : IMC 실행원칙과 운용과정**

결과를 확인하고, 자동 조정하는 폐쇄적 순환시스템, IMC!

**10장 : 고객의 파악과 가치평가**

어렴풋한 짐작의 시대를 넘어 고객의 명확한 미래가치를 읽는다!

**11장 : 투자환수효과 측정과 사후분석**

얼마를 투자해서, 얼마를 얻을 것인가? 돈의 흐름을 읽는 ROCI!

**12장 : 통합된 개념의 마콤캠페인**

고객 접점을 노려, 고객을 획득하는 통합된 개념의 수렴형마케팅!

3부 : 통합마콤전략

# 9

## IMC 실행원칙과 운용과정

# 결과를 확인하고, 자동 조정하는 폐쇄적 순환시스템, IMC!

앞에서 우리는 APQC가 창안한 'IMC 발달의 4단계'를 살펴봄으로써 IMC의 실체에 한 발 더 다가서게 되었다. IMC의 가장 중요한 특징은 폐쇄성, 지속성, 순환성이다. 이에 반해 광고는 개방적이고, 단기적이며, 비순환성을 가지고 있는 단선구조다.

IMC의 특징을 보다 잘 이해하기 위해 먼저 광고의 개방성에 대해 알아보자. 광고는 공개되어 있다. 경쟁사 광고의 내용을 자세히 분석해 보면 경쟁사가 어떤 전략을 구사하고 있는지를 파악할 수 있다. 시간대와 방송횟수 등을 파악하면 얼마만큼의 예산을 쓰는지도 대충 파악이 된다. 반대로 생각하면, 자사의 광고 또한 경쟁사에 분석되고 파악되고 있다는 것이다.

이것은 전쟁 중 적군과 아군 간에 화력 · 무기와 전략 · 전술이 훤하게 파악되고 있는 것과 마찬가지의 상황이다. 그러나 IMC의 고객유지 및 강화는 데이터베이스에 나타난 현재고객들만을 상대로 하기 때문에 경쟁사의 입장에서는 내용 파악이 매우 어렵다.

일부 정보를 파악했다 하더라도 광고의 메시지가 충성도 높은 고객집단을 겨냥한 것인지, 경쟁사 사용집단에 대한 것인지, 아니면 상표전이가 쉽게 이루어지는 이동집단을 겨냥한 것인지를 파악하기가 쉽지 않다.

또한 접촉점 관리를 통해 접촉점과 경로를 선택하기 때문에 메시지의 흐름을 간파하는 것 또한 매우 어렵다. 설령 정보의 일부분을 탐지하여 경쟁사가 간파했다하더라도 그것은 전체 IMC 과정에서의 일부분일 뿐, 전체적인 내용은 아니다.

## 장기적이고, 지속적이며, 순환하는 폐쇄적 구조인 IMC

이러한 사실을 근거로, 광고는 개방적인데 반해 IMC는 폐쇄적이라는 특징을 말할 수 있는 것이다. 광고는 단기적이며, 순환되지 않는다. 하지만 IMC는 장기적이고 지속적이며, 순환되는 구조 속에 있다. 광고는 순환되지 않기 때문에 단선적이라 말할 수 있고, IMC는 순환되기 때문에 시스템적이라고 말할 수 있는 것이다.

얼핏 광고 역시 기획하고, 집행한 뒤 피드백을 통해 순환할 것이라고 생각할 수 있다. 그러나 과연 광고전략이 IMC처럼 순환하는가?

그렇지 않다. 지금까지 많은 광고인들은 광고효과 측정을 위해 DAGMAR를 활용해왔다. 그리고 이 DAGMAR야말로 광고의 피드백자료라 하겠다.

사실 DAGMAR 자체는 매우 과학적이고, 객관적인 측정방법이다. 하지만 DAGMAR는 마케팅목표를 향한 과학적 데이터를 제공하는 데에는 한계가 있다. 측정의 결과는 해당광고의 성공 여부를 가늠하는 데에는 매우 도움이 되지만, 그렇다고 이것이 다음 광고의 방향을 말해주지는 못한다는 것.

애초에 광고는 무척이나 주관적이고 기호적인 습성을 가지고 있다. 바로 이 점이 광고를 객관적인 데이터로 분석할 수 없게 하는 요인이다. 문제는 그뿐만이 아니다. 만일 A라는 광고를 1년간 집행했고, 1년 후 DAGMAR를 통해 A광고의 결과로 '목표가 달성됐다.' 는 사실을 알게 되었다하더라도 다음 해에 같은 광고를 내보내야한다는 결론이 도출 가능한가?

그 사이 시장환경이 변하기도 하고, 소비자의 경향이나 소구대상이 바뀌기도 한다. DAGMAR의 결과를 활용, 새로운 광고방향을 결정하는 것이 쉽지 않은 이유가 바로 여기에 있다. 결국 광고는 순환이 되지 않는 라인 모양의 구조이다. 일방적으로 한 방향을 지향하며, 그 끝이 분명하다.

그러나 IMC는 다르다. 순환이 가능한 루프 모양이다. 광고는 화살표처럼 앞으로만 나아가기 쉽지만 IMC는 동그라미처럼 돌고 돈다는 것. 그 이유는 광고가 소비자인식으로 평가되는 반면, IMC는 소비자행동반응으로 평가되기 때문이다.

### 고객의 획득과 유지를 위한 IMC시스템

IMC는 고객의 획득과 유지전략을 구사한다. CRM에서 살펴본 것처럼 단골고객 유지 및 강화전략을 운영하는 동시에, 그들의 특징을 분석해 우리에게 잘 맞는 잠재고객들을 새로운 고객으로 만드는 획득전략을 운영하는 것이다. 획득된 고객은 유지의 틀 속으로 들어가게 되고, 한 번 틀 속으로 들어온 고객들에게 순환구조의 시스템을 통해 지속적으로 자극을 가하는 것이 바로 IMC라는 것.

IMC의 유지활동은 데이터베이스에서 출발한다. 이 데이터베이스를 토대로 고객 한 사람 한 사람을 평가하고, 각 고객들에 대해 각기 다른 커뮤니케이션 메시지를 전달한다. 이렇게 전달된 커뮤니케이션 메시지의 효과는 투자수익률로 측정되고 고객들의 변화된 행동들을 데이터베이스에 재배치하는 것으로 IMC는 마무리된다.

결국 IMC의 종착점은 CRM과 다이렉트마케팅이다. 고객획득 활동을 통해 만들어진 데이터베이스를 활용해서 고객과의 지속적 소통을 추구하는 IMC의 과정에서 IMC와 CRM의 경계는 무너지고 만다. 아래 그림은 IMC활동을 도식화한 것이다.

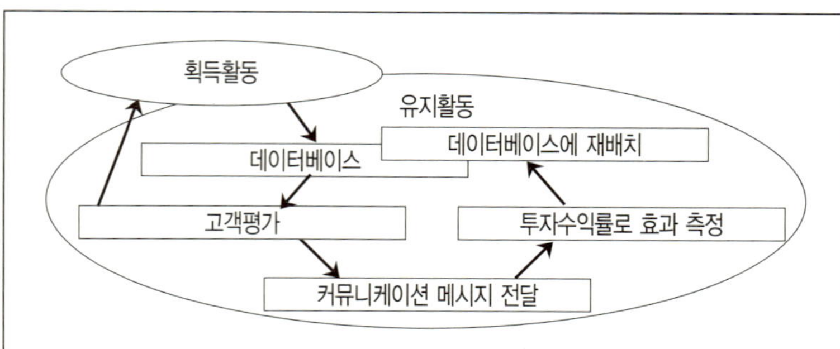


그림 9-1 : IMC활동의 진행방향과 순환성

소비자행동반응은 그 측정이 매우 간명하며, 문제가 생겼을 때 즉각적으로 대응할 수 있다는 특징이 있다. 행동반응의 정도뿐만이 아니라, 구체적인 투자수익률(ROI)에 의해서도 그 결과를 입증할 수 있다. 바로 이러한 점이 IMC를 특징짓는 대목이다.

여기에 덧붙여 기업활동 전반을 통합하지만 고객 개인에 대해서는 한 사람 한 사람마다 데이터를 확보해서 퍼스널한 차원으로 접근하는 전략, 더불어 이러한 데이터를 활용해서 다음 전략을 수립하는 것이 바로 IMC다. 다음 표는 기존의 광고전략과 IMC의 특징을 비교한 것이다.

| 구분 | 기존 광고전략 | IMC전략 |
|---|---|---|
| 매체 | 4대 매체 중심 | 다매체 통합 |
| 메시지 | 단일한 메시지 | 최종목표를 위해 통합된 메시지 |
| 미디어 방향성 | 일방향 | 쌍방향, 관계지향적 |
| 타깃의 범위 | 공중지향적 | 개인지향적 |
| 목적 | 타깃의 인식변화 | 타깃의 행동변화 |
| 자원 | 대량투입 | 효율적 활용 |
| 결과측정 | DAGMAR를 통한 인식 측정 | 행동반응 및 투자수익률 측정 |
| 개방성 | 개방형 | 폐쇄형 |
| 순환성 | 비순환적, 라인형 | 순환적, 루프형 |

표 9-1 : 기존 광고전략과 IMC전략의 특징 비교

IMC를 보다 종합적으로 이해하기 위해 슐츠 교수가 밝힌 IMC의 여덟 가지 실행 원칙을 요약하여 소개하고자 한다. 첫째, 고객 중심적인 조직이 되어야 한다. 내부지향적인 조직과는 달리 IMC는 고객 중심의 조직을 추구한다. 고객 중심의 조직에선 고객이 중앙에 있다. 모든 기능적인 활동, 자원, 부서들은 고객에게 이익을 주고 고객의 요구를 충족시켜주며, 고객들의 요청을 만족시키는 데 초점을 두고 이 방향으로 향하고 있다.

핵심목표는 고객을 모시고 만족시키는 데 있으며, 충성심을 증대시켜 고객으로부터 나오는 이익의 흐름을 지속적으로 유지하는 것이다. 그리고 기업이 고객 중심 조직의 컨셉을 도입하기로 결정하면, 그때부터는 기능이 서로 다른 기업 내의 여러 부서들이 완벽하게 통합되어야 할 필요성이 대두된다. 모든 계층 간의 통합은 예외가 아니라 하나의 규범으로 자리 잡게 된다.

### 매출목표와 재무적 목표가 마케팅과 커뮤니케이션의 집행수위 결정

둘째, 소비자 관점의 계획(Outside-In Planning)을 수립해야 한다. 고객 중심 조직을 만드는 것은 마케팅 계획 수립을 위한 접근방식으로 조직의 구조를 바꾸지 않는 한 불가능한 것이다. 고객 중심이라는 의미는 기존 고객에게 서비스를 제공한다는 것 이상을 뜻하기 때문이다.

이것은 기업이 비즈니스시스템-예산, 계획, 조직운영, 공급, 성과측정 등을 고객과 잠재고객 중심으로 구조화하는데 성공했다는 의미이다. 따라서 계획은 고객을 분류하고, 마케팅조직과 각 고객군의 관계에서부터 시작되어야만 하며, 그 중심에는 경제적 가치가 전제되어 있어야 한다.

사업계획과 예산수립의 가장 흔한 방법은 기업 관점의 계획(Inside-Out)이다. 이는 조직이 달성하고자 하는 목표로부터 출발하고 목표 달성을 희망하면서 모든 활동을 단계별로 진행하는 것이다. 매출목표와 재무적 목표가 마케팅과 커뮤니케이션 투자의 집행 수위를 결정한다. 만일 기대목표가 달성되면 기업은 판매비용의 일정부분을 추가로 해 마케팅과 커뮤니케이션 비용으로 집행하기도 한다.

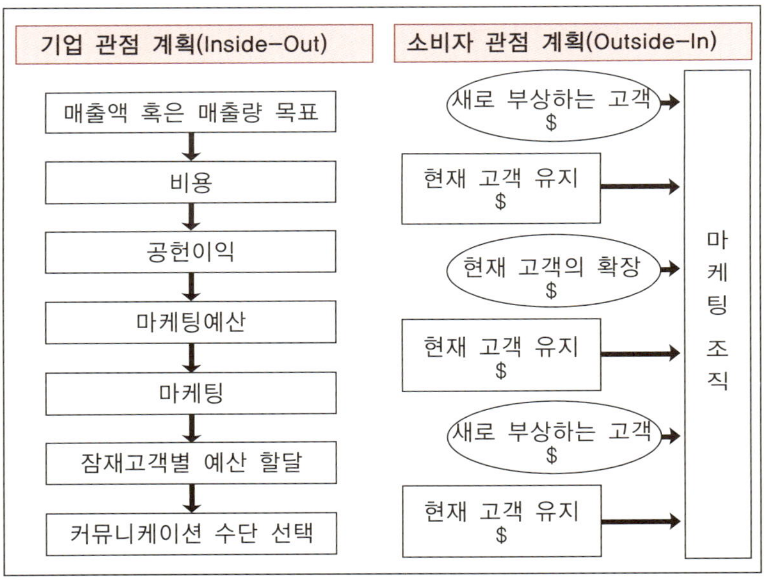


그림 9-2 : 기업 관점과 소비자 관점의 계획 비교

셋째, 고객의 총체적 경험에 초점을 맞춰라. IMC적 접근은 마콤활동에 국한된 것이 아니라, 제품이나 회사에 관한 모든 것을 고객의 총체적 경험에 초점을 맞추어야 한다. 고객의 총체적 경험에는 제품이나 서비스가 시장에서 보여주고 있는 성과, 구매방법, 제품을 적시에 그리고 효율적인 방법으로 공급할 수 있는 유통능력, 대고객 서비스 제공방법, 기업시민으로서의 회사의 위상 등이 총망라된다.

IMC에 대한 전략적 접근의 목표는 고객이 인지하게 되는 경험에 영향을 주는 긍정적이거나 부정적인 모든 요인들을 파악해서 적절하게 관리하는 것이다. 따라서 '이 일에 대해 내가 할 수 있는 역할은 없다. 제조담당자나 유통협력업체 혹은 회사의 경영진들이나 할 수 있는 일들이다.' 라는 불만을 버려야 한다.

전략적 통합은 전통적인 마케팅과 커뮤니케이션의 역할과 활동의 범주를 훨씬 뛰어넘는 것이다. 그것은 고객에 관한 것이고 기업에 대한 고객의 신념, 느낌 그리고 경험에 관한 것이다. 또한 그것은 기업이나 브랜드가 고객이나 잠재고객과 만나는 모든 접점에서 발생하는 것이다.

## 고객의 행동 변화를 목표로 하는 IMC

넷째, 회사와 고객의 목표를 일치시켜야 한다. 고객 중심의 사고를 통해 IMC를 실행한다고 해도 조직에 가시적인 이익을 창출시켜주지 못한다면 그것은 실패다. IMC는 이처럼 가시적 성과를 통해 가치를 입증해야만 한다. 가시적 이익이란, 브랜드 인지도와 이해도를 정립하는 따위의 전통적 커뮤니케이션 목표 그 이상을 의미한다.

IMC는 경영진의 목표까지 달성해야 한다. 주력 제품의 성장, 비주력 제품의 신장, 시장 점유율의 향상, 고객 단위 수익의 증대 등이 예가 될 수 있다. 중요한 것은 투자된 비용보다 많은 장단기 현금 흐름을 창출해야한다는 것이다. 이외에도 현금흐름의 증대, 현금 흐름의 안정 등도 의미 있는 가시적 이익이며, 회사나 브랜드의 자산 증대를 통해 주주 가치를 높이는 것도 가시적 이익 창출의 방편이다.

다섯째, 고객 행동의 변화를 목표로 설정해야 한다. 광고나 다이렉트 마케팅, PR 등 마콤 수단들에 대한 투자는 단순히 판매 촉진을 위한 것이 아니다. 그보다는 이러한 툴에 노출되는 고객이나 잠재고객의 행동을 유도하기 위한 것, 이것이 바로 IMC의 목표다.

마케팅과 커뮤니케이션 계획이 복잡해도 회사가 달성하려는 것은 이 네 가지의 성과에 지나지 않는다. 우선은 새로운 고객의 확보가 그것이다. 다음은 현재 고객을 유지하고 지속시키는 것이다. 그 다음은 현재고객으로부터 판매를 성장시켜 매출 규모나 이익을 키우는 것이다. 마지막은 현재고객들로 하여금 회사의 다른 제품이나 다양한 서비스를 이용하도록 확산시키는 것이다.

중요한 것은 마콤이 반드시 고객이나 잠재고객 행동에 영향을 미쳐야한다는 것이다. 현재 기업에 이익이 되고 있다는 가정 하에 고객의 행동을 강화하고 시험구매를 유도하거나 사용량을 증대시키도록 고객행동의 변화를 꾀해야 한다. 따라서 IMC는 고객이나 잠재고객의 행동에 영향을 미치도록 설계되어야 한다. 그리고 이러한 행동들은 언제나 재무적으로 측정되고 평가될 수 있는 것이어야 한다.

여섯째, 고객을 자산으로 다루어라. 고객이야말로 회사의 진정한 자산이다. 대부분의 경우 고객은 조직의 소득흐름을 창출하는 가장 기본적인 단위이다. 기업의 다른 활동이나 촉진 수단들은 사실상 비용에 해당한다. 따라서 가치 중심 IMC시스템의 핵심은 마케팅과 커뮤니케이션 관리자들이 자산관리매니저라는 것을 이해하는 것이다.

고객들이 가지고 있는 자산에 대해 정확히 평가하고, 이를 기초로 일정한 금액의 투자가 이루어져야만 한다. 그리고 마지막으로는 이러한 투자로부터 얻은 소득 흐름의 변화를 측정하여 그 결과를 확인해야 한다. 이 평가과정은 IMC관리자들이 회사의 재무적 목표를 실용적이고 효과적으로 수행하고 있는지, 그리고 투자와 이익이 일치되고 있는지를 판단할 수 있게 해준다.

## 조직을 재배치하는 IMC, 고객을 중심으로 마콤활동을 종합하라

일곱째, 부서 기능을 간소화해야 한다. 조직통합을 하는 데 있어 가장 큰 어려움은 마케팅과 커뮤니케이션 활동이 발전하면서 생겨난 복잡한 부서들의 기능과 역할을 간편하게 분류하는 것이다. 결론부터 말하자면 수단 중심의 부서배치는 낭비다. 조직통합 역시 고객들의 관점과 부합하여야만 한다.

고객들은 회사가 내보내는 메시지를 기억하고 있다가 상품이나 서비스를 구매할 것이다. 또 고객은 회사가 제공하는 직접적 베네핏에 반응하여 상품이나 서비스를 구매할 것이다. 결국 회사가 하고 있는 마콤활동 또한 소비자 관점에서 보면 단 두 가지인 셈이다. 브랜드가 가지고 있는 원천가치와 특별히 마련한 베네핏에 초점을 맞추는 것. 이 두 가지 서로 다른 고객접근은 마콤계획을 발전시키는 데에는 물론 조직통합에도 많은 도움을 줄 것이다.

여덟째, 마콤 활동들을 종합해야 한다. 전자상거래와 e-커뮤니케이션이 발달하면서 많은 마케터들이 이것을 별도의 마콤 수단으로 이해했다. 따라서 이를 잘 수행하기 위한 별도의 조직을 만들었다.

그러나 이러한 분리는 조직 내에서는 장점을 발휘할 수 있겠지만, 고객의 관점에서는 도움이 되지 않는다.

전통적 매체와 온라인 매체의 결합, 장소가 제한적인 소매영업과 전자상거래의 가상공간이 결합하는 것은 궁극적으로 모든 기업에 영향을 미치게 된다. 그리고 이러한 현상은 우리가 예상했던 것보다 훨씬 빠르게 진행되고 있다. 따라서 우리는 이들 매체들을 통합해야만 한다. 하물며 전통적 매체들의 경우 그 통합의 필요성은 말할 나위가 없다 할 것이다.

통합된 메시지를 기반으로 다매체를 통합하고, 고객 가치 중심적 사고로 쌍방향커뮤니케이션은 물론 고객과의 관계 획득과 유지활동이 가능하도록 하는 시스템. 나아가 IT기술의 활용, 분명한 경제적 결과 도출, 자원의 효율적 배분 및 조직의 재구성, 경영차원으로의 발전을 이루는 것. 이것이 바로 IMC다.

IMC는 '고객 가치 중심적 전략'이라 바꿔 부를 수 있다. 따라서 그간 수단을 중심으로 하던 사고의 대전환을 요구한다. 지금까지 기업들이 운용해왔던 일련의 활동들, 이를테면 PR, SP, 광고, 인적판매 등은 제각기 진행되었으며, 심지어 광고 안에서도 각각의 툴은 필요한 사용목적에 따라 개별적으로 집행되어온 측면이 없지 않다.

특히 뉴미디어들의 경우에는 기술상의 이유로 더욱 그러한 경향이 나타나고 있다. 광고대행사는 독립된 개체로 자신들의 생각을 주장하며 관철시켰고, 아웃소싱되는 각종의 툴들 또한 그러했다. 기업들 역시 그런 협력업체들의 이야기를 관찰자의 입장으로 받아들이는 경향도 없지 않았다.

그러나 IMC는 툴보다는 고객 가치를 중심으로 상황을 이해하는 것이다. 그리고 이를 통해 고객을 획득, 유지, 발전시키거나 이동시키려는 목적을 달성하고자 한다. 따라서 IMC는 한 부서의 일이 아니라 기업 전반에 걸쳐 진행되는 하나의 전략이요, 흐름이다.

### 표적고객의 현재 사용량과 잠재력에 대해 명쾌하게 분석하라

IMC는 기업 조직원 전반의 사고전환을 요구한다. 그러므로 명쾌하고도 일관성 있는 실행과정을 제시하지 못하면 실효성을 갖기가 매우 어려워진다. 보다 실효성 있는 IMC를 위해 5단계 IMC과정을 소개하고자 한다. 이것은 종합적 IMC의 전개와 실행을 담보하는 일련의 유기적이고, 고객 지향적이며, 관리 가능한 절차다. 다음의 그림은 이를 도식화한 것이다.

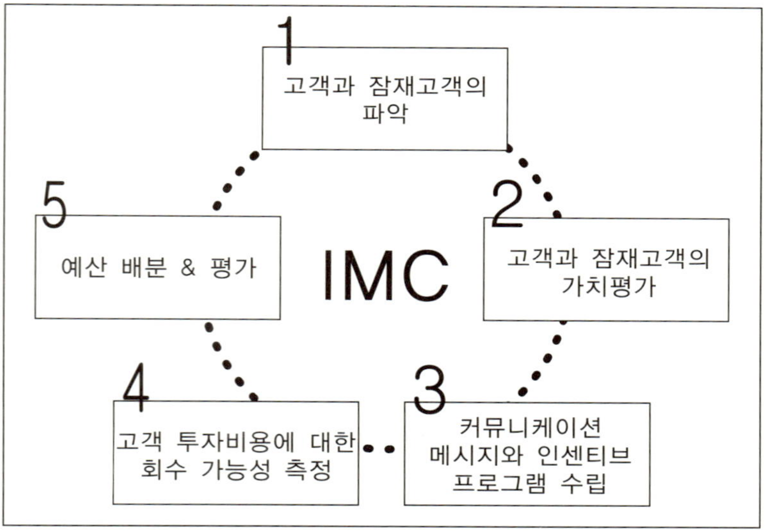


그림 9-3 : 5단계 IMC 기획과정

1단계에서는 행동과 관련된 데이터를 중심으로 고객과 잠재고객을 규정한다. 지금까지 보여준 그들의 행동과 미래의 행동에 미칠 영향은 물론 이러한 행동이 일어난 이유까지를 분석한다. 이를 위해 1단계에서는 다양한 형태의 정보, 즉 인구 통계적 · 지리적 · 심리적 정보, 이외에도 연관 자료들을 수집해야 한다.

결국 1단계에서는 자료를 통합하여 커뮤니케이션 할 대상이나 회사에 대한 통찰력을 제시하는 한다는 것. 고객들은 그들의 행동양식에 의거해서 그룹으로 묶이고 기업은 각 그룹에 연관성 있는 커뮤니케이션 프로그램을 개발해야 한다. 기본적인 고객 그룹은 현재 우리의 고객, 경쟁사의 고객, 새로 부상하는 고객으로 분류된다.

2단계에서는 고객 및 잠재고객의 가치를 평가한다. IMC는 경제적 효과에 초점을 두고 진행되기 때문에 고객이나 잠재고객이 회사에 미칠 수 있는 경제적 가치를 평가하는 것이 매우 중요하다. 따라서 그들이 회사에 기여할 수 있는 소득의 흐름을 파악해야 한다. 이러한 가치평가가 이루어져야만 어떻게 회사의 유한한 자원을 배분할 것인가를 결정할 수 있게 된다.

이 단계에서는 표적고객의 현재 사용량과 미래의 잠재력에 대해 명쾌하게 분석해야 한다. 그리고 이러한 결과가 회사에 미칠 현재 혹은 추정 소득의 흐름을 표시한다. 이러한 판단은 구체적이고도 측정 가능한 행동목표를 수립하는 데 활용된다. 이에 따라 표적고객 그룹의 환경에 맞추어 고객들을 새로 확보하거나, 유지, 확장 시키거나 이동시키려는 노력을 하게 된다.

이 1단계와 2단계는 IMC전략을 형성하는 가장 중요한 단계이다.

이때 통합된 자료와 통찰력, 그리고 이를 통해 얻어낸 고객 가치평가의 기준은 향후 전략구축의 근거가 되기 때문이다. 1, 2단계에 대해서는 다음 장에서 보다 구체적으로 다루기로 한다.

### 얼마를 쓰고, 얼마를 얻을 것인가? 그리고 얼마나 얻었는가?

3단계에서는 커뮤니케이션 메시지와 인센티브 프로그램을 수립한다. 이 단계에서는 표적고객에 대한 설득커뮤니케이션의 내용과 전달 방법에 대한 계획을 수립한다. 커뮤니케이션의 목표는 고객과 커뮤니케이션 대상을 연관 짓고, 이를 통해 고객에게 의무를 부여하는 것이다.

이를 위해서는 각 고객 그룹의 브랜드 접촉과 브랜드 네트워크에 대한 심층적 이해가 필요하다. 그들이 어떤 경로로 브랜드와 접촉하는지, 그리고 그들이 브랜드에 대해 가지고 있는 연상은 어떤 '네트워크'로 이루어져 있는지를 파악해야한다는 것.

메시지와 인센티브의 정책적 접근에서 중요한 것은 고객이나 소비자, 최종사용자, 그리고 잠재고객에게 커뮤니케이션을 송신하는 전달 시스템이다. 적절한 메시지와 인센티브 전략을 수립했다면 우리는 어떻게 마케팅 수단(제품속성, 가격정책, 유통정책, 커뮤니케이션 정책)을 최적화할 것인지를 결정해야 한다.

여기까지가 결정되고 나면 커뮤니케이션 프로그램이 집행되는데, 이 프로그램은 표적공중에게 메시지나 인센티브 정책을 보내는 전달 시스템과 언어, 그래픽, 카피, 캠페인주제 등 실제 크리에이티브 집행의 두 분야로 구성된다.

4단계에서는 고객 투자비용 대비 환수를 추정한다. 재무적 가치평가는 가치 중심적 사고로 운영되는 IMC전략에서 매우 중요하게 취급될 수밖에 없다. 고객을 자산으로 생각하는 프로그램의 재무적 효과를 계산할 수 있는 실용적인 근거를 제공하기 때문이다. IMC관리자는 고객 투자비용 대비 환수를 추정하여 마콤활동이 투자한 자원을 회수할 수 있으며, 더불어 어떤 요인이 가장 효과적이었는지를 확인할 수 있게 된다.

투자비용 대비 환수는 단기적(매출 증대), 장기적(브랜드이미지 구축)인 관점으로 나누어 실시된다. 예를 들어 인센티브 정책을 실시했을 때에는 단기적으로, 아니 거의 즉각적으로 수익 증대를 꾀하게 된다. 한편, 브랜드이미지는 형성되는데 시간이 걸리기 때문에 브랜드 자산에 대해서는 보다 장기간에 걸쳐 평가되어야만 한다.

이른바 ROCI(Return On Customer Investment)와 ROBI(Return On Brand Investment)다. 이러한 개념은 경영학에서 말하는 ROI(Return On Investment)에서 왔다. 그 구체적 방법에 대해서는 11장에서 더욱 자세히 설명하기로 한다.

마지막 5단계에서는 프로그램을 사후분석하고, 미래계획을 수립한다. IMC관리자는 마콤에 의한 장 · 단기 환수 이익을 바탕으로 몇 가지 질문에 대한 답변을 구해야 한다. 그것은 '첫째, 기업으로서 우리는 마콤프로그램에 얼마나 투자해야 하는가? 둘째, 투자를 통해 얼마의 재무적 이익이 우리에게 돌아올 것인가? 셋째, 이익이 환수될 때까지는 시간이 얼마나 걸릴 것인가?' 이다.

이러한 판단은 기업 내에서 IMC를 제1단계부터 제4단계까지 함께 실행했던 판매, 재무, 회계, 고객관리와 같은 모든 기능의 부서들이 협력 했을 때 가능한 것이다. 환수될 이익을 측정하면 기업은 그 성공 여부에 따라 프로그램과 커뮤니케이션의 반복여부를 결정할 수 있게 된다.

또한 이 단계에서는 마콤프로그램의 실행을 위해 구분해두었던 고객집단과 잠재고객집단에 대한 평가도 반드시 실시해야만 한다. 특정 그룹에서 주목할 만한 반응이 나타났다면 그 반응에 따라 프로그램의 지속 내지 변화를 결정하는 것도 가능해질 것이다.

IMC관리자는 단기적 투자환수의 결과를 첫 회계연도에 파악할 수 있고, 그 반응에 따라 새로운 사실을 지속적으로 발견해나갈 수 있게 된다. 따라서 IMC관리자는 필요에 따라 신속하게 프로그램을 조정할 수 있다는 것이다. 결국 결과의 성공, 또는 실패 여부를 확인하는 순간 새로운 프로그램이 자동적으로 시작되는 폐쇄적 순환시스템을 갖추게 된다는 것이다.

3부 : 통합마콤전략

# 10

## 고객의 파악과 가치평가

# 어렴풋한 짐작의 시대를 넘어 고객의 명확한 미래가치를 읽는다!

가치지향적 IMC를 개발하는 첫 번째 단계는 고객과 잠재고객을 보다 세밀하게 파악하는 것이다. 이를 위해서는 고객들의 데이터를 확보하고, 이것을 데이터베이스로 유형화해야 한다. 앞서 CRM을 설명하면서 밝혔듯이 고객 데이터는 고객정보 · 제품정보 · 구입정보 · 프로모션반응 · 행동데이터 등의 다섯 가지로 분류된다. 이 중 행동데이터가 고객과 잠재고객을 파악하고 정의하는 데 있어 가장 유효하게 활용된다.

고객행동데이터는 '어떤 태도를 가지고 있는가?' 가 아니라, '어떤 행동을 하는가? 무엇을 가지고 있는가? 무엇을 어디에서 샀는가? 제품을 어떻게 사용하는가? 메시지나 인센티브를 어떻게 수용하는가?' 등이다. 이러한 행동데이터들은 선진시장일수록, 선진기업일수록, 현대에 가까워질수록 수집이 보다 용이해지고, 양도 많아진다.

### 고객은 기업에 소득흐름을 제공하는 자산적 가치를 지닌 개체

IMC관리자는 고객들의 행동유형 중 유효하다고 판단되는 것을 기준으로 고객과 잠재고객들을 유형화하거나 조합한다. 이것이 바로 전통적 마케팅과 다른 점이다. 시장세분화를 중심으로 고객을 파악하는 전통적 마케팅에서는 고객을 집단으로 인식한다. 이른바 분중이다. 하지만 고객유형화를 중심으로 고객을 파악하는 IMC에서는 고객을 개별적인 사람으로 파악한다.

그들은 기업에 소득흐름을 제공하는 개체다. 이것이 바로 IMC적 시각이며, 이는 기존의 마케팅과 구별되는 중요한 차이점이다. 모든 커뮤니케이션은 사람과 사람 사이에서 진행된다. 마케터가 구매의사결정과정에 있는 개인의 이면을 보지 못하면, 이것은 곧 커뮤니케이션 목표를 보지 못하는 것과 같다.

시장을 보거나 세분시장을 보기보다는, 고객 한 사람 한 사람에 초점을 맞춤으로써 그러한 오류에 빠지지 않을 수 있다. 그렇다면 기업이 어떻게 고객 한 사람 한 사람을 파악하고, 그들을 각기 만날 수 있는가? 그것을 가능케 하는 것이 바로 고객 데이터다.

많은 기업들은 고객들과의 관계에 필요한 정보를 가지고 있다. 상품이나 서비스를 구매한 고객들의 기록이나, 사업을 전개하면서 만난 고객들의 정보를 가지고 있다는 것. 백화점 회원 가입, 보험이나 금융상품 가입, 항공사 마일리지 프로그램 가입, 각종 보너스 카드 등이 그것이다.

전자상거래를 이용하거나 웹사이트에 가입하는 경우에는 너무나도 상세한 고객정보가 기업에 남게 된다. 뿐만 아니라, 해당 고객이 움직이는 상황까지가 실시간으로 자료화되어 저장된다. 웹사이트에 몇 번 접속했는지, 와서 얼마나 머물렀는지, 어떤 분야에 관심을 가지고 어떤 페이지를 몇 번이나 클릭했는지까지 마음먹기에 따라 기업들은 고객정보를 얼마든지 확인하고, 가공하여 저장할 수 있다.

다이렉트 메일이나 판촉활동을 통해 고객들의 리스트를 확보할 수도 있고, 전시회나 박람회의 방명록에 쓰인 방문객리스트도 중요한 고객 정보다. 이런 것들 중에서 이름이나 주소, 전화번호 등 기본적인 인적사항이나 신상정보만 기재되어 있는 경우에는 데이터베이스가 아닌 단순한 리스트일 뿐이라 할 수 있다.

리스트 자체만으로는 매우 단순한 다이렉트메일을 보내는 수준에 그칠 수밖에 없다. 따라서 그것이 데이터베이스가 되기 위해서는 우리 기업, 상품, 서비스에 관한 정보가 들어 있어야만 한다. 구매에 관한 데이터를 포함한 고객의 각종 반응들이 포함되어, 그것으로 고객들의 상황을 분석할 수 있으며, 유효한 기준으로 분류할 수도 있을 때 우리는 이를 데이터베이스라고 부르는 것이다.

데이터베이스를 통해 촉진을 하겠다고 나서는 것은 낮은 수준이다. 데이터베이스를 통한 판매 역시 나중의 문제다. 중요한 것은 고객을 파악하는 것이다. 우선은 고객과 예상고객들을 정확히 파악하는 것에서 진정한 데이터베이스가 구축된다는 사실을 명심하자.

## 고객 개개인의 구체적 정보와 행동의 방향을 파악 한다

데이터베이스를 통해서 우리가 알고자 하는 것은 통계가 아니다. 고객 한 사람 한 사람에 대한 구체적 정보이며, 그들의 행동이 움직이는 방향이다. 이들을 유형화하여 그에 적절한 자극을 주는 것은 한참 뒤의 문제인 것이다.

물론 데이터베이스에서 고객유형화를 위한 각종 통계적 기법들이 이용되는 것은 사실이다. 하지만 이것은 단지 수단일 뿐, 그 통계자료를 통해 계량적 판단을 하자는 것은 아니다. 우선은 고객을 정확히 파악함으로써 우리의 방향을 설정하고, 구체적인 자극을 찾아내야 한다는 것이다.

고객들로부터 얻어야할 자료는 기업, 상품, 서비스가 놓인 상황에 따라 매우 달라진다. 따라서 그 내용은 정해놓은 기본이 없다. 각기 처지에 따라 필요한 사항을 수집하여야만 한다. 그 구체적인 내용에 대해서는 CRM을 설명하면서 충분히 살펴보았다.

일반적으로 시장세분화는 전체시장으로부터 출발해서 분석이나 분리규칙을 이용, 전체시장을 관리 가능한 집단으로 나눈다. 예를 들어 인구센서스는 인구통계학적 및 지리학적 요인에 근거해서 진행된다. 나이, 성별, 교육, 소득 등에 따라 다양한 인구집단을 파악한다는 것. 지리학적 요인이라는 것은 행정구역상의 차이뿐만이 아니라, 대도시, 도시, 농어촌 등에 따라 보고될 수도 있다.

산업재 마케터도 산업분류코드에 근거해서 산업을 세분화한다. 이러한 세분화들은 시장에 대한 개략적인 특성을 이해하는 데에는 흥미롭고 유용할 수 있으나 고객과 잠재고객의 가치를 이해하는 데에는 별로 도움을 주지 못한다.

물론 전략마케팅의 경우 세분화의 기준으로 고객 행동데이터를 활용하기도 한다. 앞서 전략마케팅을 설명하면서 언급했듯이 시장세분화의 기준변수에는 인구통계 외에도 사용상황, 추구효익, 심리분석, 구매행동 등이 포함된다.

그러나 IMC의 고객유형화가 이와 다른 것은 그러한 기준으로 어림잡아 존재하는 시장을 말하는 것이 아니라, 데이터베이스를 근거로 명확히 존재하는 고객 한 사람 한 사람을 모아온다는 것이다. 따라서 전략마케팅이 말하는 시장세분화와 IMC의 고객유형화를 명확하게 구분해주는 것은 바로 데이터베이스의 유무라 할 수 있다.

결국 시장세분화에서는 매우 추상적 개념으로 그런 사람들의 집단을 말했지만, 고객유형화 단계에서는 그런 사람들의 집단 속에 있는 각 고객을 한 사람 한 사람 파악할 수 있으며, 그들 각각을 대상으로 자극을 줄 수도, 반응을 확인할 수도 있다는 것이다.

물론 이 외에도 IMC의 고객유형화는 시장세분화와는 다른 몇 가지 특징을 가지고 있다. 그 중 대표적인 것은 마케터의 관점이나 조작을 원천적으로 막는다는 것이다. IMC에서는 고객을 유형화할 때, 마케터가 개발한 인위적 분류계획을 사용하지 않기 때문이다.

IMC에서는 그들이 무엇을 하는지에 근거한다. 개인의 행동과 그 행동을 파악해서, 자연스럽게 발생하는 시장집단으로 이들을 전환하는 것이 고객유형화이다. 예를 들어 IMC 관리자는 어떤 집단의 고객이나 기업들이 상품을 구매하고, 그들이 어떻게, 언제, 얼마나 구매하고, 미래에는 얼마나 구매할 것인가를 파악할 수 있다.

IMC는 기본적으로 고객과 기업, 상품, 서비스와의 관계강도에 근거해서 유형화계획을 개발한다. 가장 단순한 예가 바로 현재고객, 경쟁고객, 신규고객의 3분법이다. 이 중 현재고객은 고매출 · 고수익 고객과 기회가 있을 때만 구매하는 고객이나 저수익 고객과 같은 하위분류로 다시 나누어질 수도 있다. 경쟁고객 또한 경쟁 기업이나 상품, 서비스에 매우 선호도가 높은 고객과 과거에 브랜드를 전환했던 고객으로 다시 나누어질 수 있다.

## 고객의 필요와 욕구에 대해 의미 있는 통찰력을 가져야

그렇다고 해서 인구통계학 · 지리 · 심리묘사적 정보 등 전통적 도구와 방법들을 사용하지 말라는 것은 아니다. 일단 고객과 잠재고객이 정의되고 이들을 행동에 따라서 묶으면, IMC관리자들은 이러한 행동적 정보들을 전통적 도구에 의해 더욱 발전시킬 수 있다. 이러한 자료들은 관찰된 행동을 설명하는 데 도움을 주고, 이런 행동들이 가장 잘 발생할 수 있는 조건을 마케터들이 이해하도록 도와준다.

이러한 유형화는 세분화에 비해 훨씬 명쾌하다. 유형화는 고객을 시장 속에 존재하는 묶음으로 보는 것이 아니라 한 사람 한 사람으로 취급한다. 따라서 우리는 고객들의 행동, 구매 과정, 혹은 그들의 과거 행적이 상품이나 서비스와 어떤 관계를 갖는지를 알아낼 수 있다는 것이다.

고객과 잠재고객을 파악하는 데 있어서 중요한 것은 고객의 필요와 욕구에 대한 의미 있는 통찰력이다. 고객자료는 이 통찰력의 원천이다. 기업들은 여러 경로로 고객에 대한 자료를 수집하고 관리해왔다. 하지만 이 자료들은 기업의 조직 전체에 흩어져 있는 경우가 많다.

마케팅부서나 마케팅조사부서, 판매부서, 고객서비스부서 등에서 각기 모아지고 관리되는 자료들은 서로 연결되지 못한 채 각기 필요한 용도로만 사용되고 있는 경우가 대부분이라는 것. 간혹 고객서비스부서에 걸려온 고객의 데이터가 마케팅에 매우 중요하게 활용되는 경우도 있을 수 있다.

하지만 대개의 경우 고객서비스부서에 걸려온 고객의 데이터는 그저 고객서비스부서에만 보관되고 있다. 고객들을 제대로 이해하기 위해서는 이러한 자료들을 체계적으로 연결시켜야만 한다. 고객과 잠재고객의 자료는 다양한 경로를 통해 기업으로 들어오게 된다. 이것을 수집, 관리하여 데이터베이스를 구축하고, 통합된 데이터들은 다시금 각종 전략과 전술에 활용되어야 한다.

이러한 노력은 단순히 기술적 문제의 해결만으로 가능한 것이 아니다. 각 조직들의 적극적인 협조와 노력이 있어야 하며, 이를 가능케 하는 최고경영진의 의지가 전제되어야만 하는 것이다. 이렇게 모아진 데이터들은 기업의 미래에 지대한 영향을 주게 된다.

고객이나 잠재고객의 데이터들 중 가장 가치 있는 정보는 고객들의 과거행동이다. 상품이나 서비스에 관련하여 그들이 건네준 행동적 자료들은 다른 어떤 형태의 정보들보다 그들의 미래행동을 예측할 수 있게 해준다. 고객은 과거에 보였던 행동을 미래에도 유사하게 할 가능성이 매우 높기 때문이다.

따라서 기업은 고객들의 과거행동들을 파악해내고 이를 통합함으로써 전략 구축에 도움을 받을 수 있다. 아래의 그림은 지난 2000년 당시 미국생산성품질센터가 IMC 실행사례 조사를 위해 만든 고객 정보의 활용모델이다.

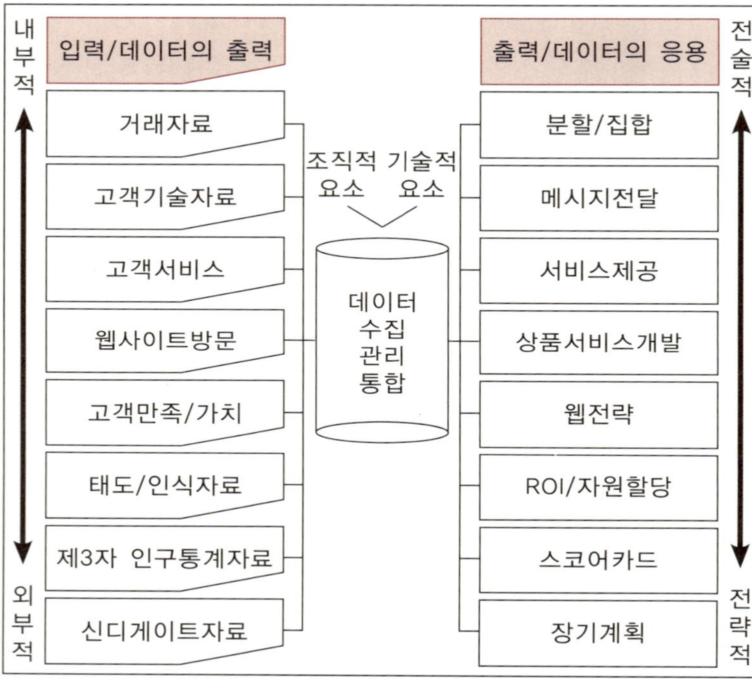


그림 10-1 : IMC 실행사례 조사를 위해 만든 고객 정보의 활용 모델

## 필요한 자료를 거르고, 의미 있는 결합으로 고객을 분류하라

이용할 수 있는 자료가 많다고 모두 좋은 것은 아니다. 자료가 많으면 많을수록 그 속에서 유용한 정보를 찾는 작업은 더 번거로워지기 때문이다. 이러한 자료들은 잘 정의되고, 정돈되어야만 한다. 따라서 IMC관리자들은 전술적 가치와 전략적 가치를 중심으로 자료를

분리할 필요가 있다.

뿐만 아니라 자료를 모으는 과정과 방법 자체를 고안하는 일이 중요하다. 있는 자료를 정리하는 것보다는 필요한 정보를 확보할 수 있도록 기획하여 자료를 확보하는 것이 훨씬 효율적이기 때문이다. 또 이렇게 되면 중요한 연결정보도 놓치지 않고 확보할 수 있다.

자료가 보관할 만한 가치가 있는지의 여부를 확인하는 세 가지 질문이 있다. 첫째, 이러한 자료가 우리 기업으로 하여금 고객 및 잠재 고객들에게 그들이 원하는 제품이나 서비스를 제공할 수 있도록 돕는가? 둘째, 이러한 자료가 우리 기업으로 하여금 변화할 수 있도록 도와주고 미래 고객들의 필요와 욕구에 잘 부응할 수 있도록 돕는가? 셋째, 이러한 자료가 우리의 커뮤니케이션 의사결정을 더 잘 할 수 있도록 도와 적절하게 자원을 배분할 수 있도록 돕는가?

IMC프로그램이 전략적 가치를 갖기 위해서는 마케팅커뮤니케이션이 고객과 잠재고객의 현재와 미래 행동에 영향을 줄 수 있어야만 한다. IMC관리자는 미래영향을 미리 추정하고, 그 가정 아래에서 상품이나 서비스 제공을 예측해야만 한다.

데이터베이스시스템은 고객과 잠재고객을 규명해 이해하고, 판매하고, 커뮤니케이션하도록 도와준다. 중요한 것은 방대한 자료와 테크놀로지가 아니다. 고객과 잠재고객의 행동을 파악하여, 그것으로 그들을 이해하고, 고객과 기업, 그리고 상품과 서비스의 미래를 파악해내는 것이야말로 IMC를 위한 데이터베이스시스템의 역할이다.

그러기 위해서는 여러 종류의 자료들이 적절히 조합되어야만 한다. 의미 있는 결과는 자료의 결합과 분석을 통해 얻어진다. 고객의 구매기록과 제3자 인구통계적 자료를 결합하는 것으로도 매우 의미 있는 결과들이 도출된다. 그리고 고객들을 일정한 기준에 의해 분류하고, 그들의 행동이 의미하는 바를 읽어 그에 적절한 활동을 전개하는 것이야말로 자료를 적절히 이용하는 방법이라 할 것이다.

## 가치평가의 가장 중요한 기준은 고객의 재정적 가치

2단계에서는 이렇게 얻어진 고객들의 데이터에 의해 고객의 가치를 평가하게 된다. 고객의 가치란 재정적 가치를 의미한다. 기업의 상품이나 서비스의 구매율, 그리고 미래의 잠재수요에 의해 고객의 가치가 결정된다.

고객의 가치를 재정적으로 보는 시각을 이용해서 각 고객그룹에 대한 적절한 행동목표를 수립한다. 어떤 그룹은 현재 소비하는 수준을 유지하고자 하고, 다른 그룹에게는 소비하는 수준을 좀 더 수익성 있는 선까지 옮기기 위한 목표를 수립한다는 것. 이러한 목표는 고객투자의 수익을 측정하는 표준이 설정되어 있을 때 수립 가능해진다.

수익을 측정하기 위해서는 우선 투입 이전의 고객 가치에 대해 알고 있어야 한다. 이것은 IMC관리자가 어느 정도의 기간과 얼마만큼의 투자가 필요한지를 알려주는 기초가 된다. 또한 처음의 고객 가치는 관리자로 하여금 회사가 고객에 대해 투입한 투자가 얼마나 수익을 얻었는지, 또는 얻을 수 있는지를 측정할 수 있게 해준다.

대부분의 기업들은 마콤을 비용 중심적 활동으로 인식하고 있다. 한 마디로 돈을 쓰는 일이라고 생각한다는 것. 하지만 IMC는 마콤투자의 결과로써 매출이나 수익 판매수량 혹은 다른 재정적인 측정치가 개선되는 것에 주력한다. 이를 위해 고객을 재정적 시각으로 이해해야만 한다.

1단계에서 우리는 이미 고객들을 그들의 행동방식에 의해 현재고객, 경쟁고객, 신규고객으로 묶어보았다. 2단계에서는 우리가 얻고자 하는 행동목표를 중심으로 고객을 평가한다. 그리고 이 고객그룹들과 잠재고객들은 회사에 서로 다른 소득흐름을 제공한다.

어떤 고객들은 다른 고객들에 비해 비용이 덜 들기 때문에 수익성이 낮을 수 있다. 어떤 잠재고객들은 다른 고객들에 비해 획득하는 데 비용이 더 들기 때문에 그들이 주는 소득흐름은 수익을 내는 데 시간이 더 걸리기도 한다. 이미 우리 상품이나 서비스를 떠난 고객들은 회사에 어떤 소득흐름도 제공하지 않으며, 그들을 다시 고객화하기 위해서는 추가 비용이 발생하게 될 것이다.

이러한 특성들을 전제로 고객이나 잠재고객들을 볼 때 이들 각각의 그룹에 필요한 마콤의 형태 또한 고려할 수 있게 된다. 더 나아가 각 그룹마다 투자의 수준을 달리할 수 있게 된다. 고객이나 잠재고객들을 회사의 현재 혹은 미래 수익원으로 보는 것은 IMC의 큰 특징 중 하나이다.

우리가 해야 할 질문은 대체로 다섯 가지다. 첫째, 고객들의 어떤 행동이 우리에게 영향을 줄 수 있는가? 그리고 그 결과는? 둘째, 고객 확보를 위해 우리는 어느 정도 비용을 지불할 것인가? 셋째, 누가 어떤 가치를 우리에게 돌려줄 것인가? 넷째, 어떤 고객들을 유지할 것인가? 다섯째, 우리의 마콤투자 결과로 어떤 고객이 더 수익성 있는 집단으로 옮겨올 것인가?

이런 질문의 답이 바로 IMC의 목표가 된다. IMC의 시각은 고객을 조직의 다른 자산들과 마찬가지로 생각하는 것에서 출발한다. 공장이나 시설, 기계 등을 도입할 때는 그것의 결과가 미래에 회사에 어떤 소득흐름을 만들어낼 것인가를 기대하게 된다. 고객도 마찬가지라는 것이다.

## 기업과 상품의 처지와 특성에 맞는 분류법을 고안해야

이처럼 고객의 가치를 평가하고 분류하는 방법은 매우 다양하다. 가장 기본적인 것은 고객을 등급화 하는 방법이다. 고객이 전체 매출에 기여한 정도에 의해 그들을 10등분으로 나누는 것. 이것은 앞서 설명한 파레토의 법칙에서 이해했듯 단골고객, 이른바 충성고객이 회사에 많은 기여를 하기 때문에 고객을 등급화하고, 각기 다른 투입을 하겠다는 취지에서의 평가와 분류다.

하지만 이것은 단지 고객들을 사용금액으로만 평가하고 분류한다는 약점이 있다. 이것은 과거의 기록일 뿐 미래를 담보하는 결정적 단서를 담고 있지 않다. 고객의 나이, 성별, 가족, 지리적 위치, 과거 지출패턴 등을 설명해주는 다른 정보는 전혀 담지 못하고 있다는 것. 이를 보완해주는 다른 방법들을 살펴보자.

데이터베이스 컨설팅그룹인 타깃베이스(Targetbase)는 가치평가에 대한 혁신적 접근방법을 개발했다. 이 방법은 전반적인 고객브랜드 가치(CBV)를 정의해준다. CBV는 침투율(Penetration:P), 구매비율(CategoryBuying Rate:BR), 구매점유율(Share of Purchases:SOP), 공헌이익(Contribution to Margin:CM)을 모두 곱하여 고객브랜드 가치를 구한다.

침투율이란 상품을 구매하는 전체 고객 중에서 우리 회사가 확보한 고객의 수를 백분율로 나타낸 것이다. 구매비율은 고객당 제품이나 서비스 혹은 브랜드에 대한 연평균(혹은 특정한 다른 기간) 수요를 말한다. 구매점유율이란 전체 상품들 가운데 우리 회사가 확보한 고객 전체가 구매한 상품의 금액비율을 말한다. 공헌이익은 고객의 구매 중 경비를 제외한 순수익을 말하는 것이다.

이 중 구매비율을 중심으로 대량사용자, 보통사용자, 소량사용자로 고객을 구분할 수 있으며, 구매점유율을 중심으로 충성사용자, 전환구매자, 가격구매자 등의 구분이 가능해진다. 물론 이것은 업종마다 다르게 나타날 수 있다. 위의 예가 전형적으로 나타나는 경우는 단기소모품의 경우라 하겠다.

여기서 충성사용자, 전환구매자, 가격구매자의 구분은 우리 회사 입장만으로의 구분이며, 다른 상품이나 서비스를 감안하면 그것은 다시 상표전이자, 충성사용자, 경쟁상표 충성사용자, 미사용자 등으로도 구분이 가능해진다. 이때 상표전이자란 상품을 구매한 전체 중 우리의 상품을 구매한 비율이 70% 이상인 고객을 말한다. 이러한 분류는 상표충성도를 이용한 고객분류다.

RFM을 이용한 고객분류도 있다. RFM은 '최근(Recency)에 얼마나 구매가 이루어졌는가? 어떤 빈도(Frequency)로 구매가 이루어졌는가? 지금까지 구매에 쓴 비용(Monetary)은 모두 얼마인가?' 의 세 가지를 분석하여 비슷한 성향의 고객들을 모아 분류하는 방법이다.

이를 보다 정교하게 하기 위해서는 각 항목마다 점수를 매겨 그 총점으로 고객을 등급화할 수도 있을 것이다. 이때에는 IMC관리자의 주관성을 더해 가중치를 주어 총점을 산출할 수도 있을 것이다. 앞서 설명한 모든 방법들에서 알 수 있듯이 고객을 평가하는 방법과 기준은 다양하다. 중요한 것은 해당 상품이나 서비스의 특성에 맞는 방법을 선택해야한다는 것이다.

### 고객 평생가치란 고객의 미래수익까지를 통찰한 현재의 가치다

이러한 평가들을 통해 고객 평생가치를 계산해낼 수 있다. 고객 평생가치(Lifetime Value)란 어떤 고객이 미래에 낼 수 있는 이익을 현재의 가치로 표현하는 것이다. 평생가치는 고객들로부터 어느 정도의 판매와 이익을 얻을 수 있는지를 바탕으로, 새로운 고객을 얻는데 투자해야 할 비용을 계산해준다.

평생가치를 계산하는 방법은 회사마다, IMC관리자마다 조금씩 다르다. 하지만 기본적 원리는 특정 고객그룹이 발생시키는 매출과 그때의 비용을 계산하고, 그 차이인 이익을 계산하여, 이를 1인당 고객으로 산출하는 것이다. 이는 고객 1인당 이익에 기여하는 가치를 말하는 것이다.

따라서 고객 평생가치를 계산했다는 것은 각 그룹에 속한 고객의 수에 따라 그 그룹 전체가 주는 이익 또한 계산이 가능하다는 것이 된다. 구매빈도가 잦거나 고객에 따라 사용량의 차이가 큰 상품의 IMC라면 특히 고객평가 계산에 있어 넣어야 할 요소들이 많아진다. 정리해놓은 표를 중심으로 고객 평생가치를 계산하는 방법을 살펴보자. 다음의 표는 고객 평생가치를 계산한 가상의 표이다.

|  | 구 분 | 첫 해 | + 1년 | + 2년 | + 3년 | + 4년 |
|---|---|---|---|---|---|---|
| 1 | 고객 수 | 10,000 | 7,000 | 5,145 | 3,971 | 3,218 |
| 2 | 시장성장률 예상 | - | 5% | 5% | 5% | 5% |
| 3 | 고객유지비율 | - | 70% | 74% | 77% | 81% |
| 4 | 평균단가 | 1,000 | 1,050 | 1,103 | 1,158 | 1,216 |
| 5 | 연 평균 구매 횟수 | 10.00 | 10.50 | 11.03 | 11.58 | 12.16 |
| 6 | 구매수량 변화예상 | - | -5% | -5% | -5% | -5% |
| 7 | 1회 구매 시 구매수량 | 3.00 | 2.85 | 2.71 | 2.57 | 2.44 |
| 8 | 고객당 연매출 | 30,000 | 31,421 | 32,910 | 34,469 | 36,102 |
| 9 | 연간 총매출 | 300,000,000 | 219,948,750 | 169,321,084 | 136,864,206 | 116,160,380 |
| 10 | 제조비 | 25% | 25% | 25% | 25% | 25% |
| 11 | 인건비 | 30% | 31% | 32% | 33% | 34% |
| 12 | 운영비 | 20% | 19% | 18% | 17% | 16% |
| 13 | 마케팅비용 | 7% | 7% | 7% | 7% | 7% |
| 14 | 매출 대비 비용 | 82% | 82% | 82% | 82% | 82% |
| 15 | 비용총액 | 246,000,000 | 180,357,975 | 138,843,289 | 112,228,649 | 95,251,511 |
| 16 | 이익 마진율 | 18% | 18% | 18% | 18% | 18% |
| 17 | 이익 | 54,000,000 | 39,590,775 | 30,477,795 | 24,635,557 | 20,908,868 |
| 18 | 고객획득비용 | 0 | 0 | 0 | 0 | 0 |
| 19 | 캐시플로어 | 54,000,000 | 39,590,775 | 30,477,795 | 24,635,557 | 20,908,868 |
| 20 | 할인율 | 20% | 20% | 20% | 20% | 20% |
| 21 | 할인시기 | 0.5년 | 1.5년 | 2.5년 | 3.5년 | 4.5년 |
| 22 | 현가율 | 91.28% | 76.07% | 63.39% | 52.82% | 44.02% |
| 23 | 환산된 현재가치 | 49,291,200 | 30,116,703 | 19,319,874 | 13,012,501 | 9,204,084 |
| 24 | 평생가치 | 49,291,200 | 79,407,903 | 98,727,777 | 111,740,278 | 120,944,362 |
| 25 | 고객당 평생가치 | 4,929 | 7,941 | 9,873 | 11,174 | 12,094 |

표 10-1 : 고객 평생가치를 계산한 가상의 샘플

먼저 현재고객들의 유지비율을 추정하는 일이 필요하다. 그러기 위해 첫 번째로는 현재 고객들을 매년 얼마나 유지할지 목표를 정한다(ex:70%). 두 번째로는 시장의 성장률을 예측한다(ex:5%). 세 번째로는 앞의 두 가지를 반영하여 매년 유지할 고객의 수를 정한다.

즉, 첫 해에 1만 명의 고객이 있었다면 다음 해에는 7,000명의 고객을 유지할 수 있다는 것이다. 그리고 그 다음 해에는 4,900명을 유지할 수 있을 것이나, 성장률을 감안하여 계산하면 5,145명이 유지 가능하다는 것을 알 수 있다. 그 다음 해에는 3,971명고, 그 다음 해에는 3,218명이 될 것이다.

다음은 상품가격이다. 상품가격이 1,000원이라면 시장성장률 5%와 비슷한 수준의 가격 상승이 예측되므로, 다음 해에는 1,050원, 다음 해에는 1,103원, 그 다음 해에는 1,158원, 그 다음 해에는 1,216원이 될 것이다. 다음은 1회 구매 시 구매수량을 예측한다. 첫 해에 1회 구매 시 평균 3개를 구매했고 이것이 5%씩 줄어들 것으로 예상된다면 다음 해에는 3개, 그 다음 해에는 2.85개, 그 다음 해에는 2.71개, 그 다음 해에는 2.57개, 그 다음 해에는 2.44개로 줄어들 것이다.

다음은 연평균 구매 횟수를 예측한다. 보통 연평균 구매 횟수의 증가는 시장성장률과 연동하여 예측한다. 따라서 첫 해에 10회였다면 다음 해에는 10.5회, 그 다음 해에는 11.03회, 그 다음 해에는 11.58회, 그 다음 해에는 12.16회가 될 것이다.

상품가격, 1회 구매량, 연평균 구매횟수를 곱하면 고객당 연매출이 계산되고, 이를 고객 수로 곱하면 연간 총매출이 계산된다. 이 계산에 따르면 고객당 연매출은 첫해에 3만 원, 다음 해에 3만1,421원으로 상승하고, 그 다음 해에는 3만2,910원으로 상승하며, 그 다음 해에는 3만4,469원, 그 다음 해에는 3만6,102원으로 상승할 것이다.

이렇게 계산된 고객당 연매출에 고객 수를 곱한 연간 총매출은 첫 해에는 3억 원이고, 다음 해에는 2억1,994만8,750원이며, 그 다음 해에는 1억 6,932만1,084원다. 그리고 그 다음 해에는 1억3,686만4,206원이며, 그 다음 해에는 1억1,616만380원이다.

이러한 계산이 끝나고 나면 지출을 항목별로 계산한다. 제조비가 25%, 인건비가 30%, 운영비가 20%, 마케팅비용이 7% 사용되고, 이익마진율은 18%라고 하자. 향후 제조비에는 별다른 변동이 없을 것으로 예상되고, 인건비는 소폭 상승할 것이 예상된다. 이를 만회하기 위해 운영비를 연동하여 줄여나가겠다는 전략을 짰다.

### 고객 평생가치는 그룹 간 비교는 물론 고객자산 평가에도 활용 된다

연간 총매출에서 비용총액을 뺀 금액이 이익이다. 지금까지 우리는 데이터베이스에 있는 현재고객들만을 대상으로 평생가치를 계산하였으며, 끌어들인 고객은 없으므로 그에 따른 비용도 발생하지 않았다. 만일 이 그룹에 비슷한 다른 고객들을 끌어들여 계산한다면 이에 필요한 비용이 발생하게 될 것이다.

그런데 이렇게 구한 가치는 현재의 화폐가치이므로, 이것은 미래의 화폐가치와 같을 수 없다. 이 샘플에서는 이자율을 포함한 할인율을 20%로 계산했다. 그리고 이 계산은 시점이 연초가 아닌 후반기이므로 할인기간의 시작은 0이 아닌 0.5년이 되고, 매년 1년씩을 더하게 된다. 그리고 할인율과 기간에 따른 현가 이자요소(Present Value Interest Factor:PVIF)를 곱해야만 한다.

이 현가 이자요소를 구하는 공식은 '1/(1+r)n' 이다. 여기서 r은 이자율이고, n은 기간이다. 이 PVIF값을 잘 정리해놓은 표가 현가표이다. 이 표를 활용하도록 하자. 환산된 현재가치란 캐시플로어에 현가율을 곱한 값이다. 그리고 평생가치란 이 금액을 누적한 금액이다.

평생가치를 고객의 수로 나누면 이것이 바로 고객 평생가치가 되는 것이다. 이 샘플에 따르면 이 그룹의 고객 한 사람은 현재 4,929원의 가치가 있고, 내년까지의 가치는 7,941원이고, 5년 동안의 가치는 모두 1만2,094원이라는 것이다.

고객 평생가치를 전체 고객을 대상으로 측정했다면 그것이 곧 이 회사의 고객자산을 측정했다는 의미를 가질 수 있을 것이다. 만일 몇 개의 의미 있는 그룹으로 나누어 평생가치를 측정했다면 각 그룹들을 비교분석할 수 있는 자료가 될 것이다.

최종적인 결과는 소비자 한 사람의 것이므로, 그룹 내 고객의 수가 다르다고 해도 비교가 가능하다는 이점이 있다. 물론 절대적인 가치가 아니라 상대적인 가치이기는 하지만, 어느 그룹의 소비자가 가치가 크고 작은가를 비교하는 데에는 충분히 의미가 있다 하겠다.

그러나 평생가치 계산의 가장 큰 의미는 마케팅비용의 통제와 마케팅목표 설정의 자료로써 활용된다는 것이다. 가장 높은 평생가치가 측정된 그룹을 대상으로 유지율을 움직여보거나 마케팅비용을 조정해봄으로써 마케터는 마케팅 목표를 설정할 수 있으며, 최적의 마케팅비용도 산출할 수 있게 된다.

하지만 고객 평생가치의 측정에도 한계는 있다. 짐작하는 것처럼 이 평생가치의 계산은 구매빈도가 잦고 구매량이 많은 상품에 적합하다. 내구재의 경우에는 실질적인 적용이 쉽지 않다는 점에 유의해야 할 것이다.

3부 : 통합마콤전략

# 11

## 투자환수효과 측정과 사후분석

# 얼마를 투자해서, 얼마를 얻을 것인가? 돈의 흐름을 읽는 ROCI!

우리는 앞장에서 고객의 파악과 가치평가에 대해 살펴보았다. 이것은 5단계 IMC 기획과정의 1단계와 2단계라고 할 수 있겠다. 그 다음 단계인 3단계는 커뮤니케이션 메시지와 인센티브 프로그램을 수립하는 단계이다.

하지만 이 3단계에 대한 논의는 지금까지의 브랜딩, 마케팅, 커뮤니케이션의 논의와 크게 다르지 않다. 다만 다른 것이 있다면 모든 메시지와 인센티브들을 기획함에 있어 그것이 측정 가능하도록 만들어져야 한다는 것이다. 그래야만 4단계에서 투자환수를 측정할 수 있게 된다.

하지만 3단계는 지금껏 많은 이론서들과 실례들을 통해 설명되어 왔으며, 다음 장에서도 다룰 것이므로, 여기서는 4단계와 5단계에 해당하는 투자환수효과(ROCI) 측정과 사후분석에 대해 살펴보도록 하자.

투자환수효과의 측정은 마콤 분야에서는 매우 획기적인 것이라 할 수 있다. 경영학에서는 이미 오래 전부터 이러한 개념을 활용하고 있었다. 이른바 ROI(Return On Investment)다. 하지만 마콤 분야에서는 마콤 활동을 철저히 비용적인 문제로만 보았고, 따라서 그 효과가 어떤 곳에서 어떻게 나타날지에 관한 문제에 대해서는 간과되어 왔던 것이 사실이다.

## 돈을 만들어내지 못하는 마콤활동은 긴축대상 1순위다

그런 이유로 마콤 예산 책정의 특별한 기준은 존재하지 않았다. 그저 경쟁사의 마콤 예산을 파악해서 그와 비슷한 수준을 맞추거나 매출의 상승과 연동해서 마콤 예산을 상승시키는 데 그치는 수준이었던 것. 마케터들이 관심을 가졌던 문제는 정해진 예산을 어떻게 효율적으로 쪼개 쓰느냐 하는 문제였다.

그것은 마케터들이 경영의 예산과정에 관여하지 못했기 때문에 생긴 문제였다. 마케터들은 이미 최고경영자가 할당해준 예산에 따라 실무를 잘 수행하면 그만이었다. 따라서 마케터의 능력은 실행상의 결과물들로 판단되곤 하였다. 이것은 마콤의 효과와 잠재적 재정환수를 측정할 수 없었기 때문에 발생한 문제들이다.

시장상황은 철저히 '돈'과 맞물려 돌아가고 있고, 이런 상황에서 마콤 활동이 철저히 비용으로 인식되는 것은 마콤 활동을 위축시키는 결과를 낳게 된다. 눈에 보이는 결과, 즉 돈을 만들어내지 못하는 마콤 활동에 대한 투자는 늘 다른 투자들에 비해 뒷전이다. 경기가 어려워졌을 때 가장 먼저 접대비와 마콤비용의 축소를 검토하는 것도 바로 이러한 이유 때문이다.

그러나 IMC는 고객 한 사람 한 사람에게 투자하는 비용과 그를 통해 얻어지는 이익을 계산해내고, 이를 목표화한다. 이후 그 달성여부의 확인을 통해 사후분석을 실시하고, 이것은 다시금 새로운 목표를 수립하는 데 반영된다. 이 모든 것들은 앞서 설명한 대로 데이터베이스를 통해 고객 한 사람 한 사람을 파악하고, 그들로부터 얻을 수 있는 가치를 파악함으로써 가능해진 것이다.

이처럼 투자와 그에 따르는 수익에 대해 우리가 얻어야 할 정보는 다음의 세 가지 질문에 대한 답과 같다. 첫째, 마콤에 얼마나 투자해야 하는가? 둘째, 그런 투자를 통해 어떤 종류, 혹은 어떤 수준의 환수를 얻을 수 있을까? 셋째, 투자환수는 얼마 동안에 걸쳐 발생하게 되는가?

이러한 질문의 답을 얻게 해준 데에는 CRM을 통한 고객 데이터와 다이렉트마케팅의 역할이 컸다. 그렇다고 해서 모든 영역에서 투자 대비 환수의 명확한 예측과 평가가 가능한 것은 아니다. 하지만 이러한 개념과 방향설정을 통해 마케터들은 보다 확실한 결과에 접근할 수 있을 것이고, 미래에는 그 모든 영역에 있어 명확한 결과를 도출할 수 있게 될 것이다.

이처럼 마콤효과의 측정이 어려운 이유는 여러 가지가 있다. 먼저 커뮤니케이션 자체가 가지고 있는 한계 때문이다. 분명히 발신자는 하나의 메시지를 보냈지만 수신자들은 발신자의 의도대로만 메시지를 수용하는 것이 아니라는 것. 따라서 그 효과가 진공상태에서처럼 100% 완벽하게 발생하는 것은 애초에 어려운 일이다.

또 다른 이유는 시차다. 전달된 어떠한 메시지도 즉각적인 반응을 만들어내지 못한다. 반응이 일어날 때까지는 시간이 걸리기 마련이며, 이것 또한 수신자들마다 조금씩 다를 수밖에 없다. 여러 가지 경로로 메시지가 전달되는 것도 한계다. 메시지의 효과가 패키지에 의한 것인지, TV광고에 의한 것인지, 구전에 의한 것인지를 명확히 밝히는 것이 쉽지 않다는 것이다.

뿐만 아니라 복잡한 사회가 가지는 복잡한 변수들도 마콤 효과의 측정을 방해한다. 여기에 더해 발신된 메시지에 따라 그 효과가 즉각적으로 일어나는 것도 있는 반면 오랜 시간을 요하는 것도 있다. 그것들의 경계를 명확히 이해하는 것이 과연 가능한 일인가?

## 고객 가치를 바탕으로 투자 대비 환수를 예측 한다

이러한 장애물들이 마콤 효과의 측정을 방해하는 요소들이다. 그럼에도 불구하고 많은 학자들과, 실무를 하는 마케터들은 마콤 효과 측정을 위해 애써왔다. 광고효과를 측정하는 DAGMAR의 경우도 그 중 하나이며, IMC계획과 효과측정의 선구자인 사이몬 브로드벤트(Simon Broadbent)가 수립한 '애드스톡(Ad Stock)', 광고효과측정의 개념 또한 이러한 노력의 결과라 하겠다.

브로드벤트가 만든 애드스톡은 광고의 반응을 장기간에 걸쳐 측정하는 개념에 기반을 두고 만들어졌다. 브로드벤트는 애드스톡을 '고객이나 잠재고객이 장기간에 걸쳐 어떤 상표에 대해 갖는 호감, 태도 그리고 경험의 결합체' 라고 정의했다.

이 애드스톡을 통해 마케터들은 광고의 장기적 효과를 이해하게 되고, 다른 형태의 마콤이 구매에 미치는 영향도 이해하게 된다. 시간이 지나면서 광고효과는 소멸된다. 경쟁제품이나 광고의 노출, 기억력의 문제, 개인적인 여러 경험이 그 원인이다.

따라서 마콤은 고객이 가진 애드스톡을 보존시키는 것이고, 그로 말미암아 그 상표가 미래의 구매상황에서 고려대상이 되도록 하는 것이다. 많은 광고들이 즉시적인 효과를 노리고 집행되지만, 어떤 광고들은 기억에 저장되어 시간이 흐른 뒤에 효과를 발휘할 수도 있다. 장기적인 행동 효과에 주목한 것이 바로 애드스톡이다.

하지만 브로드벤트는 DAGMAR나 다른 측정들처럼 행동보다는 태도에 관심을 기울였다. 이에 반해 IMC는 마콤에 장기적 행동효과와 단기적 행동효과가 있다는 데 의문을 제기하면서 이러한 단서를 보다 새로운 차원으로 끌어올렸다. IMC는 계산등식을 정교화함으로써 소비자의 태도측정뿐만이 아니라, 기업에 돌아오는 재정적 환수를 측정할 수 있도록 한 것이다.

IMC 관리자들은 데이터베이스에 기반을 두고 마콤 메시지와 인센티브를 보내기 위한 목표수용자를 개인별로 도출할 수 있었다. 이것은 표본에 의한 것이 아니었다. 따라서 이러한 일들을 보다 대규모로 할 수 있게 되었다. 이것이야말로 타깃들과의 직접커뮤니케이션이 거둔 중요한 성과다.

마케터는 마콤 메시지에 맞는 최적의 잠재고객이라고 믿어지는 사람들 개개인을 골라낼 수 있다. 그들은 현재의 고객이거나 과거의 고객들이다. 마케터는 이들의 가치를 평가한다. 마케터들은 판매가 일어났을 경우 그 제품에 들어간 비용과 이윤을 알고 있기 때문에 각각의 목표고객에게 특정한 커뮤니케이션 프로그램을 전달하고 집행하는 데 사용되는 비용을 계산할 수 있다.

앞장에서 살펴본 고객 가치를 바탕으로, 마콤에 일정 비용을 투자했을 때 그 효과가 어떠한지를 살피는 것이 가능하다는 것. 이것이 바로 투자 대비 환수다. 그러기 위해서는 충분한 '개인별 구매이력 데이터'가 필요하다. 이때는 앞서 말한 장애요소들을 감안해야할 것이다.

또 장기간에 걸친 접촉과 반응이 일어날 경우, 그 수를 바탕으로 마콤프로그램에 대한 고객의 반응률이 산출될 수 있을 것이다. 그것이 가능하다면 구매이력모델과 예측모델을 개발할 수 있게 된다. 이런 모델들은 IMC관리자로 하여금 어떤 고객의 현재 반응에 대한 가치를 판단해주며, 고객 평생가치의 각 변수들을 예상하는데 도움을 줄 수 있을 것이다.

## 돈과 맞물려 돌아가는 시장상황, 마콤활동은 비용이 아니라 투자

IMC에서는 상품의 인센티브를 제공함으로써 시험구매와 사용량을 증가시킬 수 있고, 결과적으로는 판매량을 단기적으로 높일 수 있다고 본다. 그리고 이러한 인센티브의 장기적 효과를 위한 프로그램은 장기적으로 다른 제품으로의 이동을 줄여주며, 우리 상품의 교차

구매 등을 유발시킨다고 주장한다. 마일리지 같은 대부분의 로열티 프로그램이 이 장기적 인센티브에 해당된다.

반면 상품에 대한 메시지는 인지, 이미지, 인식 등에 영향을 미친다. 그리고 이것은 신뢰와 옹호를 만들어낸다. 메시지의 단기적 효과를 위한 프로그램은 브랜드인지를 증대시키거나, 브랜드이미지를 바꾸거나 정제하는 등의 효과를 만들어낸다. 하지만 대개의 경우 이 메시지 중심의 프로그램은 상품에 대한 옹호자를 만들어내는 등의 장기적 효과를 위해 주로 사용된다.

대개의 기업들은 기업의 현금흐름을 증대시키거나 안정화시키는 일, 주주의 가치를 증대시키거나 개선하는 일을 위해 마콤을 실시한다. 다른 기업활동들도 대개는 이 두 가지 목적에 맞춰 진행된다. 이것을 더 세분화하면 현금흐름의 증대, 현금흐름의 가속화, 현금흐름의 안정화, 주주가치의 형성 및 강화의 네 가지로 살펴볼 수 있게 된다.

누차 강조하지만, 고객은 기업의 자산으로 평가되어야 한다. 이것이 IMC가 가지고 있는 중요한 전제다. 마찬가지로 브랜드 역시 장기간에 걸쳐 나타나는 투자환수로서 이해되고 측정되어야만 한다. 하지만 브랜드에 대한 투자환수의 측정, 즉 ROBI에 대해서는 '브랜딩 솔루션'을 통해 설명하였으므로, 여기에서는 고객 투자 대비 환수효과, 즉 ROCI를 중심으로 살펴보도록 하자.

앞서 밝힌 바와 같이 상품 인센티브를 중심으로 한 마콤 프로그램 역시 단기와 장기 프로그램이 있다. 따라서 이 효과를 추정하는 것 역시 단기추정과 장기추정으로 나뉜다. 여기에서는 단기 마콤투자의 단계적 분석을 중심으로 논의한다. IMC는 마콤프로그램의 가치를 분석하는 한계분석시스템을 제안하고 있다.

IMC 이전의 예산개념에서는 마콤투자의 예산을 고정비용(marginal return)으로 보았다. 하지만 IMC는 이것을 변동비용(variable costs)으로 보아야 한다고 주장한다. 고정해두고 효과를 기대하지 말고, 변동되었을 때 생기는 이익을 생각해보라는 것. 고객의 가치는 기업에 가져다주는 수익을 바탕으로 한 공헌이익이다. 마콤의 공헌이익이란 마콤활동으로 말미암아 창출되는 이익이다.

마콤활동으로 비용투자가 늘어나면 이익이 줄고, 그렇지 않으면 이익은 늘어날 것이다. 이것은 투자가 아니다. 그저 비용일 뿐이다. 하지만 반대로 마콤활동에 투자했지만 그로 말미암아 오히려 공헌이익이 늘어났다면 그것은 마콤활동이 투자가 되는 것이다.

따라서 마콤활동에 필요한 비용은 고정비용으로 보지 말고, 이익 이후에 계산하는 변동비용으로 책정하라는 것이다. 이러한 이유 때문에 ROCI를 추정하기 위한 첫 번째 원칙은 '마콤활동 비용은 변동비' 라는 것이다.

### 브랜드를 만드는 커뮤니케이션과 비즈니스를 만드는 커뮤니케이션

두 번째 원칙은 브랜드를 만드는 커뮤니케이션과 비즈니스를 만드는 커뮤니케이션을 구분하라는 것이다. 비즈니스를 만드는 마콤은 기업에게 추가적인 이익을 발생시킨다는 것을 전제로 한다. 그래서 IMC관리자들은 마콤 프로그램에 의해 예상되는 추가발생 매출에 대해 미리 측정해두어야만 한다.

대개의 기업들은 현재 고객으로부터 들어올 현금의 흐름이나 혹은 잠재고객으로부터 기대되는 현금흐름을 어떠한 형태로든 예상하고 있다. 마콤에 있어서 추가적인 투자는 매출을 보호하거나 강화하는 것이며, 현금흐름을 더 많이 만들어 내거나 수익률을 더욱 크게 하는 것을 전제로 한다.

따라서 마콤 프로그램 집행 이전에 고객 평생가치를 알고 있는 것은 매우 중요하다. 그래야만 새롭게 투자하는 금액이 필요한지 불필요한지를 구분 짓는 기준이 마련될 수 있다. 뿐만 아니라 IMC관리자들은 잠재고객을 신규고객으로 획득할 때에 드는 비용을 계산하거나 측정할 수 있어야만 한다.

그러나 그것이 모든 업종, 모든 상품, 모든 경우에 다 가능한 것은 아니다. 특히 그것을 고객 개개인으로 환치하는 일은 더욱 어렵다. 이것은 아직 IMC가 가지고 있는 한계이며, 모든 분야의 데이터베이스가 강화되면 될수록 이러한 한계는 극복될 것이다. 이러한 내용을 전제로 다음 표를 통해 보다 구체적으로 ROCI에 대해 이해하도록 하자. 다음의 표는 돈 슐츠와 제프리 월터가 제안한 ROI의 구조다.

| | 구분 | 유형화된 고객그룹 행동목표 | 그룹A | 그룹B | 그룹C |
|---|---|---|---|---|---|
| 수요추정의 가정 | | | | | |
| 1 | 평가한 범주의 수요규모 | 구매이력 데이터/추정 | $ | $ | $ |
| 기본적인 소득흐름 가정들 | | | | | |
| 2 | 기본적인 점유율 | 구매이력 데이터/추정 | % | % | % |
| 3 | 기본소득의 흐름 | = 1X2 | $ | $ | $ |
| 4 | 비마콤비용 | 운영비에서 산출 | % | % | % |
| 5 | 공헌마진(%) | = 100%-4 | % | % | % |
| 6 | 공헌마진(금액) | = 3X5 | $ | $ | $ |
| 시나리오 A : 커뮤니케이션 투자 없음 | | | | | |
| 7 | 점유율 변동 | 추정 | ±% | ±% | ±% |

| 8 | 점유율 조정 | = 2+(7X2) | % | % | % |
|---|---|---|---|---|---|
| | | 유형화된 고객그룹 행동목표 | 그룹A | 그룹B | 그룹C |
| 9 | 소득흐름 조정 | = 8X1 | $ | $ | $ |
| 10 | 비마콤비용 공제 | = −(9X4) | − $ | − $ | − $ |
| 11 | 마콤비용 공제 | 0 $ | − | − | − |
| 12 | 순수공헌액 | = 9+(10+11) | $ | $ | $ |
| | | 시나리오 B : 커뮤니케이션 투자 있음 | | | |
| | | 집합된 고객그룹 행동목표 | 그룹A | 그룹B | 그룹C |
| 13 | 마콤활동들 | 측정 | $ | $ | $ |
| 14 | 총 마콤투자비용 | 13의 합계 | −? | −? | −? |
| 15 | 점유율 변동 | 추정 | ±% | ±% | ±% |
| 16 | 점유율 조정 | = 2+(15X2) | % | % | % |
| 17 | 소득흐름의 조정 | = 16X1 | $ | $ | $ |
| 18 | 비마콤비용 공제 | = −(17X4) | − $ | − $ | − $ |
| 19 | 마콤비용 공제 | = −(14) | − | − | − |
| 20 | 순수공헌액 | = 17+(18+19) | $ | $ | $ |
| | | ROCI계산 | | | |
| 21 | 잉여손실 비교 | = 20−12 | $ | $ | $ |
| 22 | 잉여 ROCI | = 21X14 | $ | $ | $ |

표 11-1 : 돈 슐츠와 제프리 월터가 제안한 ROCI의 구조

1번 줄은 제품 카테고리 내에서의 전체 수요규모다. 유통망을 통해 팔리는 금액으로 기입한다. 고객의 구매행동이력을 참고하여 기입하거나, 추정하여 기입한다.

2번 줄은 제품 카테고리 중에서 현재 우리 상품을 사용하는 고객들을 비율로 표현한 것이다. 즉, 경쟁사 대비 우리고객 비율이라고 하겠다. 구매이력을 참고하여 기입하거나, 추정하여 기입한다. 3번 줄은 우리 상품에 대해 고객들이 지불하는 금액이다. 1번 줄과 2번 줄을 곱하면 구해진다.

4번 줄은 비즈니스에 필요한 모든 비용 중 마콤비용을 제외한 금액을 전체 매출에서 뺀 비율이다. 여기에는 제조비, 인건비, 운영비 등이 포함된다. 5번 줄은 마콤비용과 마진이 포함된 금액이다. 이는

100%에서 4번 줄을 빼면 구해진다. 6번 줄은 마콤비용과 마진이 포함된 공헌이익을 금액으로 표시한 것이다. 3번 줄과 5번 줄을 곱하면 구해진다.

7번 줄부터 12번 줄까지는 마콤투자가 없이 이루어지는 소득흐름을 알아보기 위한 계산이다. 7번 줄은 마콤투자가 없는 경우 주어진 기간 동안 상표의 점유율이 변화한 수치다. 대부분 마이너스가 될 것이다. 이 점유율은 그간의 데이터들을 참고로 하여 추정하여 기입한다. 8번 줄은 마콤 활동이 없는 경우 기존 매출의 점유율이 변화될 것이므로, 이를 확인하는 것이다. 2번 줄에서 계산된 점유율을 7번 줄에서 계산된 증가 혹은 감소된 변동만큼 감안하여 기입한다.

9번 줄은 마콤활동이 없는 경우의 매출액이다. 1번 줄과 8번 줄을 곱하면 구해진다. 10번 줄은 마콤비용을 뺀 모든 비용을 확인하기 위한 것으로, 4번 줄과 9번 줄을 곱하면 얻어진다. 후에 공헌마진을 계산하기 위해 수입을 빼야 하는데, 공제할 것이라는 사실을 미리 표시하기 위해 앞에 (-)를 표시해둔다. 11번 줄은 마콤비용을 공제하기 위한 것인데, 마콤활동을 하지 않기 때문에 모두 0이 될 것이다. 12번 줄은 순수공헌액으로 예상된 매출액인 9번 줄에서 마콤비용을 뺀 모든 비용인 10번 줄, 마콤비용인 11번 줄을 빼서 구해진다.

13번 줄부터 20번 줄까지는 마콤투자를 하는 경우다. 이 중 13번 줄과 14번 줄을 제외하면 나머지는 모두 앞의 경우와 같이 계산하면 된다. 13번 줄은 각 마콤활동에 필요한 비용을 기입한다. 여러 가지 마콤활동을 하게 될 경우 각기 기입하여야 한다. 14번 줄은 이 마콤활동에 필요한 비용을 모두 더한 금액이다.

다음은 위에 기입된 내용들을 바탕으로 ROCI를 계산할 차례다. ROCI는 21번 줄의 잉여손실 비교와 22번 줄의 잉여 ROCI로 계산된다. 먼저 21번 줄은 마콤의 효과를 확인하기 위한 것이다. 마콤 투자가 있었을 경우의 순수 공헌액인 20번 줄에서 마콤 투자가 없었을 경우의 순수 공헌액인 12번 줄을 빼면 계산된다. 여기에서 나온 금액이 IMC 프로그램을 실행했을 경우 얻어진 이익이라 할 수 있겠다. 그리고 21번 줄의 결과를 총 마콤 투자금액인 14번 줄의 숫자로 나누면 최종적으로 회수된 투자 환수율이 계산되는 것이다.

## 확보된 데이터가 없다면 핵심적인 추정이 쉽지 않은 ROCI

이해를 돕기 위해 역시 돈 슐츠와 제프리 월터가 제시한 단기 ROCI의 예를 살펴보자. 아래 표는 돈 슐츠와 제프리 월터가 제안한 ROI의 샘플이다.

| 유형화된 고객그룹 | | 충성 | 신규 | 전환 | 문제 | 합계 |
|---|---|---|---|---|---|---|
| 행동목표 | | 유지 | 획득 | 성장 | 이탈 | |
| 수요추정의 가정 | | | | | | |
| 1 | 평가한 범주의 수요규모 | 1,000 $ | 1,000 $ | 1,000 $ | 1,000 $ | 4,000 $ |
| 기본적인 소득흐름 가정들 | | | | | | |
| 2 | 기본적인 점유율 | 75% | 40% | 10% | 15% | 35% |
| 3 | 기본소득의 흐름 | 750 $ | 400 $ | 100 $ | 150 $ | 1,400 $ |
| 4 | 비마콤비용 | 75% | 80% | 80% | 90% | 78% |
| 5 | 공헌마진(%) | 25% | 20% | 20% | 10% | 22% |
| 6 | 공헌마진(금액) | 188 $ | 80 $ | 20 $ | 15 $ | 302 $ |
| 시나리오 A : 커뮤니케이션 투자 없음 | | | | | | |
| 7 | 점유율 변동 | -20% | -25% | -30% | -20% | -22% |
| 8 | 점유율 조정 | 60% | 30% | 7% | 12% | 27% |
| 9 | 소득흐름조정 | 600 $ | 300 $ | 70 $ | 120 $ | 1,090 $ |
| 10 | 비마콤비용 공제 | -450 $ | -240 $ | -56 $ | -108 $ | -854 $ |
| 11 | 마콤비용 공제 | - | - | - | - | - |
| 12 | 순수공헌액 | 150 $ | 60 $ | 14 $ | 12 $ | 236 $ |
| 시나리오 B : 커뮤니케이션 투자 있음 | | | | | | |

| 13 | TV광고 | – | 5 $ | 4 $ | – | 9 $ |
|---|---|---|---|---|---|---|
| 14 | 라디오광고 | – | 2 $ | 2 $ | – | 4 $ |
| 15 | 소비자 잡지 | – | 3 $ | 2 $ | – | 5 $ |
| 16 | DM | 4 $ | 1 $ | 2 $ | – | 7 $ |
| 17 | 판매촉진 | – | 5 $ | 3 $ | 1 $ | 9 $ |
| 18 | PR | 2 $ | 2 $ | 2 $ | 1 $ | 7 $ |
| 19 | 특별이벤트/후원 | 2 $ | 2 $ | 2 $ | 1 $ | 7 $ |
| 20 | 고객맞춤미디어 | 4 $ | – | – | – | 4 $ |
| 21 | 고객서비스 개선 | 2 $ | – | – | 1 $ | 3 $ |
| 22 | 총 마콤투자비용 | 14 $ | 20 $ | 17 $ | 4 $ | 55 $ |
| 23 | 점유율 변동 | 0% | 10% | 40% | 3% | 6% |
| 24 | 점유율 조정 | 75% | 44% | 14% | 15% | 37% |
| 25 | 소득흐름의 조정 | 750 $ | 440 $ | 140 $ | 155 $ | 1,484 $ |
| 26 | 비마콤비용 공제 | –563 $ | –352 $ | –112 $ | –139 $ | –1,163 $ |
| 27 | 마콤비용 공제 | –14 $ | –20 $ | –17 $ | –4 $ | –55 $ |
| 28 | 순수공헌액 | 174 $ | 68 $ | 11 $ | 11 $ | 264 $ |
| ROCI계산 | | | | | | |
| 29 | 시나리오 A 순수공헌액 | 150 $ | 60 $ | 14 $ | 12 $ | 236 $ |
| 30 | 시나리오 B 순수공헌액 | 174 $ | 68 $ | 11 $ | 11 $ | 264 $ |
| 31 | 잉여손실 비교 | 24 $ | 8 $ | –3 $ | –1 $ | 28 $ |
| 32 | 잉여 ROCI | 168% | 40% | –18% | –14% | 51% |

표 11-2 : 돈 슐츠와 제프리 월터가 제안한 ROCI의 샘플

위의 샘플대로라면 신규고객과 문제고객에 대한 마콤투자는 오히려 손실을 가져올 수도 있다. 하지만 단지 잉여 ROCI의 결과로만 투자결정을 하는 것에는 무리가 있다. 일정기간 동안의 손실을 감수하고서라도 점유율을 높이는 것이 옳다는 판단이 섰다면 불가피하게 그러한 선택을 할 수도 있다는 것이다.

위에서는 고객을 충성고객, 전환고객, 신규고객, 문제고객으로 구분했다. 그리고 충성고객은 유지하고, 전환고객은 성장시키며, 신규고객은 획득하고, 문제고객은 문제를 없애는 것을 행동목표로 삼았다. 하지만 이것은 이 샘플의 예일 뿐 얼마든지 다르게 구성할 수 있

다. 성장도를 중심으로 고객을 분류할 수도 있고, 등급에 의해 고객을 분류할 수도 있다. 이것은 상품이 처한 상황에 맞추어져야만 할 것이다.

지금부터의 판단은 온전히 IMC관리자의 몫이 된다. 뿐만 아니라, 고려해야 할 것이 한 가지 더 있다. 앞서 설명했지만 위와 같은 ROCI는 IMC관리자의 추정에 의한 수치로 이루어져 있다. 1번, 3번, 7번, 15번이 추정이며, 13번 역시 측정에 의한 것이다.

만일 이 추정이 잘못되어 있다면 나머지 다른 계산들도 아무 의미가 없는 것이 된다. 그리고 이 추정은 철저히 데이터에 의존해야 함에도 불구하고, 그렇지 못한 경우가 현장에서는 매우 많이 발생한다. 따라서 계산의 정확성은 데이터의 존재유무와 IMC관리자의 능력에 직결되어 있다고 할 수 있을 것이다.

## 맨 마지막 5단계에서 예산을 짜고, 배분을 한다?

앞의 것은 ROCI의 단기추정이다. 그러면 ROCI의 장기추정은 단기추정과 어떻게 다른가? 회계시스템으로 인한 어려움, 커뮤니케이션 효과 발생의 시차로 인한 어려움, 브랜드 충성도 예측의 어려움, 브랜드 자산가치 증가를 위한 활동 예측의 어려움 등이 그것이다.

그럼에도 불구하고 앞장에서 설명한 고객 평생가치 측정을 활용하면 비교적 장기적인 추정이 가능해진다. 앞서의 측정법에 마찬가지로 마콤비용을 대입하여 분석하면 각 그룹별로 장기적 ROCI가 추정된다는 것.

이렇게 ROCI가 판단되고, 결정된 IMC 프로그램이 진행되면 5단계 IMC 기획과정의 맨 마지막 과정인 예산, 배분 그리고 평가가 이어진다. 맨 마지막 단계에서 예산을 짜고, 배분을 한다는 말에 어쩌면 많은 사람들이 의아해할지도 모른다. 하지만 이것이야말로 IMC가 가지고 있는 순환적 폐쇄성에 의한 특성이며, IMC 최고의 장점이라고 말할 수 있다.

미리 기획된 ROCI가 실제로 어떻게 작용했는지를 비교해보면 문제점이 분석되고, 그에 따른 대책이 마련될 수 있다는 것이다. 이것 역시 단기적인 평가와 장기적인 평가를 통해 가능해진다. 이 모든 것들이 고객 한 사람 한 사람을 대상으로 할 때 의미를 가질 수 있을 것이다.

그만큼 IMC는 고객을 직접대상으로 하는 마케팅이다. 즉, IMC는 관계마케팅적 요소를 상당부분 채용하고 있는 마케팅이라고 할 수 있다. 앞서도 설명하였지만 IMC는 고객을 중심으로 경영전략의 틀이 바뀌어야 한다고 주장한다. 이것은 단순히 투자 대비 환수를 계산하는 수준이 아니다.

고객을 중심으로 경영하기 위한 조직과 고객 가치를 향상시키기 위한 자원배분의 틀을 갖추고, IMC 프로그램을 집행해야 한다고 강조하고 있는 것이다. 하지만 IMC도 무소불위의 것은 아니다. 업종에 따라 IMC의 적용이 쉬운 경우도 많이 있지만 그렇지 않은 경우도 적지 않기 때문이다.

지금까지 우리는 제한된 지면을 통해 IMC를 고찰했다. IMC와 관련해서는 소개한 내용보다 훨씬 많은 이론과 모델들이 이미 개발되어 있다. 하지만 여기서는 IMC의 큰 윤곽을 중심으로 살펴보는 데

의의를 갖는다. 결국 IMC만으로 마콤전략을 구축하는 데에는 나름의 한계가 있기 때문이다.

그러나 IMC는 새로운 개념의 통합된 마콤전략을 구성하는 데 많은 시사점과 힌트를 주는 것은 분명하다. 여러 가지 상황들로 말미암아 IMC의 모든 발전단계를 추진할 수 없는 기업이나 상품이라 하더라도, IMC가 제시하는 여러 가지 시사점과 힌트는 많은 영역에서 크게 활용될 수 있을 것이다. 물론 IMC만을 적용한 마콤전략도 얼마든지 가능하다.

IMC를 연구하는 학자들은 그래서 '달리는 말 위에서 움직이는 과녁을 맞추는 일'이라고 IMC를 말한다. IMC는 앞서 설명한 대로 그 정의가 계속 변화하는 학문이다. 지금도 마케팅환경은 변화하고 있고, 그 이전에 고객들의 인식이 변화하고 있다.

결국 이처럼 변화하는 환경과 고객들을 대상으로 기업이 어떤 자세를 가져야 하는지를 가장 핵심적으로 말하는 것이 IMC다. 그런 의미에서 IMC는 아직 미완의 마케팅이다. 아니, 현실에 적응하는 마케팅이다. 따라서 제각기 그 모습은 다르지만 각기 다른 환경에 적응하며, IMC의 핵심원리를 적용하고 있는 모든 마케팅이 어쩌면 IMC일 수 있는 것이다.

3부 : 통합마콤전략

# 12

## 통합된 개념의 마콤캠페인

# 고객 접점을 노려, 고객을 획득하는 통합된 개념의 수렴형마케팅!

최근 데이터베이스 기술의 발달로 각 기업들은 소비자의 이름 · 주소 · 전화번호뿐만 아니라 구매행위에 의한 소비자의 성향 파악도 가능하게 되었다. 이러한 데이터베이스 기술 발달은 고객에게로의 접근을 용이하게 만들었다. 앞에서 설명한 CRM기법도 IMC전략의 효과를 높여주는 조건이다.

최고의 고객이 누군지를 알아낼 수 있게 됨에 따라 불특정 대중 중심의 매스마케팅으로부터 평생고객 가치를 실현하기 위해 고객과 장기적인 관계를 형성하는 '일대일(One-to-One) 마케팅' 이 가능해진 것이다. 특히 직접반응광고 및 판매촉진과 같은 프로모션 지향 매체는 프로모션 효과에 대한 추적을 용이하게 함으로써 보다 정확한 효과측정을 가능케 하고 있다.

여기에 마콤 비용이 분산됨으로써 발생하는 추가적인 부담을 줄이는 한편, 커뮤니케이션 비용의 투자에 대한 효과를 체계적으로 평가하고자하는 기업의 요구는 IMC를 보다 활성화시키고 있다. 비용을 최소화하면서 매출을 극대화하는 것은 물론 투자에 대한 수익측정이 가능한 새롭고 다양한, 마콤전략에 대한 기업들의 요구가 증대되고 있는 것이다.

## 기업의 경쟁적 우위를 확보해주는 마법의 탄환, IMC

뒤집어 놓고 보면, 결국 IMC전략이란 이러한 기업들의 요구를 충족시키기 위해 탄생한 것이다. 선진기업들의 대부분은 IMC가 높은 투자수익을 가져다 줄 뿐만 아니라 마콤을 효과적으로 수행하게 하여 기업에 이익을 가져다주는 도구로 인식하고 있다. 때문에 많은 기업들은 자신들의 경쟁우위를 확보해주는 IMC를 '마법의 탄환'으로 여기고 있는 것이다.

데이터 중심의 IMC는 매우 과학적인 것으로 이해되고 있다. IMC는 CRM과 다이렉트마콤을 완벽하게 수용하고 있을 뿐만 아니라, 투입된 비용을 수익으로 환원시키는 '실체적 마케팅'이다. 또 고객획득의 문제 또한 데이터 분석을 통해 상당 부분 해결해준다.

하지만 IMC 역시 말끔한 이론으로 구축되었다기보다는 사례를 정리하는 과정에서 체득된 학문이다. 따라서 IMC는 계속 진화하고 발전해나가는 중이다. 슐츠 교수의 정의가 계속 바뀌는 것도 그러한 맥락에서 이해할 수 있다.

그렇다면 이 IMC에는 문제가 없는가? IMC가 가진 문제에 대한 힌트를 슐츠 교수는 그의 저서 '브랜드 배블(Brand Babble)' 에 담아두었다. "소비재 브랜딩 모방자들이 닷컴 거품 붕괴에 한몫했다. 서비스 요구사항이 까다로운 제품을 온라인에서 파는 것은 먹혀들지 않았다. 편의점에서 마요네즈나 요구르트 혹은 유리 세정제를 파는 것과는 달랐다."

물론 이 말은 온라인을 통한 브랜딩에 있어 오프라인의 예전 방법을 그대로 모방하는 것은 문제가 있다는 사실을 일깨우기 위해 한 말이다. 하지만 '온라인으로 판매되기에 용이한 상품' 과 '오프라인으로 판매되기에 용이한 상품' 이 있다는 사실을 자인한 셈인 것이다.

그것을 넘을 수 없다는 말은 아니다. 하지만 그들 사이에는 분명히 구별되는 성질이 있다. 구조가 다르다는 것이다. 이것은 컴퓨터를 거치기 때문에 달라진 것이 아니라, 애초에 고객의 인식 속에서부터 다른 것이다.

데이터 획득과 이를 토대로 한 고객관리라는 개념이 활용될 수 있는 분야는 분명 한계가 있다. 이를테면 집을 파는데 IMC가 완벽한 모델을 제안할 수 있을까? 물론 이와 유사한 규모의 상품을 구매한 리스트를 확보하고, 이를 분석하여 다이렉트 마케팅하는 방법 등이 제안될 수 있을 것이다.

하지만 현장의 현실은 이와 다른 측면이 있다. IMC는 일정한 주기로 판매되는 일정 금액 이상의 생필품, 고객관리제도가 잘 구축되어 있는 호텔, 항공사, 각종 유통점 및 판매점들, 그리고 일부 서비스업 등에서 보다 효과적으로 활용될 수 있다.

이에 반해 신제품을 론칭하거나, 매번 판매현장을 바꾸어야만 하는 물건들처럼 기존의 데이터로는 한계가 있는 경우에 IMC는 그렇게 효과적인 마케팅툴이 아니다. 뿐만 아니라 저관여상품들의 경우에는 데이터를 확보하는 데에도 문제가 있을 뿐더러, 그것에 대한 투입이 새로운 경제적 이익을 확보할 수 있는가 하는 문제에서도 회의적인 측면이 있다.

### 현장에서는 보다 강력한 수렵형마케팅을 필요로 한다

물론 그들의 연결판매를 위해 묶음제품을 판매하는 식의 SP적 접근이 가능하지만 그것은 마콤수단의 통합을 통해 얻어진 이점이지, 데이터를 활용한 이점이라고는 말하기 힘들다. 하지만 IMC는 철저히 데이터에 의한 투입 대비 수익에 근거하여 마케팅을 설명한다.

그리고 제품의 본원적 가치나 베네핏을 통합하는 수준이나, 마콤수단의 통합 수준은 CRM을 기반으로 하는 IMC에 비해 낮은 수준으로 설명하고 있다. 이것은 기업이나 상품이 처한 상황에 따라 IMC를 오해하게 만들 여지가 있다.

따라서 이런 측면을 강조하게 되면 'IMC는 모든 것을 다 포괄하려고 하고 있으며, 무거운 시스템이다.' 라는 평판을 낳을 수 있다. 따라서 이분법적으로 나누어 설명하는 데에 무리가 있을 수 있지만 대체로 IMC는 관계마케팅, 즉 경작형마케팅의 속성이 강하다.

하지만 요즘처럼 빠르게 변화하는 사회 속에서 많은 기업들은 아직도 수렵형마케팅이 가지고 있는 장점을 포기하지 못하고 있음을 이해해야만 한다. 파레토의 법칙이 아무리 단골손님의 중요성을 강조한다 한들 방금 개업한 음식점의 입장에서 보면 우선 손님을 많이 유치해주는 마케팅의 방법들이 절실하다는 것.

관계마케팅은 분명 관리형마케팅이고, 경작형마케팅이다. 그러나 관리할 것이 없다면, 혹은 구매주기가 너무 길어서 당장 고객을 관리하는 것으로는 사업적 수지를 맞출 수 없다면 경작형마케팅은 그 과학적이고도 체계적인 본질과는 상관없이 폐기되고 말 것이다. 따라서 IMC는 보다 공격적인 모습을 취할 필요가 있다.

고객획득의 방법에 있어 IMC가 할 수 있는 일들을 보다 강화하고, 고객획득을 통해 얻을 수 있는 데이터들을 사전에 기획하여, 이를 마케팅의 중요한 과정으로 이해해야 한다는 것이다. 그런 측면에서 IMC는 이미 그 속성상 많은 장점들을 가지고 있다.

첫째, 시장이 아닌 고객을 대상으로 마케팅한다는 점이다. 이것은 막연히 시장점유율이나 매출액의 상승을 기획하는 것에 비해 과학적이다. 따라서 이러한 시각으로 목표를 구체화할 때 고객획득을 최고의 목표로 생각하는 기업으로 하여금 고객의 수나, 매출액 자체를 목표화시켜 제시할 수 있다는 장점이 있다.

둘째, 고객과의 접점을 중심으로 사고한다는 점이다. 이것은 그간 매스미디어의 위력을 신봉하던 마케터들에게는 매우 충격적인 사고의 전환이다. 매스미디어로 노출되는 접점 외에도 수많은 접점들이 존재하며, 고객들은 그 접점들 모두에서 별다른 구별 없이 상품과 서비스를 만나고 느낀다는 것.

이것은 새로운 매체나 컨셉을 개발하기 이전에 새로운 접점을 기획하는 노력이나, 그간 존재하기는 하였지만 마케터의 시각 밖에 존재하던 접점을 찾아내는 노력을 기울이게 해줄 수 있다. 그리고 몇 개의 접점을 강제화해서 고객들로 하여금 접촉하도록 할 수 있다는 사실을 발견하게 해준다.

또한 이것은 '고객들에게 A접점에서 B접점으로의 이동을 강제할 수 있지 않겠는가?' 라는 생각에까지 이르도록 사고를 발전시켜준다. 이러한 접점에 대한 사고는 새로운 상품의 론칭 등에 매우 유용하게 활용될 수 있다.

### 강력한 접점의 발견과 접점 간 결합이 가능한 접점 강제화

새로운 상품의 론칭에 있어서는 '기존의 접점 관리' 라는 개념 대신 '강력한 접점의 발견과 접점 간 결합이 가능한 접점 강제화' 라는 개념이 활용될 수 있다. 물론 이러한 개념이 굳이 새로운 상품에만 적용되어야 하는 것은 아니다. 기존 상품의 고객획득, 기존 상품의 이미지리뉴얼을 위해서도 활용될 수 있다.

이러한 개념을 도입하기 위해서는 목표를 세분화할 필요가 있다. 그리고 그 목표는 각 접점마다의 목표가 되어야 한다. 최종적인 목표는 신규고객의 획득이지만, 그것을 이루기 위해서는 각 접점이 가지고 있는 확고한 목표가 별도로 존재해야 한다는 것.

이를테면 A접점의 목표는 '보다 구체적인 정보를 제공하기 위해 B접점으로 고객 ○○○명의 이동시키기' 일 수 있다는 것이다. 줄여서 말하면 A접점의 목표는 '고객 ○○○명 B접점으로 이동' 이 된다. 최종목표를 달성하기 위해서는 이러한 일련의 과정이 단계화되고,

각각의 세부목표가 존재해야만 한다.

셋째, 여러 매체들을 고객의 관점에서 결합시킨다는 점이다. IMC를 단순히 다매체통합이라고 이해해서는 안 되는 이유가 바로 여기에 있다. 다매체통합이란 미디어믹스의 보다 확대된 개념에 불과하다. 따라서 매체를 고객의 관점으로 이해하고, 각 접점 중심으로 필요에 따라 결합시킨다는 개념이 필요한 것.

IMC가 제공하는 이러한 세 가지 긍정적 시각으로 캠페인을 구상하게 되면 '고객 ○○○명으로 하여금 몇 개의 접점을 통과하게 하여, 그러는 사이 일련의 태도나 행동을 갖게 하고, 최종적으로는 이것이 목표하는 ○○○한 행동으로 나타나게 하는 일' 이 가능해진다.

이러한 캠페인을 통합된 개념의 마콤캠페인이라 부를 수 있을 것이다. 이는 고객들로부터 얻고자 하는 최종목표를 위해 마케팅수단들을 통합하는 것에 초점을 맞춘다. 그리고 고객 접점을 강제화하여 그 접점들마다의 구체적인 목표를 부여하고, 그 목표의 달성이 모여 최종적인 목표를 달성하도록 구조화된다.

넓은 의미에서는 마케팅의 4P 요인마저도 결국은 커뮤니케이션의 대상이며, 커뮤니케이션 그 자체라 할 수 있다. 광고든, 판촉이든, 이벤트든 PR이든 간에, 아니면 데이터베이스 마케팅이든 간에 그것들은 잠재고객 또는 현재고객들의 직접적 행동반응이나 구매를 유도하기 위한 도구들이다.

즉, 고객에게 프러포즈하기 위한 활동에 다름 아니라는 것. 이때 접하는 모든 수단들이 미디어다. 이러한 관점에서 캠페인의 변화를 말할 수 있다. 통합된 개념의 마콤캠페인은 기존의 광고캠페인과 현격한 차이를 보인다.

기존의 광고캠페인이 미디어 중심적 사고에 기초하여 전략을 구축하고 있다면, 통합된 개념의 마콤캠페인전략은 고객과의 접점을 중심으로 구축된다. 따라서 기존의 광고캠페인은 단일 집약적 제안점을 중심으로 여러 매체를 동시다발적으로 운용했다면 통합된 개념의 마콤캠페인은 고객과의 접점을 중심으로 각기 다른 목표에 의해 메시지를 전달한다.

따라서 이러한 캠페인은 접점을 강제화하는 캠페인이며, 각 접점마다 그리고 각 고객군마다 다른 메시지를 전달하는 형태의 캠페인이다. 기존의 광고캠페인이 육 · 해 · 공을 망라한 입체적 전략이라면 IMC를 기반으로 한 캠페인은 선형적 캠페인으로 이해할 수 있겠다.

## 포인트로 이끌어낸 SK엔크린의 브랜드충성도

통합된 개념의 마콤캠페인의 가장 좋은 사례로는 SK의 엔크린 보너스카드 캠페인과 SK텔레콤의 TTL캠페인을 꼽을 수 있다. 다른 사례가 없는 것은 아니지만 이 두 캠페인만큼 잘 알려져 있으면서도 통합된 개념의 마콤캠페인의 특징이 잘 드러난 캠페인을 찾지 못해 이 책에서도 이 두 캠페인을 사례로 설명하고자 한다.

먼저 SK엔크린 보너스카드의 사례다. 당시 고객들은 주유 관련 브랜드충성도가 전무한 상태였다. 오늘은 이 주유소에서 기름을 넣고, 내일은 저 주유소에서 기름을 넣고 하는 식이었다. 특히 당시는 기름값 자율화가 실시된 초기였으며, SK엔크린의 기름값은 타 브랜드에 비해 비싼 편이었으므로, SK엔크린 입장에서는 위기감이 고조되고 있던 시점이었다. 이때 실시된 엔크린 보너스카드 캠페인의 IMC는 다음과 같이 진행되었다.

배우 박중훈과 이경영이 출연한 당시 SK엔크린의 TV CF는 세간에 화제를 불러왔다. '새차니까, 헌차니까, 내차니까' 로 이어진 시리즈 광고가 SK엔크린의 브랜드 가치를 한참 높여놓았다. 하지만 없던 브랜드 충성도를 금세 만들어내는 것은 결코 쉬운 일이 아니었다.

그 무렵, 이전 CF의 인기를 이어 만든 광고에서 박중훈은 엔크린을 넣으면 차가 잘 나가듯이 '카드도 잘 나가네.' 라는 말로 카드 가입과 사용을 독려한다. 박중훈이 나오는 TV CF와 함께 주유소마다 '엔크린 보너스카드 회원 모집 중' 이라는 플래카드가 걸렸다.

주유소에 온 사람들에게 종업원들은 엔크린 보너스카드 가입을 권유했다. 가입할 경우 최대 1,000만 원이 보장되는 보험을 들어주는 조건이었다. 당시로써는 이런저런 카드가 많지 않은 상황이었고, 별 손해 볼 일은 아닐 것이라고 생각한 많은 고객들은 거부감 없이 회원가입 양식에 자신의 정보를 적어주고 보너스카드에 가입했다.

그러나 카드를 만들었다고 해서 금방 브랜드에 대한 충성도가 생기는 것은 아니었다. 많은 고객들은 카드를 만들고 난 뒤에도 별다른 브랜드 선호도 없이 습관대로 이 브랜드 저 브랜드의 주유소에서 주유했다. 하지만 이후 엔크린보너스카드 우편물을 받아본 고객들의 태도는 달라졌다.

보험증서가 우편물로 배달되었고, 자신이 엔크린 주유소에서 주유한 내역과 그에 따라 누적된 포인트, 그리고 포인트에 따라서 지급되는 사은품 · 우수회원 혜택 · 추첨에 의한 경품 · 정보지도 등이 담긴

DM이 집으로 배달된 것이다.

조금만 더 주유하면 기념품과 경품획득이 가능하겠다고 느낀 많은 고객들이 지속적으로 엔크린주유소를 사용하게 된다. 엔크린에 대한 충성도가 높아진 것이다. 그러나 SK엔크린이 거둔 성과는 이뿐만이 아니었다. SK엔크린은 카드에 가입시키는 일련의 과정을 통해 고객들의 데이터베이스를 확보하게 되었다. 그리고 이러한 데이터베이스는 향후 고객유지 전략을 수행하게 하는 토대가 되었다.

### 20대 초반 라이프스타일에 정 조준한 TTL미사일

'스무 살의 011, TTL'은 SK텔레콤이 PCS로부터 청소년 시장을 빼어오기 위하여 만든 캠페인이었다. 당시 SK텔레콤의 스피드011은 이동전화서비스 업계에서 부동의 1위를 고수하고 있었다. 하지만 경쟁사보다 높은 요금 등으로 경제적 자립도가 낮은 20대 초반의 젊은 층에게는 외면당했고, 이런 이유로 SK텔레콤의 이동전화서비스 가입자 중 20대 초반의 비율은 전체 가입자 평균보다 훨씬 낮았다. 오히려 후발 PCS 사업자보다도 낮은 수준에 머물고 있었던 것이다.

SK텔레콤은 20대 초반을 위한 새로운 이동전화서비스를 기획했다. 단순히 이름만 20대에 맞춘 서비스가 아닌, 그들의 라이프스타일과 이동전화서비스를 하나로 묶은 서비스를 기획·출시하기로 한 것이다. 이것이 바로 '스무 살의 011, TTL' 캠페인이다.

TTL은 가장 먼저 STP전략을 수립한다. 그리고 캠페인 타깃을 18~23세의 젊은 층으로 설정한다. 모든 마케팅 계획을 18~23세의 라이프스타일에 맞추었고, 스피드011의 우수한 통화 품질을 바탕으로 20대 초반의 라이프스타일을 반영한 서비스 구성을 기획했던 것.

그들은 철저한 시장 조사와 분석을 통해 기성세대와 차별화되는 젊은 층의 라이프스타일을 추출해냈다. 그리고 이를 바탕으로 하여 신세대들의 통화패턴에 맞춘 저렴한 요금제(지역할인 · 지정번호할인 · 커플요금제 등), 경제적 문화적 혜택을 결합한 멤버십(TTL카드)과 전용 공간(TTL존), N세대의 특징을 고려한 사이버 공간(TTL College) 등을 하나의 패키지로 묶어 제공하기로 한 것이다.

단순히 이동전화 단말기와 요금제 정도로 단순하게 구성되어 있던 기존의 서비스들과 확실한 차별화를 기한 '스무 살의 011, TTL'을 기획해 낸 것. 이러한 시스템은 젊은 층의 욕구에 맞도록 판촉 되었다. TTL은 다양한 서비스를 일곱 개의 특권으로 표현했다.

그 중 TTL 네버엔딩 페스티벌이라는 카테고리 하에서 브랜드 출시 직후부터 연중 젊은 층의 욕구에 맞는 다양한 이벤트와 판촉활동들을 지속적으로 전개했다. 이러한 판촉활동들은 젊음과 새로움을 추구하는 브랜드이미지를 제고하는 한편, 가입 유치에도 혁혁한 기여를 한다. 또 인터넷에 만든 가상대학은 타깃 연령층에 맞는 그들만의 장소와 커뮤니티를 제공, 그들을 묶어주는 역할을 담당했다.

한편 TTL은 차별화된 광고캠페인을 실시하였다. 18~23세를 대표하는 말인 '스무 살'은 '항상 새로운 것, 남과 다른 나를 추구하는 개성과 함께 복잡한 것보다는 단순한 것을 더 선호하는 즉흥적 세대'를 뜻하는 것이었다.

이러한 세대들의 특성을 반영해 메시지를 일방적으로 소비자들에게 전달하기 보다는 소비자들 스스로 해석하고 이해하도록 유도했다. 또한 기존 광고와 차별화된 컨셉과 기법을 활용한 광고활동 및 모델전략으로 출시 1개월 만에 타깃 연령층에 80% 이상의 높은 브랜드 인지도 및 60% 이상의 브랜드 호감도를 확보하는데 성공한다.

### 선풍적 관심을 불러일으켰던 광고캠페인, '스무 살의 TTL'

TTL 광고는 스무 살의 마음속에 숨어 있는 다양하고 자유로운 감성들을 표현한 이미지들을 '숨은그림찾기' 처럼 구성한 것이 특징이었다. 기성세대들은 이해하기 어렵지만 20대 초반의 젊은 층들은 그들 나름대로 해석하고 이해할 수 있도록 하여 기존 광고들과는 차별화된 컨셉과 기법으로 신규브랜드 조기정착의 기반을 마련했다.

이러한 일련의 캠페인을 통해 TTL은 이동전화 업계 최초로 계층마케팅(Segment Marketing) 전략을 성공시켰다. 상품 출시 직후 젊은층 소비자들에게 대단한 관심과 호응을 얻었던 TTL은 출시 7개월 만에 약 120만 명의 가입자를 확보하는 대단한 성공을 거두었다.

이것은 10~20대 휴대폰 사용자의 47%가 TTL회원이라는 것을 의미한다. 이에 따라 가입자의 대부분이 10대 후반에서 20대 초반의 젊은 층 가입자로 구성되어 SK 텔레콤의 가입자 구조가 젊은 층 위주로 변화하는 계기를 제공하였다.

앞서 설명한 사례들에서는 기존의 데이터를 데이터베이스화해서 이를 관리했던 흔적이 발견되지 않는다. 단지 고객을 획득해나가는 과정, 그리고 그 고객들로부터 얻은 데이터를 활용하는 과정이 드러날 뿐이다. 그러한 점에서 이처럼 통합된 개념의 마콤캠페인은 IMC의 관점에서 보면 2단계 수준에 머물러 있는 것이 된다.

이후에 벌어진 상황들이 3단계 이상의 수준으로 이들 기업들의 IMC 수준을 끌어올려주었을 것이다. 하지만 그 이후의 상황들이 과연 지금 설명한 일련의 캠페인들에 비해 더욱 극적일 것인가? 이러한 캠페인들이 운용된 지 지금은 꽤나 많은 시간이 흘렀다.

그리고 정유사들과 이동통신사들의 시장경쟁은 여전히 치열하다. 고객을 뺏고 뺏기는 상황이 오늘도 계속되고 있다는 것. 특히 이동통신 시장은 번호이동 등 제도의 변화로 말미암아 그 치열함이 점점 더 가열되고 있다. 휴대폰 판매점 앞을 지나는 사람들이라면 오늘도 그 경쟁은 피부로 느낄 것이다.

실제로 이후 LG정유의 칼텍스는 오히려 각종 마일리지 제공 등을 통해 '혜택이 있는 정유사' 이미지를 획득했다. SK엔크린의 마일리지 캠페인 사례를 무색케 하는 대목이다. 현대정유의 S-오일은 젊은 고객과 잠재고객 확보를 위한 캠페인을 지속적으로 펼치고 있다. 그리고 그들은 신규고객을 확보하는 일보다 기존고객을 충성고객화 하는 일이 얼마나 어려운 것인지를 몸으로 체득하고 있을 것이다.

하지만 아직도 유지 · 강화전략이 오히려 회사의 비용을 더 키우는 일이라고 느끼는 최고경영자들이 적지 않다. 그것은 고객을 '잡아놓은 물고기' 로 생각하는 데에 기인한다. 신규고객을 획득하기 위한 비용은 투입하면서도 현재고객을 충성고객으로 끌어올리는 것에는 투자를 아끼는 경우가 종종 벌어지는 이유다.

하지만 유지강화전략을 펴기 위해 드는 비용은 신규고객을 만드는데 드는 비용에 비해 매우 저렴하다. 그리고 신규고객을 만들기 위해서는 경쟁사가 쓰지 않거나, 적게 쓰는 '무엇' 에 과감한 비용을 투입해야한다는 문제가 있다. 전략가들은 이 두 전략 사이에서 늘 고민한다. 그리고 이 두 전략 중 어느 쪽이 우월하다는 판단은 있을 수 없다. 필요에 따라 병행되어야 하는 전략일 뿐이다.

앞서 우리는 SK엔크린의 사례를 살펴보았다. 어떤 브랜드도 브랜드충성도가 확보되지 않은 상황에서 주유소를 고객 접점으로 강제화한 것은 탁월한 전략이었다. 누구나 기름이 떨어지면 가까운 주유소를 들르는 것이 당연한 상황에서 차를 가진 사람이라면 한 달에 한 번 이상 SK주유소를 들렀을 테니 말이다.

하지만 만약 지금 SK엔크린이 이러한 캠페인을 다시 시도한다면 그 최초의 접점을 주유소로 잡는 것이 가능할까? 만일 SK주유소에서 이러한 캠페인을 벌이게 된다면 당시보다는 훨씬 많은 비용 투입이 필요할 것이다.

이제 주유소는 정유사들의 유지 · 강화전략의 공간일 뿐이다. GS칼텍스나 S-오일의 충성고객들은 애초에 SK주유소에 들르지 않을 것이고, 그들을 SK주유소로 모셔오기 위해서는 매우 많은 비용이 필요해질 것이다. 그런 이유로 이 전략은 매우 탁월하기는 하나, 당시의 상황에만 잘 부합할 수 있는 전략이기도 한 것이다.

04

# 4부. 통합마콤캠페인

**13장 : 문제의 확인과 해법의 발견**
문제를 바로 알고 해결책을 찾는 일, 그것이 바로 마콤전략이다!

**14장 : 해결책 제시의 이해**
제품에 매몰된 사고로는 소비자의 시각을 만날 수 없다!

**15장 : 타깃과 접점, 트리거링 포인트**
길목을 지키고, 길을 내는 사람들, 결정적 순간을 기다리다!

**16장 : 통합마콤캠페인의 이해**
완벽한 커뮤니케이션의 성공, 처절한 마케팅의 실패!

4부 : 통합마콤캠페인

# 13

## 문제의 확인과 해법의 발견

# 문제를 바로 알고 해결책을 찾는 일, 그것이 바로 마콤전략이다!

앞서 우리는 제품, 가격, 유통, 프로모션을 제대로 구비하기 위해 마케터들이 노력한다는 사실을 알게 되었다. 그리고 이 네 가지 요소의 결정권이 회사에서 점차 소비자에게로 넘어갔다는 사실 또한 알게 되었다.

하지만 이 네 가지 요소들을 정말 소비자들이 결정하고 있는가? 아직도 이 상품은 내가 개발했다고 소유권을 주장하며 이 요소들을 마음대로 주무르려고 하고 있지는 않은가? 마케터가 무엇을 조사하든 그것은 소비자의 시각이어야만 한다.

소비자들은 상품을 어떻게 구분하는가? 소비자들은 상품의 사용주기상 어느 위치에 놓인 상품에 대해 어떻게 반응하는가? 소비자들이 상품에 대해 가지고 있는 관여도는 어떠한가? 소비자들은 이 상품을 감성으로 읽는가, 이성으로 읽는가? 소비자들은 어떤 속성에 주목하는가? 소비자들은 나와 경쟁자에 대해 어떻게 생각하는가? 이렇게 모든 조사의 앞에 소비자가 놓여야만 한다.

어떻게 구성할지, 어떻게 분배할지, 어떤 가격을 책정할지, 어떤 가치를 부여할지, 어떤 가치를 전달할지 그 모든 것을 공급자의 입장에서 결정해서는 안 된다. 다들 알고는 있지만 현실에서는 이러한 시각으로 마케팅을 보는 일이 그리 쉽지 않다. 늘 깨우치지만 어느새 공급자의 입장이 되어 있는 자신을 발견하게 된다는 것.

## 마케팅을 통제하는 힘은 이미 마케터로부터 멀어져가고 있다

자신의 시각이 공급자의 것인지, 소비자의 것인지를 알아내는 것은 그리 어려운 일이 아니다. 만일 나라면 저것을 구입하겠는가? 구입하는 것이 가치 있는 일인지를 물어보면 단박에 알아차릴 수 있다. 물론 목표고객이 마케터와 같은 입장에 있다는 전제하에서 말이다.

그러나 이런 질문에 대해 '그건 회사 입장에서 최선을 다한 것이다, 경쟁사보다는 우월한 것이다, 알고는 있지만 해결이 안 되는 문제다.' 등의 단서가 붙는다면 소비자들 역시 그 '교환'에 만족할 수 없을 것이라는 점을 명심하자.

아니, 명심하지 않으면 안 된다. 이미 마케팅을 통제하는 힘이 마케터로부터 멀어져가고 있기 때문이다. 아무리 스스로 통제하고 싶어도 그 통제권은 점점 더 소비자들에게 빼앗겨가고 있다는 것. 소비자들은 이미 우리에게 변명할 틈을 주지 않는다. 우리는 그저 소비자들을 따라가고 있는 것에 다름 아니다.

가격비교사이트에서 최저가격을 검색하는 소비자들. 냉정하리만큼 날카로운 지적을 리뷰사이트에 남기는 소비자들에게 우리는 언제 어떻게 변명할 것인가? 그래도 아직까지 마케터가 그 모든 것들을 결정할 수 있다고 믿는다면 그것은 마케팅환경에 대해 무지한 것이다. 그렇다면 마케터는 무슨 일을 할 수 있는가?

마케터가 해야 할 일은 소비자들이 미처 알아차리지 못한 상품의 가치를 발견하고, 이를 전파하는 일이다. 그러나 그것은 분명히 소비자의 인식 속에 존재하는 것이어야만 한다. 그러니 그것은 발견이다. 소비자의 인식이라는 미지의 세계를 탐험하다가 발견한 신대륙이다. 그 신대륙이야말로 마케터로 하여금 상품을 마케팅하게 하는 새로운 힘이다.

소비자들이 표면적으로 이야기하는 요구를 수용하라는 것이 아니다. 소비자들의 인식 속에 존재되어 있기는 하지만 아직 밖으로 표출되지 않은 것, 관심을 갖지 않아 미처 발견하지 못한 것, 전문가가 아니기 때문에 제대로 읽지 못한 것을 말한다.

나아가 소비자 개인마다의 요구를 직접 수용하는 형태의 개인화를 가능케 하는 것도 마케터다. 직접 주문하여 제작되는 컴퓨터나 의류 등은 이미 일반화되었다. 여기에 따르는 비용의 증가를 효율적으로 통제하는 것도 마케터다. 그리고 이를 가능하게 하는 시스템을 개발하고 운영하는 것 또한 마케터의 일이다.

그것을 발견하고, 개발하고 시스템화하는 것이 바로 마케터의 일이다. 그리고 그것을 소비자들의 인식 속에 안착시키는 것 또한 마케터의 일이다. 그것은 소비자들이 해낼 수 없는 일일지는 모르지만 그렇다고 판단조차 못할 일은 아니다. 늘 판단은 소비자의 몫이다.

누구도, 아니 최소한 소비자들은 상상조차 하지 못할 강력한 시스템을 마케터는 만들어내야만 한다. 하지만 그것이 현실 속에 드러나면 소비자들은 제각기 평가한다고 문제점을 말한다. 마케터들은 억울하다. 그러나 억울해 해서는 안 된다.

## 소비자들의 입장을 살펴 상품에 가치를 부여하는 사람, 마케터

일찍이 마이클 포터(Michael Porter)는 그의 저서 '경쟁적 우위(Competitive Advantage : Creating and Sustaining Superior Performance)' 에서 '가치사슬' 에 대해 언급한 바 있다. 그는 가치를 만드는 사슬로 마케터, 유통, 그리고 미디어를 들었다.

마케터는 제품과 서비스가 판매자에서 구매자로 이동하는 바람직한 특징과 요소들을 첨가하여 가치사슬을 형성한다. 포터에 따르면 전통적인 가치사슬에서 마케터와 그들의 파트너들은 회합과 유통, 스토킹 그리고 그 밖의 수단들을 통해서 고객 가치를 창출한다.

각 단계를 거칠수록 고객 가치는 늘어난다. 따라서 최종제품은 최초의 제조업자 입장에서 보면 3 내지 20배의 비용이 증가하게 된다. 물론 비용이 많이 드는 '가치부여' 나, 고객의 입장에서 적절치 못한 '가치부여' 는 소비자들로부터 외면당하게 된다.

이 외면이야말로 소비자들이 마케터들에 가할 수 있는 적절한 통제인 것이다. 그리고 이러한 외면은 점차 늘어가고 있다. 처음에는 반겼지만 후에 외면하기도 한다. 그리고 반겼다가 외면하기까지의 시간 또한 점점 줄어들고 있다.

마케터는 계속 새로운 '가치부여'를 고민해야만 한다. 그리고 외면당한다. 하지만 지치지 않고 다시 시작한다. 이런 상황 속에서 마케터는 만신창이가 되어가고 있다. 외롭다. 늘 고민해야만 한다. 그러나 마케터의 곁에는 소비자들이 있다.

소비자들이 직접 가치를 결정하며, 고객들에게 최상의 가치를 제공하는 요소들만을 사용하는 마케팅시스템에 고객은 선택적 가치를 부여한다. 아래의 내용은 소비자 판단의 우월성을 설명하기 위해 제임스 서로위키(James Surowiecki)가 쓴 '대중의 지혜(The Wisdom of Crowds)'의 '이야기를 시작하며-놀랍도록 정확했던 군중의 판단'이라는 글을 발췌한 것이다.

1907년 어느 봄 날, 통계학과 유전학의 대가였던 영국 과학자 프랜시스 골튼(Francis Galton)은 서쪽 플리머스로 여행을 떠났다. 골튼은 나이가 85세나 되었지만 여전히 열정과 지적 호기심으로 가득 차 있었다. 이번 여행의 연구대상은 가축이었고, 여행 목적지는 매년 열리는 영국 서부의 가축·가금류 품평회장이었다.

품평회장은 그 지역 주민들과 농부들이 모여 상대방이 갖고 있는 소, 양, 닭, 말, 돼지 등의 품질을 평가하는 자리였다. 나이 지긋한 과학자가 마구간 사이를 오가며 말과 돼지들을 살펴보는 모습이 다소 어색해 보일 법도 하건만 그는 아주 진지하게 그 일에 매달렸다.

당시 그가 관심을 가지고 있던 주제는 우수한 유전적 특성을 알아내어 품종을 개량하는 것이었다. 하지만 골튼이 궁극적으로 관심을 두고 있었던 대상은 동물이 아니라 인간이었다. 그는 극소수의 엘리트가 사회를 발전시킨다고 믿고 있었다. 그는 대다수의 사람들에게 그런 자질이 없다는 사실을 증명하는 것이 목표였다.

실제로 그는 1884년 런던 국제박람회에서 '인체측정학 실험실'을 세우고는 자신이 직접 만든 기구를 사용, 박람회 참가자들을 대상으로 '시각과 청각의 예민함, 색감, 눈의 판단력과 반응 시간' 등을 측정했다. 그는 실험 결과를 바탕으로 사람의 평균 지력은 거의 신뢰할 수 없다는 결론을 내렸다.

'너무나 아둔하고 판단 능력이 떨어지는 사람들이 많아 거의 신뢰할 수 없다'는 것이었다. 골튼은 좋은 교육을 받은 선택된 사람들이 권력과 통제력을 쥐어야 사회가 건강하고 안전하게 유지될 수 있다고 믿었다.

골튼은 그날 전시장을 둘러보다가 우연히 소의 무게를 알아맞히는 대회를 목격하게 되었다. 살찐 소 한 마리가 무대 위에 올라와 있었고, 많은 사람들이 내기를 하려고 길게 줄지어 서 있었다(소에게는 안 된 일이지만, 소가 '도살되어 손질될' 상태의 무게를 추측하는 게임이었다).

그 중에 가장 근접한 수치를 적어낸 사람이 상금을 타게 되어 있었다. 내기에 참가한 사람들은 800명에 달했고, 직업과 지식수준은 천차만별이었다. 그들 중 일부는 푸줏간 주인이거나 농부였다. 그런 사람들이 가축 무게를 판단하는 데는 어느 정도 전문가라고 할 수 있을 것이다. 그러나 나머지는 소에 관한 지식이 전혀 없는 사람들이었다.

후에 골튼은 과학저널 〈네이처(Nature)〉에 이런 글을 기고한 적이 있다. '수많은 비전문가들이 경마에 뛰어들었다. 그 중에는 말에 대한 아무런 지식도 없이 신문기사나 친구들이 하는 말만 듣고 돈을 거는 사람도 있었다. 심지어는 아

무 생각 없이 기분 내키는 대로 말을 고르는 사람도 있었다.'

골튼은 그 사실을 민주주의와 연관시켜 생각했다. 민주주의 체제에서는 능력과 관심사가 극단적으로 다른 사람들이 똑같이 한 표씩 행사한다. "내기 참가자들의 평균 추정치가 소의 무게와 거의 같다면 유권자들은 정치 문제에 대해 투표할 때도 올바른 판단을 내릴 것이다."

골튼은 '평균 유권자들'의 무능력함을 밝혀내고 싶어 했다. 그래서 소 무게 맞추기 게임을 실험 기회로 삼기로 했다. 내기가 끝났을 때 그는 진행자에게 티켓을 전부 넘겨받아 통계를 내보았다. 추정치의 숫자가 높은 것부터 순서대로 늘어놓고 그래프를 그린 다음 그래프가 종 모양을 이루는지 살펴보았다.

그리고는 모든 추정치의 평균값을 계산했다(판독이 어려운 13장을 제외한 총 787개 티켓을 분석했다). 그는 모든 참가자가 써낸 추정치를 더해서 참가자들 수로 나눴다. 그 수는 집단 전체의 지혜를 나타낸다고 할 수 있다. 군중을 한 사람으로 본다면, 그 사람이 추측했을 무게가 바로 평균이 되는 것이다.

골튼은 사람들이 써 낸 추정치의 평균값이 실제 값과 다를 것이라고 확신했다. 일부 현명한 사람과 보통 사람, 우둔한 사람들을 섞어놓았으니 그 집단은 반드시 잘못된 답을 내놓을 것이라고 생각했기 때문이다. 그러나 정작 빗나간 것은 골튼의 생각이었다.

사람들은 소가 도살되고 손질된 상태에서 1,197파운드가 될 것이라고 추측했다. 실제로 소의 무게를 측정하자 1,198파운드로 나타났다. 아무 기준도 없이 모인 군중의 판단이 완벽했던 것이다. 골튼은 결국 후에 '그 결과를 보면 민주주의도 생각했던 것보다는 신뢰할 만한 구석이 있다.' 고 썼다.

결국 답은 고객에게 있다. 앞서의 장에서 우리는 통합된 개념의 마콤캠페인을 통해 '고객 ○○○명이 ○○○한 행동으로 하게 하는 일.' 이 가능하다는 논의를 나눈 바 있다. 그렇다면 우리는 고객의 어떠한 행동을 원하는가? 구매를 원하는가? 한 번의 구매 이후에도 지속적으로 우리 상품을 구매하도록 하고 싶은가?

그 목표는 상품이 처한 상황에 따라 달라질 것이다. 이 세상에 존재하는 상품들은 너무나도 많다. 그리고 그 상품들은 각기 독특한 구매의 구조를 가지고 있다. 따라서 상품의 구매행동을 유도하기 위해서는 각기 자극도 달라져야만 한다.

소비용품만 해도 그것은 다시 편의품(convenience goods), 선매품(shopping goods), 전문품(specialty goods)으로 나누어 살펴볼 수 있으며, 이외에 아직 소비자들에게 탐색되지 않은 신상품, 즉 미탐색품(unsought goods)까지를 더하면 네 개의 분류가 가능해진다. 그리고 이는 다시 세분류된다. 편의품은 필수상품(staple goods), 긴급상품(emergency goods), 충동상품(impulse goods)으로 세분화되고, 선매품은 동질적 선매품과 이질적 선매품으로 구분되며, 미탐색품도 다시 신규미탐색품과 정규미탐색품 등으로 구분된다.

### 상품카테고리에 따라 달리 나타나는 소비자들의 구매의사결정과정

소비자들은 이러한 상품들을 별다른 의식 없이 구매하여 사용하고 있다. 하지만 이러한 상품들을 구매하는 과정에서 소비자들은 각 상품군마다 매우 특징적인 반응과 행동양식을 보여주곤 한다. 결국 상품이 어느 분류에 속해 있는지에 따라 우리가 해결해야할 목표도 달라질 수 있다는 것이다.

보다 자세한 상품군에 대한 설명과, 상품군마다 달리 나타나는 소비자들의 구매의사결정과정 상의 특징, 개별 상품군마다에 적용 가능한 목표 등에 대해서는 커뮤니케이션 전략구축 로드맵 3권, 광고 솔루션을 통해서 소개하고자 한다.

이 외에도 전략구축을 위해 고려해야할 사항은 너무나도 많다. 우리 상품이 상품수명주기 상 어느 위치에 있는가? 관여는 높은가, 낮은가? 이성적 상품인가, 감성적 상품인가? 등의 수많은 질문들과 답변이 전략구축에 반영되며, 이러한 고려사항들의 파악을 통해 전략 목표가 설정되어야 한다.

그러나 설사 이러한 상품의 특성을 모두 확인했다고 하더라도 상품이 놓인 구체적인 현실을 반영하지 않는다면 명확한 목표를 발견하기 어렵다. 아파트 분양이라는 상품은 대표적인 선매품이며, 차별성이 매우 높은 상품이다. 뿐만 아니라 상품수명주기 상으로는 성숙기의 상품이며, 매우 관여도가 높은 이성적 상품이다.

이러한 상품군은 인지-이해-확신-행동의 구조를 갖는 전형적인 학습하이어라키모델의 경향을 띤다. 이것을 확인했으니, 소비자들을 학습시켜나가면 되는 것인가? 무엇을 학습시켜야 하는가? 아파트 분양의 경우에는 브랜드만큼 중요한 것이 현장이다. 어느 곳에 입지해 있는지에 따라 조망, 학군, 교통 등 중요한 제품적 속성들이 모두 달라진다는 것.

그러니 이것을 모두 같은 상품으로 취급해서 목표를 정하고 전략을 구축하는 것은 애초에 불가능하다. 중요한 것은 우리 상품이 느끼고 있는 문제를 밝혀내는 일이다. 우리는 상품을 보다 많이 판매하고 싶고, 그러기 위해 고객들을 모으고, 그 고객들로 하여금 행동하게 하고 싶다. 그러나 그것이 쉽지 않다.

도대체 무엇이 문제인가? 그 문제점을 밝혀내는 일이야말로 해결에 보다 접근하는 첫걸음이다. 수렵형 마케팅을 위해 세그멘테이션을 하든, 경작형 마케팅을 위해 어그리게이션을 하든 중요한 것은 우리의 문제를 해결해야한다는 것이다.

### 마케터가 가져야 할 가장 중요한 능력은 문제해결능력이다

우리가 알고 싶은 것은 문제를 해결하기 위한 열쇠다. 그리고 그 열쇠로 열 수 있는 고객의 발견, 고객에 다가서기 위한 접근법 등이 필요한 것이다. 그러니 중요한 것은 문제해결능력이다. 처해진 상황은 기업마다 다르고, 업종마다 다르고, 상품마다 다르며, 시대의 변화에 의해서도 달라진다.

여기에 변화하는 고객들을 감안할 때 특정 모델 하나로 모든 상품들의 갖가지 문제들을 해결한다는 것은 어불성설이다. 그렇다고 답이 없는 것은 아니다. 답이 각각 다를 뿐이다. 그러나 우리에게는 소비자라는 모범답안이 있다. 모든 실마리는 결국 소비자들의 마음속에 있다는 것이다.

그 마음을 제대로 읽기 위해서는 시각을 바꿔야만 한다. 관점을 바꿔야 한다는 것. 가장 초보적인 관점은 '공급자의 관점(Producer' s point of view)' 이고, 그 다음 수준은 '소비자의 관점(Consumer' s point of view)' 이다. 이 소비자의 관점에 대해서는 앞서 충분히 설명한 바 있다.

소비자의 관점은 상품과 서비스가 소비자에게 왜 중요한지를 설명하는 접근방식이다. 하지만 이것만으로는 소비자들의 마음속에 잘 접근했다고 말하기 어렵다. 그것이 결국 그 다음 수준인 개인적 관점(Personalized view)으로까지 올라가야만 소비자들의 진짜 마음을 읽는 수준이 되는 것이다.

여기서 말하는 개인적 관점이란 마콤전략가의 관점이 아니다. 소비자 개인차원으로 연결시켜야 한다는 것이다. 그러니 이제 더 이상 소비자 '들' 이라는 말을 쓰지 말자. 소비자들은 모두 각자의 일상에 존재한다. 그리고 그 일상에서 상품도 만나고 상품을 프로모션하는 프로그램들도 만나게 된다. 그뿐이다.

이러한 '소비자 개인과 연결될 수 있는 것' 이 무엇인지를 찾아내야 한다는 것이다. 연결의 주된 내용은 결국 '가치' 의 문제다. 그리고 그것은 '관계' 를 맺어주는 것이다. 상품과 소비자 사이를 특정한 가치를 중심으로 관계하도록 만든다는 것.

그들만의 이런 특별한 연결이 결국 소비자 인사이트를 고려한 전략이며, 소비자가 일상에서 만난 여러 가지들 중에서 유독 특별한 가치와 관계로 소비자들을 이끄는 전략이다. 마콤전략가는 그렇게 하고 싶은 것이다. 하지만 그렇기에 문제가 되는 지점이 있을 수 있다.

따라서 각 기업과 상품이 놓인 처지에 따라 문제를 발견하고, 문제를 해결하는 것이야말로 통합된 개념의 마콤캠페인이 지향하는 방향이다. 그리고 그 결과로써 새롭게 획득된 고객과, 그 과정에서 얻어진 데이터들을 고객관리시스템에 제공한다.

몇 가지 역발상을 해보자. 어쩌면 이것은 사고의 순서를 바꿔놓을

지 모른다. 첫째, 자료를 모아서 문제를 찾아내려고 하지 말고 문제를 찾기 위해 자료를 뒤지자. 둘째, 복잡한 전략의 틀을 벗어나 가장 답답한 것이 무엇인지를 밝혀내자. 셋째, 문제를 발견했다면 그것을 해결할 수 있는 답을 소비자의 인식 속에서 찾아내자.

### 얻어내야 할 고객의 행동을 파악하고, 이를 실현하는 일

이 세 가지 역발상이야말로 통합된 개념의 마콤캠페인을 가능케 하는 열쇠다. 이렇게 되면 첫째, 전략목표가 확인된다. 둘째, 목표고객을 발견할 수 있게 된다. 셋째, 그들에게 해야 할 말이나 행동이 확인된다. 이것이 통합마콤캠페인의 핵심이다. 전략이라는 것은 본질을 꿰뚫는 힘이다. 전략은 문제를 해결할 때 비로소 빛을 발하게 된다. 문제를 해결하지 못하는 전략은 전략이 아니다.

이러한 세 가지를 확인하고 나면 목표고객들에게 접근하는 구체적인 접근법과 구체적인 크리에이티브를 준비하면 된다. 이것이 통합마콤캠페인의 전부다. 따라서 통합마콤캠페인은 크게 두 부분으로 나누어 이해할 수 있다. 첫째는 고객으로부터 얻어내야 할 행동을 파악하고, 행동을 얻어내기 위한 방안을 기획하는 일이며, 둘째는 이 방안을 고객에게 실현하는 일이다.

그렇다면 우리 상품이 처한 문제의 발견은 어떤 과정을 통해 이루어지는가? 물론 그것은 전략마케팅의 진행절차와 동일할 수도 있으며, 관계마케팅의 속성을 활용할 수도 있다. 시장, 소비자, 자사, 경쟁사에 대한 각종의 조사와 분석을 통해 고객을 세그멘테이션하거나 어그리게이션하는 것에서 출발한다는 것.

하지만 통합마콤캠페인이 제안하는 문제 확인의 방법은 소비자구매의사결정과정과의 대입을 통해 이루어진다. 어떤 상품이든 소비자들은 그 제품을 구매하기 위해 의사결정을 한다. 대부분의 상품에 대해서는 의식적으로 의사결정을 하며, 어떠한 경우에는 무의식이 반영되기도 한다. 설사 무의식이 반영되어 구매가 이루어졌다고 하더라도 그 속에는 분명히 의사결정 과정이 포함되어 있음에 유의하자.

소비자들의 구매의사결정과정을 제대로 이해하지 못한 채 진행되는 마케팅상황분석은 자칫 조사를 위한 조사가 되기 쉽다. 결국 실전 마케팅이란 소비자들의 구매의사결정과정 중에 어떤 마케팅적 요소를 배치할 것이냐의 문제를 결정하는 것이라 해도 과언이 아니다. 때문에 소비자들의 구매의사결정과정을 아는 것은 매우 중요하다. 구매과정을 도식화하면 다음과 같다.

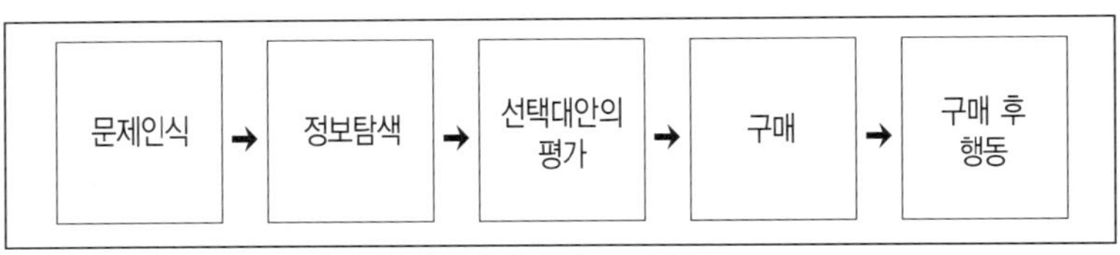

그림 13-1 : 소비자들의 구매의사결정과정

여기서 문제인식이란 '소비자가 해결해야 할 욕구가 있다고 인식하는 것'을 말하며, 이 문제인식은 네 가지로 구분된다. 첫째, 실제 상태와 바라는 상태간의 차이가 발생할 것이 기대되며 문제가 발생하면 즉각적으로 해결이 필요한 일상적 문제, 둘째, 문제발생이 기대되지만 즉각적인 해결이 필요하지 않은 계획적인 문제, 셋째, 기대하지 않았던 문제가 갑자기 발생하며 즉각적으로 해결이 요구되는 긴급한 문제, 넷째, 소비자가 기대하지 않은 문제이며 즉각적인 해결이 요구되지 않는 점증적 문제가 그것이다.

정보의 탐색에는 내적탐색과 외적탐색이 있다. 내적탐색이란 정보를 회상해내는 것으로 즉시 가능한 탐색이다. 예전의 기억을 떠올리는 것만으로 탐색하는 것을 말한다. 외적탐색이란 내적탐색에 의해 의사결정을 할 만큼 충분한 정보를 가지고 있지 않거나, 회상할 수 없을 때 실시하는 것이다.

### 네크는 막힌 곳, 는 새는 곳, 네크와 리크를 파악하라

외적탐색은 특히 중요한 것이거나 고가일 때 많이 나타난다. 앞서 말한 컴퓨터의 경우도 이에 포함될 것이다. 컴퓨터를 사려는 소비자는 주변사람 · 전문가 · 매장점원 등을 통한 외적탐색을 시도한다는 것이다. 소비자가 탐색하는 정보의 내용은 욕구를 충족시켜 줄 수 있는 선택대안의 종류, 선택대안들을 평가하기 위한 기준, 그리고 각 대안의 평가기준별 성과수준 등이다.

소비자가 제품에 대해 잘 모르는 경우에는 선택대안들의 종류와 평가기준에 편중하여 탐색하게 되고, 잘 아는 경우에는 각 대안의 구체적 특성에 편중하여 정보를 탐색하게 된다. 정보원에는 자신의 경험 · 가족 및 동료 · 전문가 · 각종 매체의 광고나 기사 · 판매원 · 중립적 기관인 소비자보호원이나 각종 관련기관의 간행물 등이 포함될 것이다.

선택대안의 평가와 구매가 한 장소에서 같은 시간대에 이루어지는 경우도 있지만 그렇지 않은 경우도 있다. 동시에 이루어지는 경우에는 특히, 입지 · 상품구색 · 광고 및 판매촉진 · 판매원 · 서비스 등 현장상황에 대한 배려가 중요한 요인으로 작용하게 된다.

이러한 소비자들의 구매의사결정과정은 상품마다 매우 다르게 나타난다. 컴퓨터와 아이스크림의 정보처리과정과 구매의사결정과정을 생각해보자. 아주 간단히 말해서 컴퓨터의 경우에는 매우 신중하고 조심스러운 반면 아이스크림의 경우에는 그리 신중하지도 조심스럽지도 않을 것이 분명하다.

슈퍼마켓에서 판매하는 아이스크림을 구매하기 위해 이 아이스크림과 저 아이스크림을 구체적으로 비교하고 평가하는 사람이 얼마나 될까? 따라서 아이스크림의 경우에는 선택대안의 평가가 잘 일어나지 않는다.

아이스크림의 세일링포인트는 대부분 정보탐색에 있다. 머릿속에 기억되고 있는 상품에 대한 인식이 냉장고 문을 여는 순간 무의식처럼 작용한다는 것. 그러니 일반적으로는 소비자의 정보탐색과정에 우리 상품이 들어있지 않은 것이 문제다.

이런 경우, 두 가지 해법이 있을 수 있다. 하나는 고객들의 인식 속에 우리 상품을 강력하게 인식시키는 것이며, 다른 하나는 아이스크림을 먹고 싶다는 자극을 우리 상품으로 만들어냄으로써 정보탐색과정조차 건너뛰고, 우리 아이스크림을 선택하게 하는 방법이다. 이것이 기본적인 문제의 발견과 해법의 발견과정이다.

우리 상품에 대한 고객들의 구매의사결정과정을 살피는 것은 바로 이러한 측면에서 매우 중요하다. 우리 상품의 고객들과 우리 상품이 만나지 못하는 문제는 어느 지점에서 비롯되었는가? 그 지점의 문제는 대체로 막혀 있거나, 새고 있는 것이다.

막혀 있다는 것은 소비자들이 어느 지점의 문제 때문에 그 지점을 통과하지 못하고 있고, 그로 말미암아 우리의 마케팅에 문제가 발생하고 있다고 할 수 있다. 새고 있다는 것은 우리가 접근했던 방식, 전달하고자 하는 메시지가 소비자들에게 전달되지 못해서 효과를 보지 못하고 있다는 의미다.

리크는 비교적 찾기도 쉽고 해결도 쉽다. 우리는 제대로 된 접근방식을 가지고 메시지를 전달했지만 이것이 어디에서 새고 있는지를 확인하는 문제다. 리크는 주로 '어떻게 말할 것인가'의 문제인 경우가 많다는 것. 이것은 광고전략에서 활용해왔던 전통적 측정방식, 즉 DAGMAR측정을 통해 얼마든지 확인이 가능하다.

뿐만 아니라 리크가 발견되었을 경우, 그 문제를 해결하는 것 역시 간명하다. 어떤 것이 잘못되었는지를 알게 되었으니, 그것을 해결해 주면 그만인 것. 따라서 문제는 네크다. 애초에 접근자체에 문제가 있다는 것이다.

### 구매의사결정과정을 무시한 '가치의 경쟁적 우위'는 무용지물이다

이 두 가지 관점, 즉 네크(neck)와 리크(leak)가 소비자들의 구매의사결정과정 중 어디에서 발생하고 있는지를 확인하는 것이 바로 문제 발견의 기본이다. 그리고 그것은 우리 상품이 처한 상황을 소비자들과의 관계를 통해 확인하는 과정이기도 하다.

가장 먼저 해야 할 일은 해당 상품카테고리에 대한 소비자들이 구매의사결정과정을 파악하는 것이다. 그리고 해당상품의 구매에 있어 구매의사결정과정 중 가장 중요하게 작용하는 부분이 어디인지를 파악해야만 한다. 여기에 더해 우리 상품이 소비자들의 구매의사결정과정 중에서 만난 네크를 확인한다.

소비자들이 어떻게 문제인식을 못하고 있는 것인지, 문제인식은 했지만 우리 상품에 대한 정보탐색이 안 되는 것인지, 우리 상품은 알지만 선택 대안의 평가에서 밀리고 있는 것인지, 선택 대안의 평가에서는 우세하지만 구매의 과정에 문제가 있는 것인지 등을 파악하는 것이 네크의 기본적인 확인 과정이라는 것.

중요하게 작용하는 의사결정과정에 우리 상품이 없는 것인지, 있기는 하되 경쟁상품들에 비해 안 좋은 평가를 받는 것인지, 혹은 안 좋은 평가를 받을 수밖에 없는 구조에 있는지 등도 파악되어야만 한다.

네크의 해결방법은 소비자의 구매의사결정과정 중 결정적인 곳에 우리 상품이 가지고 있는 '가치의 경쟁적 우위'를 확인시켜주는 것이다. 하지만 우리가 가진 '가치의 경쟁적 우위'가 소비자가 생각하는 구매포인트와 잘 맞지 않는다면? 이것이 가장 큰 네크다. 이런 경우 특히 창의적인 문제해결의 방법이 절실하게 필요해진다.

하지만 대부분의 문제는 마콤전략가들이 문제 자체를 정확하게 진단하지 못하는 데 있다. 아니 문제가 무엇인지에 대해서는 잘 생각해보지 않는 경향조차 있다. 내가 가지고 있는 '가치의 경쟁적 우위'에만 집착해서 소비자들의 구매의사결정과정과는 상관없이 밀어붙이기 때문에 실패한다는 것.

문제를 정확히 파악하지 못한다면 해결해야할 문제조차가 없다.

그러니 마콤전략가들은 도대체 무슨 일을 할 수 있겠는가? 명확한 문제를 발견했다면 이 문제가 발생한 원인과 해결가능성에 대해서 파악해야만 한다. 해법의 발견과정은 마케팅환경을 제대로 이해하는 데에서부터 시작된다. 해법 발견을 위한 마케팅환경 분석은 다음의 네 가지 특징을 가지고 있다.

첫째는 제품과 업종을 고려한 시장분석이다. 둘째는 인식과 태도를 고려한 소비자분석이다. 셋째는 실마리를 찾아내는 분석이다. 넷째는 통시성을 고려하여 미래를 예측하는 분석이다. 그리고 이렇게 분석된 결과들은 STP전략의 수립, 커뮤니케이션목표와 마케팅목표의 수립은 물론 구체적인 툴의 운용과 메시지의 결정에까지 영향을 미치게 된다.

제품과 업종을 고려한 시장분석에 대해서는 앞서 설명했다. 인식과 태도를 고려한 소비자분석에 대해서는 많은 커뮤니케이션 관련 서적들이 잘 말해주고 있다. 문제는 실마리를 찾아내는 분석과 통시성을 고려하여 미래를 예측하는 분석이라 할 것이다.

### 상품가치의 속성 변화와 경쟁범주의 크로스오버가 해결의 실마리다

문제를 발견하고, 그 해법이 자연스럽게 도출되면 아무 문제가 없다. 그러나 문제는 발견되었지만 그것이 원천적인 것이어서 해결이 불가능해 보일 때가 있다는 것. 이것을 해결하기 위해 우리는 실마리를 찾기 위한 노력을 기울인다. 그리고 이것은 미래를 예측하여 대비하는 일과 맞물려 진행된다.

문제를 발견했지만 그 해법을 도출하지 못하는 대개의 경우는 소비자들의 인사이트를 보지 못하기 때문이다. 조사를 통해 한 그들의 말만 듣고 그들의 속마음 혹은 무의식적인 세계를 읽지 못하기 때문에 해법을 도출하지 못한다는 것.

해결의 실마리를 발견하는 일, 그리고 미래를 예측하여 대비하는 일은 대체로 다음의 몇 가지 방법을 통해 가능해진다. 첫째는 소비자가 주목해온 상품가치의 속성에 변화를 주는 방법이다. 이것은 그간 광고전략을 떠받쳐온 이른바 포지셔닝전략이론에 근거한다. 여기에 대한 설명은 '광고솔루션'에서 자세하게 할 것이므로 여기에서는 다루지 않기로 한다.

둘째는 경쟁범주의 시각을 넓혀 크로스오버를 실현해냄으로써 새로운 가능성을 찾아내는 일이다. 많은 이론서들이 경쟁범주에 대해 다루고 있다. 그러나 아직까지도 실전에서는 경쟁범주를 너무 단편적인 기준에 의해 결정하는 경향이 짙다. 영화관마케팅을 위해 경쟁범주를 정할 때 주변에 있는 영화관들만을 대상으로 하는 것이 대표적인 오류이다.

과연 주변 영화관들만이 경쟁 상대인가? 이런 판단은 시장과 소비자를 분석할 때 그 분석의 범위를 주변 영화관들과 자기 영화관만으로 좁히는 결과를 초래한다. 경쟁은 내용이 같은 제품 사이에서만 일어나는 것이 아니다. 동일 속성 제품뿐만이 아니라 동일한 효익을 갖는 다른 제품들도 고려해야한다는 것. 비슷한 가격의 제품, 추구하는 효익이 같은 제품, 제품의 사용시기가 같은 제품 등도 모두 경쟁의 범주에 들어 있다.

이러한 기준으로 보면 커피숍과 도우넛전문점도 같은 경쟁범주에

들게 될 것이고, 비행기와 버스도 같은 경쟁범주에 들 수 있는 것이다. 그리고 이러한 경쟁상황은 시대 변화, 소비자들의 니즈 변화에 의해서도 수시로 변화하므로 소비자들 입장에서 경쟁범주를 바라보는 시각이 필요하다 하겠다.

### 결국 해결의 실마리는 소비자 인사이트에 있다

셋째는 카테고리 내에서 디멘션(dimension)의 변화를 꾀하는 것이다. 이것을 가능하게 하기 위해서는 내가 속해 있는 카테고리 내에 존재하는 수많은 디멘션을 이해해야만 한다. 소비자들의 인식 속에 존재하는 디멘션과 디멘션 중심의 의사결정과정을 이해하는 데에서 이러한 전략은 성공을 거둘 수 있다.

'감자탕집' 의 경우를 통해 이 문제에 대해 살펴보자. 먼저 고객들은 외식의 경우 어떤 의사결정과정을 갖는가? 단순히 문제인식, 정보탐색, 선택대안의 평가 등이 아니라, 보다 구체적으로 '누가 결정하는가? 정보탐색의 과정은 어떠한가?' 등이 중요하다.

특별히 음식 중심의 회식이 아닌 경우, 이 감자탕이라는 음식은 음식의 카테고리 안에 포함되어 있지 않다. 대부분의 사람들은 '오늘 회식을 어디에서 하지?' 라는 질문에 갈비나 삼겹살, 회 등을 꼽기 마련이다. 그러니 이 카테고리에 포함되어 있는 상품이되, 이 카테고리로부터 소외되어 있다는 것이다.

만일 삼겹살로 결론이 났다면 사람들은 보통 단골로 다니는 삼겹살집을 자연스럽게 선택하거나, 의견을 다시 나누게 된다. 이때는 디멘션을 한 단계 낮춰 구체적인 음식점을 선택하게 된다는 것. 그러니 감자탕이라는 음식은 정보탐색의 순위 밖에 있으며, 따라서 선택대안의 평가는 애초에 받을 수 없는 처지에 놓여 있다는 것.

이런 경우 감자탕을 정보탐색의 순위 안에 밀어 넣는 것은 매우 어렵다. 따라서 감자탕을 잘 론칭하기 위해서는 감자탕을 '특별한 메뉴 중심의 회식' 으로 포지셔닝해야만 한다. 이것은 일반적 회식의 카테고리에서, 특별한 메뉴 중심의 회식 카테고리로 인식의 사다리를 바꿔 타는 것에 다름 아니다.

하지만 상품 자체의 브랜드로 사다리 안에 들지 못하면 다시 하위의 디멘션으로 내려가야 하는 번거로움이 있다. 이를테면 '홍길동' 이라는 '감자탕집' 이 있다고 하자. '홍길동' 이라는 브랜드는 사람들로 하여금 감자탕을 특별한 메뉴의 회식 대상으로 인식하게 했다.

그래서 사람들은 '감자탕집' 을 가기로 했고, 그 후에는 다시 '임꺽정', '일지매' 와 같은 다른 감자탕브랜드들과 '홍길동' 을 비교평가하게 된다는 것. 결국 '홍길동' 은 자칫 남 좋은 일을 한 것이 되기 쉽다. 따라서 '감자탕은 홍길동' 이 아니라, '회식은 홍길동' 으로 포지셔닝해야만 한다.

결국 해결의 실마리를 찾는 핵심은 '강한 자가 이기는 것이 아니라 이긴 자가 강한 것' 이라는 말과도 일맥상통한다. 얼굴도 잘 생기고, 키도 크고, 좋은 직장에, 돈도 많고, 성격도 좋은 엄친아만 결혼에 성공하는 것이 아니지 않은가? 해결의 실마리를 찾는 것 역시 결국은 소비자의 인사이트를 이해하는 데에서 출발하는 것이다. 상대를 이해하지 못하고는 결코 상대를 설득할 수 없다.

마지막으로는 트렌드를 알아내고 미래를 전망하여, 반 발짝 앞서 그곳에 가 있는 방법이다. 트렌드를 제대로 알아내고 미래를 전망하기 위해서는 각종 공시적인 데이터의 분석도 중요하지만 주변 기술의 발달 등 주변 환경의 변화와 더불어 통시적인 분석이 매우 중요하다. 소비자의 니즈와 트렌드를 정확히 읽으면 시장의 변화방향이 보이고, 그렇게 읽어낸 시장변화의 방향은 기업과 브랜드를 반 발짝 앞서갈 수 있도록 하는 힘이 된다.

## 마콤의 목표는 해결책에 근거해서 도출되어야만 한다

마콤의 커뮤니케이션목표는 이러한 해법에 근거해야만 한다. 목표를 세워놓고 해법을 찾는 것이 아니라, 해법을 찾아야만 가능한 커뮤니케이션목표가 도출된다는 것. 그렇다면 커뮤니케이션 목표는 무엇인가? 그리고 커뮤니케이션 목표가 가져야할 요건은 무엇인가?

먼저 그 요건은 다음 세 가지로 나누어 볼 수 있다. 첫째, 판매효과로서 판매증가에 목표를 두는 것. 둘째, 행동효과로서 소비자의 행동반응을 획득하는 것. 셋째, 커뮤니케이션효과로서 일정한 '정보-설득-의미공유' 를 도모하는 것 등이 그것이다.

일반적으로 광고목표를 설정하는 것은 측정 가능한 커뮤니케이션 목표를 설정하는 것이지만 마케팅커뮤니케이션의 목표는 이러한 광고목표와 함께 판매증가 · 행동반응 획득 · 커뮤니케이션 목표 달성 등을 모두 포함하는 개념이다. 그렇다면 커뮤니케이션전략은 어떻게 표현될까? '○○○○소비자들(산출 가능한 분포 인구)에게 ○○○○한 마음이 들도록 하여 우리 제품을 ○○○○하고 싶도록 만들기' 가 바로 커뮤니케이션목표인 것.

이 커뮤니케이션목표가 달성됨으로써 자연스럽게 얻어지는 새로운 고객 ○○○○명 만들어내기, 새로운 매출 ○○○○원 만들어내기, 시장점유율 ○○○○% 만들어내기를 실현할 수 있으며, 그것이 바로 마케팅목표이다. 결과적으로는 이전 세대의 마케팅목표와 다를 것이 없어 보이지만 그 도출과정과 내용은 전혀 다르다는 점에 유의해야 한다.

목표뿐만이 아니다. 타깃 또한 커뮤니케이션타깃과 마케팅타깃이 일치한다. 데이터베이스를 바탕으로 한 유지나 획득 과정의 경우에는 더더욱 그러하다. 그러나 그렇지 않다고 해도 커뮤니케이션타깃들에게 커뮤니케이션목표를 달성하는 것으로 마케팅목표가 달성된다는 개념이므로 그 두 타깃은 자연 일치하게 되는 것이다.

이렇게 도출된 목표는 앞서 말한 '목적지'이다. 목적지 도출을 위해서는 상황분석과, 시장세분화 및 고객유형화 · 목표시장 결정 · 포지셔닝의 단계를 거쳐야 한다. 그리고 '목적지'가 결정되고 나면, '목적지까지 가는 길'과, '효율적으로 가는 방법'에 대한 고민이 시작될 것이다.

가는 길과 효율적으로 가는 방법이란 결국 해결책과 해결책의 실현이다. 소비자들에게 필요한 접근을 시도하고, 그 과정에 리크가 생기지 않도록 하는 일이라 하겠다. 그것은 결국 이전의 마케팅에서 말하는 4P요, 4C다. 하지만 앞서 설명했듯이 전략마케팅에서는 1P를 중심으로 이 과정을 준비한다. 그리고 이것은 통합마콤캠페인에서는 접점을 통한 목표의 달성을 말한다. 이 내용에 대해서는 뒤에서 다시 설명하기로 한다.

정리해보면 통합마콤캠페인은 IMC가 제시한 몇 가지 힌트를 활용하여 기존의 마콤캠페인을 통합하자는 것이다. 그 통합의 중심에는 문제를 해결하는 해결책이 서 있어야만 한다. 그리고 그 해결책은 소비자들의 인사이트를 이해하는 과정에서 도출된다. 문제를 인식하지 못하면 해결책을 찾으려는 노력도 기울일 수가 없다.

문제를 해결하고, 그것을 해결하는 것. 이것이야말로 통합마콤캠페인이 지향하는 방향이다. 하지만 많은 기업들이 우리에게는 문제가 없다고 말한다. 소비자들에게 문제가 있다는 것이다. 이런 공급자적 시각으로부터 벗어나 상품과 소비자들과의 관계에서 문제를 찾는 지혜가 통합마콤캠페인을 기획하는 첫 발걸음이라 하겠다.

4부 : 통합마콤캠페인

# 14

## 해결책 제시의 이해

# 제품에 매몰된 사고로는 소비자의 시각을 만날 수 없다!

커피메이커가 없는 집은 드물 것이다. 심지어 웬만한 대학생들의 자취방에서도 커피메이커를 발견할 수 있다. 결혼하는 신부들의 혼수목록에는 이미 TV, 냉장고, 세탁기, 전자렌지, 컴퓨터는 물론 청소기, 커피메이커 등이 포함되어 있다. 그러나 한 번 생각해보자. 과연 커피메이커의 사용빈도는 어느 정도인가?

많은 주부들이 커피메이커를 혼수품으로 구매하지만 매일 이 상품을 이용하는 것은 아니다. 신혼 초를 제외하고 나면 커피메이커의 사용빈도는 현격히 줄어드는 것이 보통. 꿈과 현실이 다르다는 것을 증명이라도 하듯 얼마 되지 않아 커피메이커는 거실의 장식용 물품으로 전락하고 만다.

물론 원두커피를 즐겨 마시는 사람들, 시간적 여유를 커피로 즐기는 사람들의 경우에는 사정이 다를 것이다. 하지만 여기에 커피메이커 사용의 번거로움까지 더해지면 대부분의 사람들은 구입하면서 가졌던 꿈을 현실 속에서 잊게 되는 것이다.

## 사용상의 비용을 낮출 것인가? 사용상의 이익을 높일 것인가?

이런 사정을 감안하면 커피메이커를 만드는 기업들은 고민에 빠질 수밖에 없다. 대부분의 가정에는 이미 커피메이커가 있으니, 재구매에 의존할 수밖에 없는데, 커피메이커가 그렇게 쉽게 교체수요를 만드는 제품이 아니라는 것. 그렇다고 고장이 잦은 제품도 아니다.

사용빈도가 높아질 때 비로소 새로운 커피메이커에 대한 수요도 올라갈 수 있을 것이다. 그러나 사용빈도를 인위적으로 올리는 것도 쉽지 않으니 답답할 노릇. 그렇다고 소형가전의 구색을 감안할 때 상품목록에서 커피메이커를 빼는 것은 쉽지 않은 결정이다.

제품수명주기 상에서 보면 이 커피메이커는 결국 성숙기 시장의 정점에 있거나, 쇠퇴기에 있는 제품이다. 그렇다고 각 제품들마다 독특한 물리적 특성이 존재하는 것도 아니다. 결국 소비자들은  브랜드, 원산지, 용량, 디자인 등에 의해 커피메이커를 선택해왔다.

그러나 이러한 요소들은 소비자들과 상품의 관계에 의한 짝짓기를 가능하게 할 뿐 소비자들 전체, 혹은 특정 소비자군을 자극하는 요소로는 매우 부족한 속성들이었다. 특정 용량을 개발하거나 디자인을 좀 더 잘하는 것만으로는 폭발적 수요를 창출해낼 수 없다는 것.

이런 고민들은 기업들로 하여금 커피메이커의 프로세스를 활용한 약탕기나 홍삼을 다리는 용도의 약탕기의 개발에 나서도록 부추겼다. 하지만 이것도 잠시의 유행일 뿐 생각만큼 커피메이커 만큼의 시장규모를 갖추는 것에는 실패한다. 과연 돌파구는 없는 것인가?

구매의사결정과정에서 살펴보면 이것은 문제인식 자체가 문제인 상품이다. 습관적으로 집에 하나씩 마련은 하지만 이것을 통해 생각만큼의 효익을 얻지 못하는 상품으로 전락해버린 것. 그렇다면 어떤 방법이 있을까? 커피메이커에 대한 가지고 있는 소비자들의 문제인식을 살펴보았다.

소비자들은 커피메이커를 '시간적 여유가 있는 주부들의 고상한 생활을 돕는 기계' 쯤으로 인식하고 있었다. 즉 커피메이커가 줄 수 있는 이익은 이른바 '폼' 이었던 것. 그에 반해 커피메이커에 들어가는 비용은 만만치 않았다.

대부분 커피메이커의 비용이라고 하면 그것을 구입비용과 구입에 필요한 시간 및 에너지쯤으로 취급하기 마련이다. 하지만 그것에 비해 사용에 필요한 비용이 너무나도 많이 발생한다는 것. 바로 이것이 커피메이커의 사용을 제한했고, 이러한 경험은 구매에까지 결정적인 영향을 미치고 있는 것이다.

매번 원두커피를 사야하는 부담, 사놓은 원두커피의 향이 날아갔다며 버려야하는 부담, 커피메이커를 세척하는 부담 등이 모두 사용에 필요한 비용들이다. 문제는 주부들이 커피메이커를 구입할 뿐만 아니라 지속적으로 사용할 수 있다는 믿음을 만드는 것이었다. 그러기 위해서는 사용상의 비용을 낮춰주거나, 사용으로 인한 이익을 크게 해주어야만 한다는 것.

문제점은 밝혀졌으며, 남은 것은 해법이다. 과연 어떻게 해야 할 것인가? 그 해답은 소비자들의 인식 속에 있는 제품효익과 소비자들의 사용상황에 있었다. 소비자들은 커피메이커의 물리적 속성이나 가격, 심지어 모양에도 기대만큼의 큰 관심이 없었던 것이다.

## 같은 상품의 마콤도 시장이 달라지면 전략을 달리해야만 한다

중요한 것은 커피메이커를 통해 '고상한 생활'에 한 발 더 다가서는 것이었다. 그러나 그러기에 커피메이커는 너무 많은 사용비용을 지불해야만 했던 것. 집에 있는 주부들의 경우, 혹은 싱글족들의 경우 대개 커피를 언제 마시는가? 손님들의 접대, 혹은 홀로 있는 시간을 위해 커피가 활용된다.

하지만 지금은 맞벌이가 점점 늘고 있으며, 싱글족들도 점점 늘어나고 있는 추세다. 한마디로 바쁜 것이다. 손님들을 접대할 필요도 별로 없고, 홀로 있는 시간도 많지 않다. 그리고 대개의 홀로 있는 시간은 바쁘고 피곤하기 마련이다.

그러나 영화 속 미국인들은 모닝커피를 마신다. 우리도 모닝커피를 즐기는 사람들이 적지 않지만 대개는 인스턴트커피를 마시거나, 어제 만들어놓은 커피메이커의 커피를 마신다. 그것은 당연히 바쁜 아침시간 때문이다.

그 지점이 바로 기회였다. 모닝커피. 현대는 상상이 힘이다. 상상만 하면 기술은 우리의 상상을 현실로 바꿔놓는다. 커피메이커에 타이며, 예약장치, 알람을 다는 것은 그리 어려운 일이 아니다. 그러나 그런 간단한 기계적 장치의 결합은 '커피 향기가 깨우는 아침'을 선물할 수 있다. 커피메이커 시장의 새로운 해법이 될 수 있지 않겠는가?

비슷한 예가 더 있다. 와인냉장고시장이다. 유럽사람들은 와인마시기를 즐기는 것으로 알려져 있다. 와인의 가격 또한 저렴한 것은 음료수와 큰 차이가 없을 정도로 대중화되어 있다고 한다. 그러니 부유층들은 지하에 와인방을 설치하여 와인을 즐기고, 웬만한 집에는 와인냉장고를 두고 있다는 것. 하지만 우리나라의 경우는 얘기가 다르다. 그것을 대신하고 있는 것이 김치다. 이에 착안한 김치냉장고는 공전의 히트를 기록했다.

우리나라 역시 와인수요가 급증했다. 1995년 1,263만 달러였던 와인수입액이 1997년 2,281만 달러로 증가했다. 이후 외환위기 때 649만 달러로 주춤했지만 2001년, 다시 2,311만 달러로 수요를 회복했다. 그리고 2003년에는 5,798만 달러로, 2007년에는 1억 5,037 달러로 그 수요가 늘어났던 것.

노화방지 등 웰빙식품으로 각광받으며 꾸준히 늘어난 와인수요는 급기야 명절선물로까지 애용되고 있다. 위스키 일색이었던 '바'에도 와인이 공급되었으며, '와인바'라는 이름의 와인전문바들도 여기저기에서 문을 열었다. 그리고 30대 이상의 여성 중심으로 충성고객을 확보하고 있던 와인은 연령, 성별, 소득 구분 없이 다양한 고객들을 확보해나갔다.

와인의 이러한 성장에 자극받아 국내의 가전업체들은 와인냉장고를 앞다투어 출시했다. 직접 만든 경우도 있고, 중국이나 동남아의 와인냉장고를 수입한 경우도 있었다. 유럽의 유명브랜드 와인냉장고들도 수입되었다. 하지만 국내 가전업체나 외국 유명브랜드 모두는 국내 시장에서 별 재미를 보지 못했다.

오히려 와인냉장고시장에서 약진한 것은 동남아나 중국제품을 수입해서 판매했던 중소딜러들이었다. 그것은 와인바를 비롯한 각종 주점에 와인냉장고를 납품할 수 있었기 때문. 이러한 주점들에 공급되는 와인냉장고의 구매자는 와인수입업자들이었다. 그들은 싼 와인냉장고를 구매해서 무료로 주점에 공급하는 조건으로 와인의 독점공급을 보장받았다.

## 소비자의 시각에서 소비자의 문화를 살펴라

따라서 이들이 선호하는 제품은 소비자가격은 높게 책정되어 있고, 시중에서 좋은 평판을 가지고 있기는 하되, 최대한 가격이 싼 와인냉장고였던 것. 중소딜러들은 동남아나 중국의 싼 제품들을 주문자상표방식으로 들여와 낮은 마진으로 공급했고, 이것은 와인수입업자들의 구미에 딱 맞는 것이었다.

그 중에서도 적은 부피에 많은 양의 와인을 넣을 수 있는 와인냉장고, 칸을 나누어 위아래 칸의 온도를 조절할 수 있는 와인냉장고의 인기가 특히 높았다. 와인보관에 있어 매우 중요하다고 알려져 있는 무소음이나 무진동 등은 주점의 특성상 별로 중요한 속성으로 취급받지 못했다.

와인냉장고를 들여와 판매하며, 동시에 와인수입을 병행하던 한

업체의 시장개척 속도는 눈부시게 빨랐다. 이대로라면 대한민국의 와인냉장고시장을 모두 석권할 수 있을 것처럼 보였다. 가만히 앉아서도 이곳저곳으로부터 와인냉장고 주문을 받을 수 있었던 이 회사는 와인동호회들로부터도 공동구매 제안을 받기에 이른다.

하지만 저렴한 가격의 이 제품은 소음과 진동에 문제가 있었으며, 이것이 소비자용으로 팔려나갔을 때에는 충분히 클레임이 걸릴 가능성이 있다고 판단했던 이 회사는 소비자 대상의 판매를 자제하며, 지속적으로 주점들과 와인수입상들을 공략해간다.

하지만 이러는 사이에 경기침체가 시작되었고, 환율이 올랐다. 와인수입업체들의 타격은 이만저만한 것이 아니었다. 따라서 주점공급용 와인냉장고의 수요는 급격히 줄어들게 된다. 여기에 더해 와인을 주점이 아닌 집에서 마시는 소비자들이 늘어나면서 주점의 와인판매량도 급격히 줄어들게 되었다. 엎친 데 덮친 격이었다.

이 회사는 중국의 현지공장에 기술자를 급파하여 소음과 진동을 줄인 새로운 모델개발에 나섰다. 가격이 좀 더 올라가더라도 소음과 진동을 줄여 본격적인 가정용와인냉장고를 생산하겠다는 것. 이것은 역발상이었다. 오히려 위기를 기회로 만들겠다고 뛰어든 것이다.

가정용와인냉장고의 모델개발은 그리 어렵지 않았다. 그리고 이 회사의 임직원들은 이를 통해 가전시장에 새바람을 일으켜보겠다는 의지를 다졌다. 하지만 마케팅컨설턴트는 이러한 계획에 찬물을 끼얹었다. 가정용론칭이 쉽지 않다는 것.

이미 소비자용 와인냉장고시장은 대기업들에 의해 검증되었다. 대기업들이 진출했지만 기대이하의 실적으로 제품구색만 갖춘 채 시간을 기다리고 있는 중이었다. 그것은 단순히 제품 자체가 가진 성능이나 가격의 문제가 아니었다.

와인문화가 그만큼 무르익지 않은 것이 문제였다. 소비자용 와인냉장고시장은 양분되어 있었다. 그 중 하나는 50병 이상 200병까지의 시장이었으며, 다른 하나는 10병 내외, 혹은 그 이하 용량의 시장이었다. 그리고 이 두 개의 시장은 매우 다른 양상을 보이고 있었다.

### 합리적인 크로스오버는 새로운 전략을 만들어낸다

앞의 시장은 와인애호가들의 시장으로 대부분 유럽의 고가와인냉장고를 선호했으며, 그 수요는 매우 미미했다. 바로 이 시장에서 국내가전업체들이 고배를 마셔야했던 것이다. 반면 용량이 작은 시장은 매우 큰 성장세를 보이고 있었으나, 반도체냉각방식을 채택해 제품 자체에 문제가 있었으며, 가격 또한 형편없이 낮게 책정되어 있는 저가수입산들이었다.

결국 뒤의 시장은 본격적인 와인냉장고시장이 아니었던 것. 그것은 오히려 장식품시장이라고 보는 것이 옳았다. 화장품용냉장고 등이 인기를 끌면서 파생된 시장으로 상품 자체가 매우 조악했다. 적정온도를 유지하는 것조차 어려운 반도체냉각방식으로 모양만 화려하게 꾸민 작은 용량의 상품들은 그 종류 또한 헤아릴 수 없이 많았다. 대부분 알려지지 않은 중국과 동남아의 소형가전제조회사들의 제품이었던 것.

하지만 이런 제품들은 그나마 시장을 형성하고 있었다. 와인 2병이 들어가는 것에서부터 크게는 10병 내외가 들어갈 수 있는 와인냉장고까지가 가격경쟁력을 내세워 싱글족들에게 어필하고 있었던 것. 와인의 소비 자체가 월 2~3병에 불과한 상황에서 사실 50병 이상이 들어가는 와인냉장고는 론칭이 힘든 상태였다.

따라서 일반적 규격의 대형와인냉장고는 설 자리가 없었다. 이러한 와인냉장고를 찾는 이들은 대부분 와인애호가들이었으며, 이들은 고가의 유럽제품을 선호하고 있었으므로, 중산층들에게 어필할 수 있는 특단이 대책의 없는 상태에서는 매우 위험한 시도라는 것이었다.

성능과 가격만을 믿고 무리하게 상품을 출시할 경우 유통에 의한 출혈이 너무 클 것이라는 컨설턴트의 예상은 매우 일리 있는 것이었다. 때문에 신제품개발을 마무리해놓은 회사의 입장에서는 충격을 받을 수밖에 없었다.

그럼에도 불구하고 국내 가전업체들이 제품출시를 중단하지 않는 이유는 무엇일까? 그것은 시장상황의 변화가능성이다. 웰빙트렌드는 좀처럼 꺾이지 않을 것이고, 이런 추세대로라면 그리 멀지 않은 장래에 와인냉장고시장 또한 생활주요가전으로 발돋움할 수 있을 것이라는 기대가 그들로 하여금 시장철수를 망설이게 한 것.

그렇다면 그들은 어떤 생존방식을 선택하고 있을까? 그 중 하나는 '빌트인' 이었다. 계열건설사가 건설하는 아파트에 빌트인이나 옵션으로 와인냉장고를 밀어넣는 것. 그러나 이것조차 아파트분양 저조로 앞을 내다보기 힘든 상황이었다. 다른 하나는 다른 용도와의 동거였다. 몇몇 회사들이 김치냉장고와 와인냉장고를 결합한 제품으로 와인냉장고를 소개하고 있었다.

김치냉장고는 이미 우리 생활 깊숙이 자리 잡았고, 김치냉장고의 제품리뉴얼과정에 와인을 포함시킨 것이다. 이것은 와인냉장고의 명맥만을 유지하자는 전략이었다. 엄밀한 의미에서 이것은 김치냉장고의 전략이지, 와인냉장고의 전략은 아니었다. 그리고 이런 김치냉장고의 경우 와인을 넣을 수 있는 병입수는 대개 10병 미만이었던 것.

사실 김치와 와인의 만남은 우리들 인식 속에서 그리 자연스러운 것이 아니다. 색다른 조합이고, 특이한 조합이기는 하지만 어울리는 조합은 아니라는 것. 게다가 와인냉장고의 가격은 김치냉장고의 가격보다 높게 책정되었으며, 실제 제작비용 또한 김치냉장고보다 높게 투입되고 있었다.

따라서 이 둘을 조합하는 것은 매우 비효율적인 것이었다. 이러한 문제에 봉착한 회사는 보다 구체적이고도 체계적인 소비자조사를 실시했다. 이 경우 역시 소비자들이 문제인식을 하지 않는다는 데에 가장 큰 문제가 있었다. 과연 어떻게 풀어야 할까?

## 결국 중요한 것은 소비자들이 추구하는 가치

소비자들은 어떤 가치를 가지고 와인냉장고를 구매하려고 할까? 분명 그 이익보다 여러 가지 면에서 비용이 많이 발생하기 때문에 구매 자체에 대한 필요를 느끼지 않는 것이다. 지금은 '우리 와인냉장고가 다른 와인냉장고보다 이러이러한 점이 좋다.' 는 말이 전혀 필요없는 상황이다.

'얼마나 좋고, 얼마나 싸다.' 는 이 회사의 신제품으로는 시장 근처에도 가보지 못한 채 주저앉아야 한다는 것. 문제는 소비자들로 하여금 새로운 상황을 인식시키는 것이었다. 와인냉장고로 말미암아 얻을 수 있는 이익은 무엇일까? 그것은 그야말로 감성적 이익이다.

와인을 적정한 온도에 보관했다가 맛있게 즐기자는 것 이상으로 중요한 것은 결국 '폼' 이다. 그러나 이 와인냉장고를 채우기 위해서는 100병 이상의 와인을 구입해야만 한다. 부피도 제법 있으니 공간도 차지할 것이다. 결국 이런 와인냉장고는 '나에게 사치다.' 라는 생각이 들 법하다.

그러니 이들의 '폼' 을 만족시켜주는 것은 물론 병입수를 줄여주어야만 한다. 그러나 너무 작은 사이즈는 제작 자체가 어려우며, 그것은 자칫 장식품이나 장난감으로 전락하기 쉽다. 제작단가 역시 맞추기가 어렵다. 그렇다면 다른 무엇과의 동거를 시도해보는 것은 어떨까? 그래서 생각해낸 해결책이 바로 과일 · 치즈 · 너트 칸이 함께 하는 와인냉장고다.

보통의 냉장고 야채 칸은 너무 비좁고, 그 속에 야채와 과일이 한꺼번에 나뒹구는 경우도 적지 않다. 냉장고의 저온기능에 더해 습도를 유지할 수 있도록 밀봉상태를 유지해주는 기술을 덧붙인 것이 바로 야채 칸이요, 과일 칸이다. 그런데 실생활에서 이 칸은 대체로 비좁게 느껴지는 경우가 많다.

그러니, 과일 칸과 와인냉장고의 결합은 기존의 문제까지 해결하게 해주는 특단의 비책이었다. 냉장고의 비좁은 과일 칸 문제를 해결하는 것은 물론 과일을 야채와 분리하여 보다 품위 있게 보관할 수 있도록 해준다는 것.

여기에 더해 안주류들을 한 데 모으다보니 와인과의 궁합도 제법 적절해보였고, 결과적으로는 와인냉장고를 부엌으로부터 거실로 끌어낼 수 있다는 가장 중요한 이익이 발생한다. 더불어 굳이 와인을 마시지 않아도 거실에 나와 있는 과일 칸은 손님맞이를 위해 부엌으로 향해야했던 주부의 발길을 덜어줄 수 있게 했다.

## 부동산개발사업은 설득이 쉽지 않은 이성적 고관여상품이다

또 다른 예도 있다. 최근의 경기침체로 부동산경기가 맥을 못 추고 있는 상황에서 아파트형공장을 성공적으로 분양했던 예다. 부동산개발사업은 경기에 매우 큰 영향을 받는다. 따라서 정확한 경기예측을 필요로 하는 사업분야라 하겠다. 그 이유는 부동산개발에 소요되는 시간 때문이다.

부동산개발은 많은 시간을 요한다. 건물도 그렇고 택지도 그렇다. 기획과 머천다이징에도 많은 시간이 필요하지만 그보다는 부지매입과 이미 지어져 있는 부지의 기존 건물이나 시설을 철거하는 데에 시간이 많이 소요된다.

뿐만 아니라, 그 부지 위에 설계를 하고, 각종 허가를 받은 뒤에라야만 부동산을 분양할 수 있기 때문에 이에 소요되는 시간도 만만치 않다. 여기에 건물을 짓고, 임대를 놓고 건물을 오픈하기까지는 또 상당한 시간이 필요하게 된다. 이 모든 프로세스가 진행되는 데에는 최소한 2~3년의 시간이 필요하다는 것.

따라서 분양에 맞춘 경기예측을 잘하는 것이 매우 중요해진다. 만일 경기예측에 실패했을 경우에도 사업을 중단하거나 미루는 일은 쉽지 않다. 이미 결정된 개발은 경기의 여부와 상관없이 제 궤도를 유지할 수밖에 없다는 것이다.

부동산개발사업에는 워낙 많은 돈이 투입되어야 하기 때문에 그 자금의 대개는 금융권으로부터 조달된다. 사업시행자가 은행으로부터 돈을 빌려 사업을 시행한다는 것. 따라서 당연히 매월 이자를 지급해야만 하고, 이 이자는 시간이 경과하면 할수록 눈덩이처럼 불어나기 마련이다.

시행자는 분양을 통해 이 자금을 갚아나가야만 한다. 하지만 분양에 실패할 경우 시행자는 이자부담으로부터 압박을 받을 수밖에 없게 된다. 그 뿐만이 아니라 분양이 원활하지 못할 경우에는 자금을 빌려준 은행이 자금회수를 위해 시행권을 박탈하기도 한다. 따라서 시행자는 어떻게든 정해진 시간 내에 과업을 달성해야만 한다는 특수성을 가지고 있기도 하다. 이처럼 어려운 일이 바로 부동산개발사업인 것이다.

경기침체가 찾아왔고, 부동산가격이 일제히 하락했다. 거래 또한 끊겨 분양을 엄두내기가 매우 힘든 상황. 그런 와중에 부산 최초의 아파트형공장이라는 기치 아래 부동산개발사업이 진행되고 있었다. 이렇게 해서 지어질 건물은 조선관련 부품제조업체들에게 분양할 예정이었다.

그러나 경기침체에 가장 타격을 받고 있는 사업이 바로 조선사업이었다. 때문에 조선업체들은 현금부족에 시달려야만 했던 것. 사정이 이렇다보니 대형 조선업체의 부품을 만들어 사업을 운영하는 조선관련 부품제조업체들의 현금부족현상은 더욱 극심한 상황이었다. 모두들 움츠리기에 바쁜 상황에서 조선관련 부품제조업체들을 대상으로 한 아파트형공장의 분양은 암울하기만 했다. 그러나 이미 설계가 완료되어 건물이 지어지고 있었고, 입지적 특성이 조선관련 부품업체들을 겨냥한 것이었으므로 지금에 와서 용도를 바꿀 수도 없는 노력이었다.

### 제품 고유의 장점에 매몰되면 소비자가 안 보인다

사실 이 공장은 조선관련 부품을 생산하기에 매우 많은 장점을 가진 건물로 개발되었다. 대기업 하청을 받아 만들어지는 조선관련 부품들은 대개 부피가 매우 크기 때문에 항만 근처, 그것도 대기업 조선회사의 주변에 위치하고 있어야만 한다. 그런데 이 공장은 항만, 그것도 현재 조선업의 중심지에 위치하고 있었다.

뿐만 아니라, 이곳에는 곧 새로운 무역기지가 조성될 예정이었으므로 입지적으로 나무랄 데가 없는 조건을 갖추고 있었던 것. 더구나 같은 업종의 업체들이 한 건물에 입주하게 되므로, 일을 진행하는 데 있어 매우 유리한 환경을 갖추고 있었다.

조선관련 부품제조업체들의 시너지효과 창출을 위해 기획된 이 건물은 각종의 최신시설을 갖추고 있었으며, 높은 천장과 운반을 위한 조건과 시설, 야적을 위한 조건 등에서 다른 공장들의 추종을 불허했다. 한 마디로 조선관련 부품제조업체들에게는 안성맞춤의 건물이었던 것.

더욱이 저렴한 가격에 분양하므로 적은 자금으로 자기 공장을 마련할 수 있는 기회를 제공한다는 측면에서 그야말로 수혜를 누릴 수 있는 건물이었다. 향후 경기가 좋아지면 상당한 수준의 투자환수효과도 누릴 수 있을 것으로 전망되었다.

어려운 부동산환경과 조선산업의 침체에도 불구하고, 시행사는 이러한 장점들을 내세워 대대적인 분양광고를 실시했다. 많은 광고비를 투입해서 인지도를 높이며, 붐업을 유도하고, 그 여세를 몰아 100% 완전분양을 하겠다고 의지를 불태웠던 것이다.

동원했던 미디어들도 전 방위적이었다. TV, Radio, 신문, 신문전단 등의 광역화된 매체들로 동시다발적 광고를 집행했다. 그야말로 '토끼몰이' 식 입체작전을 방불케 했던 그들의 분양광고. 하지만 결과는 참담한 실패였다. 분양은 고사하고, 분양문의전화조차 한 통 받지 못한 채 시간이 흘러갔다.

어려운 경기를 감안한다 해도 이 공장이 가지고 있는 이토록 많은 장점들을 생각할 때 그것은 상상조차 하지 못했던 결과였다. 뒤늦게 소비자조사가 실시되었다. 그런데 고객들의 반응은 패배의 원인을 확실하게 밝혀주었다.

"아파트형 공장에 입주하면 불편할 것 같은데요. 거긴 고층건물이라서 야적도 불편하고 천고도 낮아서 우리하곤 안 맞아요."라는 반응도 일부에서 있었다. 하지만 이들에게는 건물의 장점과 개요를 잘 설명하면 분양이 가능할 것 같았다.

문제는 아예 이전을 고려할 수 없는 조선관련 부품제조업체들의 사정이었다. "내 공장이 생기면 좋지요. 하지만 먼저 살아야 하지 않겠습니까? 당장 자금이 안돌아서 부도가 날판인데, 이전은 무슨 이전이요?"

그러니 아무리 좋은 조건으로 이들을 설득한다 해도 애초에 분양은 어려운 상황이었다는 것. 이러한 상황에서는 건물의 물리적 이점들을 아무리 설명한다 해도 분양은 불가능한 것처럼 보였다. 감성적 이점도 좋은 도구는 아니었다. 고가의 공장은 매우 이성적 고관여상품이었기 때문.

문제는 그것만이 아니었다. 소비자조사를 통해 미디어 활용의 실수들도 속속 밝혀졌다. 그렇게 많은 양의 광고를 퍼부었지만 조선부품을 만드는 중소기업 사장들과 관리자들에게 도달한 메시지는 매우 적었다. 그것은 매스미디어 광고를 사용한 때문이었다.

많은 금액을 투입했지만 노출은 미미했고, 유동성 부족에 발을 동동 구르며 뛰어다니던 업체 사장이나 관리자들의 귀에는 이러한 메시지들이 들릴 리 만무했던 것. 이미 투입한 자금이 아까웠지만 전략을 다시 세울 수밖에 없었다.

미디어의 실수는 해결이 쉬워 보였다. 다시금 명확한 타깃을 확인하고, 그들의 손에 직접 전달할 수 있는 퍼스널미디어로 전환하면 효과를 보다 극대화할 수 있을 것이라는 결론이 도출되었다. 하지만 문제는 '무엇을 말할 것인가?' 였다. 무엇을 말해야만 이 위기상황을 돌파할 수 있는가?

## 건물이 아니라 유동성, 즉 현금을 팔아라?

특단의 조치가 필요했다. 내용을 전달받은 마케팅컨설턴트는 시행사가 취해온 그간의 공급자적 시각을 지적했다. 시행사는 이 '분양' 을 철저히 건물의 시각으로 보고 있었다는 것. 이제는 '좋은 입지의 좋은 건물' 이 왜 안 팔릴까라는 고민에서 벗어나라는 것이다.

중소 조선업계는 선박금융이 취약해지면서 애로를 호소하고 있었다. 유동성문제, 즉 현금 부족이 그들의 가장 큰 고민이었다는 것. 하지만 이를 책임지는 주거래은행이나 금융위원회는 소극적 자세로 일관하고 있었다. 그들은 현금에 목마른 상태였다. 그런 마당에 새 공장을 마련하라는 말이 그들에게 먹혀들 리가 없었던 것이다.

마케팅컨설턴트는 아파트형공장에 대한 국가의 지원사항을 검토했다. 그리고 분양금액의 70%까지 저리융자가 가능하다는 사실을 찾아냈다. 시행사 측은 오히려 취득세, 등록세, 부가가치세, 재산세, 종합토지세 면제나 감면에 더 주목하고 있었지만 마케팅컨설턴트의 시각은 달랐다. 저리융자는 곧 유동성이다. 현금이라는 것이다.

마케팅컨설턴트는 대지 중 공사 중인 구역을 제외한 야적장용도의 부지에 필요할 경우 즉시 공장을 가동할 수 있는 임시공장을 마련하게 했다. 그리고 분양받을 회사들로 하여금 지금 입주해 있는 공장을 처분해서 현금을 마련하라고 권하는 광고를 집행했다. 새로 지은 공장에 입주하는 비용은 국가의 지원에 의해 저리융자를 활용할 수 있기 때문이었다.

미디어의 활용도 기존의 방법과는 전혀 다른 궤도를 제시했다. 조선업계가 밀집해 있는 지역의 지정게시대 현수막, 게릴라 현수막, 업계 사장들에게 보내는 다이렉트 메일, 아파트형공장에 지원되는 사항을 소상하게 담은 리플릿, 업계 사장들을 모아 진행하는 사업설명회 등을 활용, 철저히 퍼스널미디어 중심의 마콤을 운용했다. 당연히 결과는 기대 이상이었다.

## 신규진출시장에 소비자들의 문제인식이 없다는 것은 오히려 기회?

상대하기 벅찰 만큼 경쟁사의 파워가 강력한 시장에 성공적으로 론칭한 지역의 한 김치제조사의 사례를 통해 해결책에 접근하는 방법을 살펴보도록 하자. 20여 년 동안이나 김치를 제조해서 전량 일본에 수출했던 회사가 내수시장에 첫발을 들여놓는 상황이었다.

하지만 이미 김치시장의 경쟁은 달아올라 있었고, 김치를 구매하는 고객들은 선호하는 상표가 각기 존재하고 있었다. 편의점 시장을 독점하는 상품 때문에 편의점 시장의 공략은 엄두를 내기 어려운 상황이었으며, 두세 개의 대표상품들이 이미 마트를 메우고 기존 소비자들을 독식하고 있었다.

마케팅컨설턴트는 보다 구체적인 상황을 분석했다. 고객들이 김치를 구매하는 상황은 몇 가지로 요약되고 있었다. 편의점에서 간편식을 먹을 경우를 제외하면, 맞벌이부부나 싱글족으로 김치를 담거나 얻어서 이용할 수 없는 경우, 여행이나 MT 등에 필요한 경우, 잠시 김치가 떨어져서 구매한 김치로 대체하는 경우, 배추값 폭등 등으로 담가먹는 것보다 구매하는 경우가 더 싼 경우 등이 그것이었다.

그리고 적지 않은 소비자들이 '맛이 좋아서 A브랜드를 구매한다.' 고 밝혔지만 그것은 소비자인식의 착각일 뿐 소비자 인사이트는 그렇지 않다는 것. '편리성 때문에 김치를 구매해서 먹지만, 제조김치 브랜드들 중에서는 그 브랜드가 가장 맛있다.' 는 것을 마치 '맛이 좋아서 구매하는 것' 으로 착각하고 있다는 것. 이러한 사실이 다음의 포지셔닝맵을 통해 명쾌하게 드러났다.

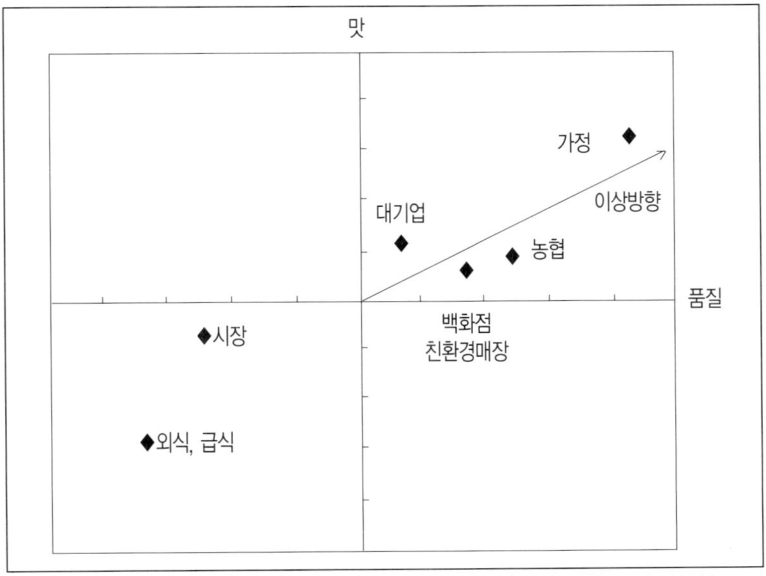


그림 14-1 : 2007년, 한국농촌경제연구원이 연구한 김치에 대한 소비자인식

맛과 품질이 가장 이상적인 김치는 가정에서 담은 김치라고 소비자들은 생각하고 있었던 것이다. 이 자료가 해법의 열쇠가 되었다. 많은 경쟁상품들이 출시되어 있고, 그 속에 쉽게 파고들 수 없다면 새로운 시장을 개척하자는 것.

특별한 맛으로 소비자 인식을 자극해서 맛에 대한 새로운 태도를 갖게 할 수만 있다면 이 시장이야말로 황금알을 낳는 거위가 될 수도 있다는 것이었다. 여기에 덧붙여 아직까지는 많은 사람들이 가정에서 김치를 담가먹지만 만일 이러한 경향이 바뀌어 대부분의 사람들이 김치를 사먹는 상황으로 옮겨간다면 맛으로 포지셔닝된 상품이야말로 가장 주목받을 수 있는 새로운 영역이 되리라고 판단한 것.

하지만 의문이 하나 남아 있었다. 왜 그간 경쟁상품들의 온갖 프로모션들에도 불구하고, 김치는 집에서 담근 것이 가장 맛있고 좋은 김치라고 생각하느냐 하는 것이었다. F.G.I.를 통해 그것이 '길들여진 맛'의 문제임을 파악하게 된다. 더불어 제조김치에 대한 선입견이 작용하고 있었던 것.

따라서 구매한 김치를 먹어본 사람들 대부분은 부정적 반응을 보이고 있었다. 그나마 긍정적인 반응은 '먹을 만은 하더라.' 정도였다. 결국 소비자들은 '맛있고 값싸서'가 아니라 대부분 '편리하기 때문에 구매한다.'의 태도를 가지고 있었던 것이다.

그리고 이러한 태도는 제조김치 구매에 결정적인 네크를 새로 만들어내고 있었다. 그것은 바로 '엄마로서, 아내로서, 주부로서의 명분'이었다. 맛이 없고, 좋지 않은 김치를 사서 먹이는 것은 주부로서 의무를 다하지 않는 것이라는 생각이 제조김치시장의 확대를 가로막고 있었던 것. 한마디로 문제인식이 없다는 지점이 문제였다.

따라서 특별한 맛으로 소비자 인식을 자극한다고 하더라도 그것이 곧 시장의 확대로 이어지기에는 너무나도 높은 장애가 가로막혀 있었던 것이다. 시장의 규모도 크고, 향후 시장의 성장이 예상되는 시장이지만 이를 뚫어내는 것은 매우 어려운 일이었다.

### 명품전략 구사한 모 김치제조사의 포지셔닝전략

시장점유율이 전무하고, 제품인지도도 전무한 상황. 시장추종자의 전략을 사용할 수밖에 없었던 이 김치제조사는 시장도전자로 변신하여 표적시장을 선정할 경우 매우 불리한 입장이 될 수밖에 없을 것이다. 뿐만 아니라 회사의 자원 역시 매우 부족해 경쟁을 통해 시장을 뚫어내는 것이 매우 부담스러운 상황이었다.

문제는 밝혀졌다. 그리고 해결의 윤곽도 잡혔다. 취할 수 있는 유일한 방법은 지금까지 주부들이 찾지 못했던 명분을 '특별한 맛' 으로 찾아주자는 것. 마케팅컨설턴트는 많은 조사 끝에 자주 먹어보지 못하는 별미김치 등 제품을 다양화하는 것이야말로 소비자들의 인식 속에서 맛과 품격을 동시에 높이는 방법임을 밝혀냈다.

'포기김치로 어떻게 맛의 우위를 만들까?' 를 고민하던 이 김치제조사의 입장에서는 매우 고무적인 조사결과가 아닐 수 없었다. 그리고 그 반대 축에는 저가격 전략을 통한 대중화 전략이 포진하고 있음을 밝혀낸다. 따라서 '제품표준화와 대량유통' 이 아닌, '핸드메이드와 소량유통' 을 앞세우게 된다.

모든 제조사들이 김치를 버무리는 과정을 손으로 실시할 수밖에 없었으나, 당시까지 어느 제조사도 '핸드메이드' 를 표방하지는 않고 있는 상황이었다. 그런데 소비자조사를 통해 핸드메이드의 이미지가 김치에 있어 명품 · 장인 · 맛을 함께 나타내는 키워드임을 밝혀냈던 것. 이 김치제조사는 이러한 근거에 맞춰 포지셔닝전략을 완성했다.

제품컨셉은 '명품김치' 였다. 제품에서부터 포장까지의 전 과정에 명품으로서의 차별화를 실현하는 한편, 표적시장의 심리적 저항을 무너뜨리기 위해 자가제조가 힘든 별미김치를 중심으로 다양한 신제품을 개발한다. 고들빼기김치 · 무말랭이 · 갓김치 · 백김치 등은 물론, 사과김치 · 배김치 · 파인애플김치 등 신세대형 김치를 개발하였고, 열무김치 · 동치미 등 국수를 말아먹을 수 있는 김치제품 등을 시장에 내놓았던 것. 더불어 명품김치를 표방하기 위한 여러 가지 커뮤니케이션 수단들을 동원했음은 더 말할 나위가 없다.

이처럼, 중요한 것은 문제를 파악하고 그 문제를 해결하는 것이다. 상품이나 서비스가 놓인 상황에 따라 이 문제는 각기 다를 수밖에 없다. 같은 업종이라고 하더라도 각 상품과 서비스에 따라 문제는 다르게 나타나고, 각기 다른 시각으로 문제를 보기 마련이다.

앞서 설명한 것처럼 지금은 문제해결능력이 대접받는 시대다. 이것은 비단 마콤의 문제만이 아니다. 설사 그것이 상품의 영역이라고 해서 마콤의 책임이라고 말하기에 이 사회는 이미 너무나도 통합되어 버렸다. 마콤을 담당하는 전략가는 상품의 개발, 가격의 책정, 유통의 문제에 이르기까지 그 모든 문제들에 대해 소비자의 시각을 가진 사람이다.

따라서 이 모든 문제들을 소비자의 시각에서, 그리고 구매의사결정과정 상 소비자의 처지에서 파악해야만 한다. 그리고 어떤 곳에 네크가 있고, 어떤 곳에 리크가 있는지를 판단해야만 한다. 이에 적절한 솔루션을 제공하는 마콤전략가만이 제대로 된 마콤전략을 구축할 수 있다.

4부 : 통합마콤캠페인

# 15

## 타깃과 접점, 트리거링 포인트

# 길목을 지키고, 길을 내는 사람들, 결정적 순간을 기다리다!

앞서 우리는 문제를 파악하고, 그 해결책을 수립하는 과정에 대해 살펴보았다. 이 해결책을 중심으로 목표를 설정했고, 그 목표는 결국 소비자의 특정행동을 유발시키기 위한 것이다. 그러기 위해서는 소비자들을 만나야만 한다.

많은 마콤전략가들은 해결책을 너무 장황하게 설명하는 경향이 있다. 물론 그 해결책의 속내는 매우 복잡할 수밖에 없다. 하지만 그 속에는 화약이 있고 방아쇠가 있다. 문제는 '방아쇠가 어디냐?' 하는 것이다. 이 방아쇠지점을 정확히 이해해야만 소비자들을 만날 결정적 접점도 파악이 가능해진다.

조셉 슈거먼은 자신의 저서 '트리거링 포인트(Triggers: 30 Sales Tools you can use to Control the Mind of your Prospect to Motivate, Influence and Persuade)'를 통해 인간의 본능적 심리를 움직이는 요소를 설명하고 있다. 방아쇠가 당겨지듯이 고객의 구매 심리에 결정적인 요소를 가해야만 구매가 이루어진다는 것.

### 최종적 구매결정을 이끄는 결정적 순간, 트리거링 포인트

저자는 주로 잠재고객이 실제 고객이 되도록 강한 동기를 부여하고 설득함으로써 빠른 시간 안에 구매 결정을 내리도록 유도하는 기법을 설명하고 있다. 이 방아쇠에 관한 지식은 대면판매, 홈쇼핑 세일즈, 인터넷 및 광고 마케팅, 방문 세일즈 분야에서 필수적 경쟁력으로 인정받고 있다.

그 내용의 대부분은 판매현장에서의 상황을 다루고 있다. 한 번 구매를 결정한 사람들은 사는 김에 이것도라는 식으로 처음의 구매 결정과 일치된 행동을 한다. 즉 고객이 구매를 결정하는 순간이 또 다른 제품을 팔 수 있는 순간인 것이다.

만약 제품에 대해 고객이 부정적으로 생각할 만한 여지가 있다면 먼저 그 문제를 거론해야 한다. 즉 고객이 문제점을 지적하기 전에 판매자가 먼저 선수를 쳐야 한다는 이야기다. 그 같은 행동이 오히려 신뢰로 이어지기 때문이다.

제품을 설명할 때 고객의 상상력을 자극하는 것도 중요하다. 고객이 실제로 물건을 소유하고 있는 상황인 것처럼 설명을 하라는 것. 고객이 물건을 만지고 시험해보게 해서 고객이 제품에 물리적으로 개입하게 하라. 또 고객은 그 분야 권위자에게 구매를 하고 싶어 한다. 팔고 싶은 물건의 권위자가 되어라. 사람들은 자신들의 불안감을 권위로 치유 받고 싶어 한다.

사람들은 현재 자신의 능력보다 높은 가치의 물건을 소유하고 싶어 한다. 세일즈맨은 이러한 대중들의 성향을 활용할 수 있어야 한다. 사람들이 상품이나 브랜드를 구매하는 행위는 동경하는 집단에 소속되고 싶다는 심리적 이유에서 출발한다. 따라서 그 제품을 사용하는 집단에 대해 자신을 심어주어야 한다. 어떤 수준 높은 사람들이 먼저 이 제품을 소비했는지를 설명해야 한다.

이처럼 기본적으로 상품에 대한 구매의사가 있기는 하지만 그것을 최종적으로 구매하는 데에는 결정적 요소가 존재한다는 것이다. 이것은 비록 판매기법을 설명한 것이지만 마콤전략에 있어서도 이러한 결정적 요소는 매우 중요하다.

'이것도 좋고, 저것도 좋지만' 이라며 말꼬리를 흐리게 해서는 행동을 유발시킬 수 없다. 물론 다른 모든 것도 좋아야겠지만 구매자는 오히려 뾰족한 한 가지 문제 때문에 결정을 내리게 된다. 그 한 가지 문제가 바로 '트리거링 포인트' 인 것이다.

마콤전략에 있어서도 이러한 트리거링 포인트가 필요하다. 아무리 많은 장점들을 배치해놓아도 그것이 최종적인 행동 유발이 가능할 정도의 폭발력이 없으면 흐지부지되기 쉽다. 따라서 고객들이 시원스레 결정을 내릴 수 있도록 해주는 방아쇠장치가 필요하다는 것.

즉 수많은 장점들은 화약이요, 실탄일 뿐이고, 그것을 발사시키는 '무엇' 이야말로 트리거링 포인트가 되는 것이다. 이처럼 판매현장에서 만들어지는 트리거링 포인트를 한 단계 끌어 올림으로써 마콤전략으로의 활용이 얼마든지 가능하다. 그리고 이 트리거링 포인트는 요인적 포인트와 공간적 포인트로 나눠진다. 먼저 요인적 포인트에 대해 알아보자.

### 아무리 많은 장점이 있어도 구매 결정의 순간은 따로 존재한다

여러 가지 장점이 있음에도 불구하고, 그것의 구매를 결정하게 하는 트리거링 포인트가 따로 존재한다는 사실을 보여주는 좋은 예가 있다. 부산의 모대학 캠퍼스 안에 민간투자유치사업방식(BTO)으로 지어진 쇼핑몰이 그것이다. BTO(Build-Own-Operate)란 공공기관이 민간기업과 손을 잡고 사업을 추진하는 방식이다.

이 경우에는 대학이 부지를 내놓고 시행사가 이 부지 위에 건물을 지어, 그중 일부를 대학시설로 제공한 뒤 남는 면적을 시공사가 30년간 사용하는 계약이었다. 30년 후에는 이 나머지 면적을 다시 대학으로 돌려주어야만 하는 것. 시행사는 30년 동안의 임대수익과 임대 시 받는 보증금을 통해 수익을 내고, 30년 뒤에는 임대보증금을 되돌려줌으로써 사업을 정리하게 된다.

이처럼 복잡한 구조를 가지고 있으니 시행사가 소비자들에게 이것을 설명하는 일은 그리 쉽지 않았을 것. 그래서 이 모든 시스템의 상품을 '임대분양' 이라는 말로 정리해서 판매하게 된다. 원래 분양이라는 말은 소유권을 판매하는 것이다. 하지만 이 경우에는 그렇지 않음에도 불구하고, 소비자들의 빠른 이해를 위해 이 '분양' 이라는 단어를 차용했다.

시행사는 이 상품의 '임대분양'을 위해 투자자들을 대상으로 '건물 안에 극장과 대형서점이 있어서 고객들이 많이 찾을 것이다, 대학 안에 있으니 대학생들을 모두 고객으로 맞을 수 있다, 상권도 발달해 있는 곳이니 외부 고객들도 많을 것이다.' 등 여러 가지 장점들을 소개했다.

또 '건물 내에 대학시설들이 함께 입주하기 때문에 고정고객도 많다, 대학과 함께 벌인 일이니 돈 떼일 일이나 부도날 일 없다, 시공사도 자금이 넉넉한 회사다.' 등 안정성을 강조했다. 그래서인지 이 쇼핑몰은 어려운 분양환경에도 불구하고, 다른 쇼핑몰들보다 훨씬 빠른 분양성과를 거두었다.

하지만 잘 진행되던 분양실적이 갑작스레 주춤했다. 그리고는 건물이 완공될 때까지 더 이상 분양실적은 늘지 않았다. 당장 건물을 오픈해야 했지만 분양이 완료될 가능성은 희박해보였다. 더욱 문제가 된 것은 분양을 받은 사람들은 투자자일 뿐 입점해서 장사를 할 사람들이 아니었다는 것.

마케팅컨설턴트는 분양에 대한 진단에 착수했다. 분양성공요인은 무엇이고, 분양이 다시 정체된 이유가 무엇인지를 찾아보게 된 것이다. 부산의 어려운 경기상황과 특히 부동산시장의 침체, 다른 쇼핑몰들이 속속 분양에 실패한 사례로 볼 때 이 쇼핑몰의 분양실적은 대단한 것이었다. 먼저 분양성공요인을 분석했다.

그 이유를 분석한 마케팅컨설턴트는 분양성공의 트리거링 포인트가 '낮은 분양가'에 있음을 알게 되었다. 입지에 따라 다르기는 하지만 다른 쇼핑몰의 경우 1층은 분양가가 평당 3,000만 원에서 4,000

만 원에 이르렀던 반면 이 쇼핑몰이 제시한 '임대분양가'는 2,200만 원에 불과했던 것.

하지만 그것만으로는 분양성공을 이끌어낼 수 없었을 것이라는 마케팅컨설턴트의 분석이 뒤따랐다. 승부의 열쇠는 바로, 다른 것은 다 가리고 '800만 원만 투자하면 된다.'는 사실. 임대분양가 2,200만 원 중 1,400만 원가량을 장사할 사람들로부터 임대보증금으로 받으면 투자자는 결국 평당 800만 원만 투자하면 '임대분양'을 받을 수 있었던 것. 게다가 30년 후에는 투자원금을 전액 다시 내주겠다는 얘기까지가 매우 솔깃하게 작용했던 것이다.

### 임대분양의 트리거링 포인트가 입점자모집의 네크 포인트로

이것은 다른 쇼핑몰들에 비해 적게는 1/3에서 많게는 1/5에 해당하는 금액이었다. 하지만 준공이 가까워오면서 투자자들은 반신반의하게 된다. 다들 된다는 바람에 영문 모르고 따라 들어왔던 투자자들이 중도금을 내면서 '만약 장사하겠다는 사람이 나타나지 않으면?'이라는 고민에 빠지게 된 것이다.

그때부터 분양이 막히기 시작했다. 한편, 장사를 할 사람들의 입장에서 보면 평당 1,400만 원의 임대보증금은 너무나도 가혹한 것이었다. 근처 잘 되는 상가의 경우 임대보증금은 30평 기준으로 1억 원 정도. 여기에 권리금 1억 원 정도를 더한다 해도 2억 원 정도면 30평 규모의 자기사업을 할 수 있었다. 하지만 이 쇼핑몰의 경우에는 달랐다. 권리금은 비록 없지만 임대보증금이 무려 4억 1,400만 원에 달했던 것.

결국 투자자 설득을 위한 트리거링 포인트는 건물 준공에 즈음하여 장사할 사람들을 찾는 과정에서 네크 포인트였음이 드러났다. 높은 임대보증금 때문에 장사할 사람들은 모여들지 않았고, 이미 분양을 받은 사람들은 잔금을 치를 수 없었으며, 아직 분양되지 못한 물량은 미분양인 채로 방치된 것.

마케팅컨설턴트는 임대보증금 네고(Nego)를 요구했다. 임대보증금을 평당 100만 원 수준으로 내려달라는 것이었다. 이렇게 되면 투자자의 자금부담이 너무 커지는 것이었다. 평당 무려 1,300만 원의 추가적인 투자가 이루어져야 하는 것.

하지만 마케팅컨설턴트는 단호했다. 현재의 임대보증금을 낮추지 않으면 장사를 하러 들어올 사람이 없다는 것. 그렇다고는 해도 평당 100만 원은 너무나도 파격적인 금액이었다. 그리고 보증금으로 충당되지 않는 비용은 월세로 전환하겠다는 것이 그의 계획.

하지만 그는 이것만으로는 임대가 100% 될 것이라고 생각하지 않았다. 임대가 100% 완료되면, 임대수익을 미끼로 투자자 모집에 들어가겠지만 임대가 폭발적으로 계약되지 못하면 투자자 유치가 어려울 것이었으므로, 보다 강력한 트리거링 포인트가 필요했다.

마케팅컨설턴트는 이 대학의 2만여 명 대학생을 활용하기로 한다. 대학상권보다 낮은 금액으로 이용할 수 있는 음식점이나 미용실, 문구점 등을 유치하여, 그간 아래로 내려가던 학생들의 구매길목을 막아버리겠다는 것.

이미 대학상권의 물가는 매우 낮은 편이었다. 하지만 그보다 약간만 낮은 금액을 제시하면 가격조건에 따른 구매성향이 큰 학생들의 경우 이용이 가능하다는 것. 뿐만 아니라 매장을 대형화해서 박리다매의 경영을 한다면 얼마든지 낮은 가격의 보전이 가능하다는 판단에서였다.

그리고 이러한 메시지를 대학상권에 집중적으로 살포한다. '2만여 ㅇㅇ대학생, 그 길목에 들어선 쇼핑몰' 이 메시지의 골자였다. 위기 소구였다. 대학상권에는 30여 개의 미용실이 있었고, 그들은 서로 낮은 금액과 나름대로의 방법을 동원한 질 좋은 서비스로 학생들을 공략하고 있는 중이었다.

그런데 만일 쇼핑몰이 들어서고 여기에 대형미용실이 입주해서 낮은 가격으로 학생들의 발길을 막아버린다면? 이러한 위협은 일시에 효과가 나타났다. 대학상권이 술렁이기 시작했고, 여기저기서 수군거리기 시작했다. 이때 단돈 '3,000만 원으로 30평 최신식 쇼핑몰을 운영하라' 는 2차 메시지가 집행된다.

## '위기 제시와 출구 제공', '명분을 제고' 해주는 트리거링 포인트

바로 이것이 트리거링 포인트다. 위기를 제시하고, 그 출구를 마련해준 일련의 과정은 대성공으로 끝이 났다. 짧은 시간 동안 폭발적인 붐업이 가능했고, 이로 말미암아 쇼핑몰은 전층이 임대되었으며, 그 임대수익을 겨냥한 투자자들이 그 뒤를 이었다. 요인적 트리거링 포인트를 개발해서 성공한 좋은 예라 하겠다.

설명한 바에서 사용된 트리거링 포인트는 '위기의 제시와 출구의 제공' 이라는 방법이었다. 이것은 매우 강력한 트리거링 포인트의 힌트다. 위기의 설정과 출구의 제공만큼 강력한 것이 '명분의 제공' 이다. 이 명분의 제공 역시 많은 상황에서 매우 강력한 트리거링 포인트로 작용되어 왔다.

좋은 것은 안다. 정말 갖고 싶다. 돈도 있다. 하지만 내가 이것을 갖게 되면 너무 사치스럽다고 하지 않을까? 주변에서 나를 어떻게 생각할까? 남편은 뭐라고 할 것인가? 부모님은 뭐라고 할 것인가? 아이들은 어떻게 생각할 것인가?

하지만 마콤전략가가 이런 내용을 소비자들에게 직접 물어보면 여간해서 소비자들은 자신의 속내를 내보이지 않는다. 결국 마콤전략가는 '보다 좋게, 보다 싸게' 의 물리적 효익에만 매몰되곤 하는 것이다. 하지만 이러한 '명분' 의 문제는 의외로 많은 상품에서 나타난다. 앞서의 장에서 살펴본 조제김치의 구매가 그 대표적인 예였다.

닌텐도가 론칭될 당시, 그 닌텐도의 광고모델들은 모두 성인이었다. 그것도 빅모델들이었으며, 그들은 모두 닌텐도를 들고 즐거워했다. 하지만 그들은 게임을 한 것이 아니다. 머리가 좋아지는 훈련을 하고 있었고, 영어를 공부하고 있었다. 그런 명분을 통해 닌텐도는 부모님을 통해 아이들의 손에 들려질 수 있었던 것이다.

이처럼 명분을 제고하는 것이 곧 구매결정력의 극대화로 연결된 사례는 매우 많다. 바로 이러한 것이 요소적 의미의 트리거링 포인트다. 그렇다면 공간적 의미의 트리거링 포인트란 무엇인가? 그것은 결정적 접점을 의미한다.

상품과 소비자들은 많은 곳에서 만난다. 아침방송을 통해서도 만나고, 출근길 옥외광고를 통해서 만나기도 한다. SP이벤트의 도우미를 통해서 만나기도 하며, 마트의 상품진열대에서 만나기도 한다. 그 중 어디를 결정적 접점으로 만들어야 할 것인가? 그 공간을 기획하여 적중시키는 것이 바로 공간적 의미의 트리거링 포인트라 하겠다. 우선은 고객과의 접점을 확인하는 일이 필요하다. 앞서 '브랜딩솔루션' 에서 접점에 대해 충분히 설명하였으므로 고객들과의 모든 접점의 문제, 중요한 접점의 문제는 생략하도록 한다.

## 접점 강제화의 포인트는 강력한 파지와 베네핏의 제공

문제는 그 접점들을 모두 커뮤니케이션 통로로 쓰는 것은 비효율적이라는 것이다. 그 중 필요한 접점들을 선택하여야만 한다. 또 한 가지 중요한 포인트는 그 접점들을 동시다발적으로 운영하는 것이 아니라 정해놓은 룰대로 강제화시켜야 한다는 것.

접점의 강제화란 1번 접점에서 만난 소비자들을 '어떤 이유' 의 제공을 통해 대부분 2번 접점으로 옮겨가게 하는 것이다. 이러한 접점의 강제화는 강력한 파지와 베네핏에 의해서 이루어진다. 파지란 '아, 나에게 하는 소리구나.' 를 감지하게 하는 것.

사람들은 '내 문제' 에 관심을 갖기 때문에, 그것이 내 문제가 아니라는 생각이 들면 다음 행동을 취하지 않는다. 따라서 강력한 파지를 통해 '이건 너에게 하는 소리야.' 라는 신호를 송출해야만 하는 것이다. 그것은 매스미디어광고의 경우에서 더욱 중요하게 작용한다.

그렇게 되면 타깃고객들은 관심을 갖게 될 것이다. 이때부터는 다음 접점으로의 이동이 매우 손쉽게 이루어진다. '더 자세한 사항은 신문광고를 참조하세요. 구체적인 혜택은 www.00000.com에서' 등이 접점의 강제화다.

베네핏이란 일시적으로 제공되는 이익이다. '특별한 혜택' 이라는 이름으로 소개되곤 한다. 앞서 설명한 TTL과 엔크린은 이처럼 파지와 베네핏을 통해 접점강제화에 성공한 통합마콤캠페인의 예로써 매우 훌륭한 것들이었다.

TTL은 짧은 TV광고에 노출된 사람들이 적절한 파지와 궁금증을 통해 웹사이트와 대리점을 향하도록 구조화시켰다. 웹사이트와 대리점에서는 콘서트 무료입장이라는 베네핏을 통해 그들을 보다 더 깊은 접점으로 유도했다.

엔크린 역시 마찬가지다. 당시 차를 운전하는 사람이라면 누구나 다 들러야만 하는 주유소를 최초의 접점으로 선정했다. 그리고 차별화된 방법으로 고객카드를 아주 손쉽게 만들게 했다. 하지만 여기까지는 접점을 강제화한 것이 아니다. 문제는 DM이었다. 이 DM을 통해 확실한 베네핏 제공약속을 하게 되는 것.

결국 '매스한 경험' 을 '퍼스널한 경험' 으로 바꿔내는 순간이 공간적 트리거링 포인트다. 그리고 그것은 소비자들의 길목 어디엔가 위치해 있어야 하며, 소비자들을 어디론가 유인하여야만 가능해진다. 이 접점은 앞서 말한 것처럼 파지와 베네핏을 중심으로 구축된다. 따라서 베네핏 구축의 중심 툴(Tool)인 SP와 SP이벤트 등이 자주 활용되곤 하는 것이다.

매스적 경험이란 공중을 상대로 하는 광고들이다. 이런 광고가 파지를 주고, 어느 한 대목으로 집중을 시키면, 그 집중처에서는 SP 툴들을 이용해서 퍼스널적 경험을 제공하게 된다. 이때 이 경험은 가급적 분명한 효익이 숫자로 표현된 것이어야만 한다. 고객의 이름까지 추가될 수 있다면 더욱 좋다. 그래야만 온전히 개인화된 경험을 전달할 수 있기 때문이다.

이 공간적 트리거링 포인트야말로 통합마콤전략의 핵심이며, 신규 고객확보를 위해 매우 효율적인 도구다. 그렇다면 공간적 트리거링 포인트를 만들어내는 절차는 어떤 것인가? 먼저 고객과 상품이 만나는 기존의 접점들을 모두 점검한다. 그리고 활용 가능한 접점도 모두 정리한다.

정리가 끝났으면 그 접점들을 인식하면서 소비자들의 행동을 유발시키기 위한 단계를 설정한다. 베네핏을 먼저 정리하는 것도 방법이다. 어떤 베네핏을 줄 수 있는가? 어떤 베네핏이 유효하겠는가를 생각해야만 한다. 이 베네핏의 구성을 위해 많은 기업들은 코-프로모션(Co-Promotion)을 활용한다.

## 접점을 통해 행동을 유발한다, 매스한 환경을 퍼스널한 환경으로

이러한 베네핏을 단계에 맞게 구성하고, 이를 주는 조건으로 우리가 얻어내야 할 것들을 정리한다. 그리고 그것들을 적절한 접점에 배치한다. 만일 적절한 접점이 없다면 적절한 접점을 기획해야만 한다. 그것은 미디어툴일 수도 있고, 장소일 수도 있으며, 장소에 부여하는 환경일 수도 있다.

그렇다고는 해도, 이 기획된 접점은 목표타깃들과 꼭 만날 수밖에 없는 어딘가에 놓여있어야만 한다. 아무리 좋은 베네핏을 준비했다 하더라도 목표타깃들이 접근하지 않는 곳이면 소용이 없는 것이다. 타깃들이 다니는 길목을 이해해야 하는 가장 중요한 이유는 바로 이것이다.

이렇게 몇 개의 접점들이 발견되거나 기획되었다면, 접점의 순서를 결정한다. 이 접점의 순서는 얻고자 하는 소비자행동에 근거해야만 한다. 먼저 하나의 베네핏으로 아주 낮은 수준의 소비자행동을 끌어낸다. 그리고 다음 베네핏으로 조금 더 높은 수준의 소비자행동을 끌어낸다. 그리고 점점 더 그 강도를 높여가며 최종적으로는 타깃을 충성고객으로 만들어낸다는 것이다. 물론 경우에 따라서는 베네핏 대신 강력한 메시지가 소비자행동을 끌어낼 수도 있을 것이다.

마콤전략가는 각 접점의 유형과 각 접점별 목표, 그리고 각 접점별 베네핏과 메시지를 정해진 방향에 일치시켜 개발하거나 기획한다. 기왕이면 그 접점들은 소비자의 길목에 위치하는 것이 좋다. 그러나 꼭 그렇지 않더라도 강제화도구를 보다 강화하면 얼마든지 소비자들을 그 접점으로 유인할 수 있다.

이 모든 접점들의 목표는 타깃들의 특정한 행동이다. '○○○○명 고객의 ○○○한 행동 유발'이 각 접점마다 부여된 목표라는 것. 각 접점은 이러한 목표를 달성하기 위해 필요한 여러 가지 툴을 활용할 수 있다. 꼭 하나의 접점에서 하나의 툴이 사용될 필요는 없다는 것이다.

이때 최종적인 구매결정, 혹은 충성고객으로의 결정을 담보하는 의사표시가 일어나도록 만드는 공간적 트리거링 포인트가 필요하다. 앞서 말한 것처럼 이것은 매우 퍼스널한 환경에서 가능해진다. 따라서 소비자들이 아니라, 소비자 한 사람 한 사람이 이 퍼스널한 환경을 만나게 만드는 순간이 바로 공간적 의미의 트리거링 포인트라 할 수 있다.

그것은 대개 자신의 신상기록을 기재하는 일에서부터 그 기록으로 말미암은 결과가 자신에게로 돌아오는 것을 '충격적으로 확인'하게 되는 과정의 어딘가에 위치해 있다. 엔크린의 경우는 집으로 발송된 DM에 적혀있던 자신의 이름과 포인트 숫자였을 것이다. '이 포인트를 조금만 더 모으면 이 베네핏이 내 것이 된다.'는 것을 확인시켜준 그 순간이 바로 이 트리거링 포인트였다는 것.

이 모든 과정을 수행한 마콤전략가라면 개발된 접점들의 조합을 하나의 표로 정리할 수 있게 된다. 이 표의 횡축은 접점명, 타깃의 수와 특성, 행동목표, 주요접점공간, 사용할 베네핏과 메시지, 사용할 미디어 등으로 구성된다. 종축은 이러한 내용을 각 접점의 순서대로 기재하면 된다.

4부 : 통합마콤캠페인

# 16

## 통합마콤캠페인의 이해

# 완벽한 커뮤니케이션의 성공, 처절한 마케팅의 실패!

앞서 설명한 통합된 개념의 마콤캠페인의 보다 종합적인 이해를 돕기 위해 2002년 실시되었던 부산의 한 쇼핑몰 오픈캠페인을 소개하고자 한다. 2002년 5월초, 부산 해운대신도시의 쇼핑몰 시티코아가 오픈캠페인을 위한 오리엔테이션을 실시했다. 참여한 광고대행사는 부산소재의 3개 광고대행사였다. 당시의 경쟁프레젠테이션에 참여했던 모 광고대행사의 전략과 그 수립과정을 재구성해보았다.

오리엔테이션에서 시티코아의 마케팅팀장은 시티코아가 2002년 초가을 오픈예정이며, 약 4주간의 프레젠테이션 준비기간을 주겠다고 말한다. 이 캠페인은 분양이나 임대를 위한 것이 아니며, 오로지 오픈에만 포인트를 맞춰 진행되는 것이라는 설명과 함께 특히 오픈 이벤트를 포함한 오픈프로모션에 신경을 써달라고 당부한다.

### 오리엔테이션의 내용은 다 믿을 수 있는 것인가?

이어 해운대신도시지역은 소비력이 매우 높은 지역으로 소비자들의 쇼핑수준이 매우 높고, 시티코아는 그 포켓상권의 유일한 쇼핑몰이며 포켓의 입구에 자리 잡고 있음을 강조했다. 시티코아가 부산 2호선의 종착역인 장산역과 지하통로로 연결되는 역세권 쇼핑몰인 것은 물론 이미 지하에 입점해있는 롯데마트를 중심으로 펌핑수요 형성이 가능한 쇼핑몰이라고 소개했다.

프레젠테이션에 참여하기로 한 이 광고회사는 곧바로 TFT를 구성하고, 전략회의를 진행했다. 그러나 TFT에 참여한 사람들 대부분은 오리엔테이션 내용에 의문을 제기했다. '소비자들은 쇼핑 품목에 따라 쇼핑장소를 달리하는데, 과연 포켓상권 내 유일한 쇼핑몰이라는 점으로 소비자들을 유입시킬 수 있을까?' 하는 것이 첫 번째 문제제기의 내용이었다.

선물구매일 경우, 남편의 옷을 구매할 경우, 아이의 옷을 구매할 경우, 자신의 옷을 구매할 경우, 식료품을 구매할 경우 등 경우마다 쇼핑처를 달리하기 때문에 단지 유일한 쇼핑몰이라고 해서 무조건 그 곳에서 구매할 것이라는 생각은 잘못된 것이라는 의견이었다.

시티코아가 역세권에 위치해있다는 주장에 대해서도 이견이 쏟아졌다. 단지 종착역이 있는 곳이라고 해서 그 주변을 역세권이라고 부르지는 않으며, 해운대지역 주민들 대부분이 자가용을 이용해 이동한다는 점, 상권이 형성되지 않은 채 나 홀로 쇼핑몰로 자리 잡고 있다는 점 등은 그만큼 이곳을 역세권으로 만드는 데 한계가 있음을 증명하는 것이 아니겠느냐는 의견들이었다.

오히려, 시티코아는 주변 주거지에서 차를 타고 오기에도 걸어오기에도 애매한 위치에 놓여 있었다. 이미 입점해있는 롯데마트의 활성화 정도를 조사해본 팀원들은 신도시지역에서 좀 떨어진 곳에 위치한 E-마트 · 까르푸 등이 오히려 더 많은 소비자들을 유치하고 있음을 지적하며 롯데마트가 만들어줄 펌핑수요에 대해서도 의구심을 표했다. 오히려 롯데마트 쪽에서 쇼핑몰 오픈에 따른 샤워수요를 기대하고 있더라는 것이다.

그뿐만이 아니었다. 건축당시 시행사의 부도로 십 년 가까이 방치되어 있다가 새롭게 단장을 마치고 오픈을 준비하고 있다는 점도 우려할 만 했다. 십 년 전에 맞추어 설계된 건물인 탓에 천정의 높이도 낮고, 주차공간도 협소할 뿐만 아니라 주차통로 또한 주부들이 차를 몰고 진입하기에는 무리가 있을 만큼 좁은 상황이었다.

하지만 이러한 물리적 문제보다 더 큰 문제는 소비자들의 신뢰를 잃은 쇼핑몰이었다는 점이었다. 부도 후 오랫동안 방치되어 있던 탓에 이곳에 실제 쇼핑몰이 들어오기 전까지는 다들 반신반의하는 분위기였던 것. 분양시기와 오픈시기 사이의 공백이 10여 년에 달하는 점 또한 문제로 지적되었다.

분양당시 이 쇼핑몰을 구좌 분양한 탓에 분양자들이 600여 명에 달했고, 그 분양자들 중 현재 연락이 끊긴 사람들 또한 적지 않았던 것. 이것은 필요에 따라 쇼핑몰의 컨셉을 달리하거나, 공유면적의 다른 활용을 위한 합의조차 이끌어내기 어렵게 하는 요인이었다. 한마디로 상품변경이 어려운 상황이었다.

## 상황분석을 통해 알아낸 특별한 트렌드의 지역특성

시티코아의 상황은 이미 시작도 하기 전에 이처럼 많은 어려움을 안고 있었다. 처음부터 다시 시작해야만 했다. 단순히 만들어진 상품을 판매하는 것이 아니라 상품에 대한 분석부터 새롭게 진행해야했던 것. TFT 팀원들은 시장과 소비자에 대한 조사를 원점에서부터 새로 시작하기로 했다.

상황분석 전에 상황분석에 대한 가이드라인이 제시되었다. 시티코아의 입지와 환경 상 해운대신도시가 아닌 타 지역에서의 고객 유입이 어렵고, 해운대신도시에 거주하고 있는 고객들은 그 인구통계학적 분포가 너무나도 뚜렷하기 때문에 그 범위를 해운대신도시 지역으로 한정지어 좁혀보아야 한다는 것이 가이드라인의 내용이었다.

때문에 이미 지역 · 연령 · 성별에 의한 인구통계학적인 세분화는 의미가 없다는 것. 이런 전제 하에서 조사의 대부분은 해운대신도시 지역에 거주하고 있는 3~40대 여성들을 대상으로 실시되었다. 조사결과 재미있는 분석들이 많이 나왔다. 해운대신도시지역의 소비자 생활패턴과 트렌드가 다른 지역과 많이 다르다는 것을 알 수 있게 해주는 결과들이었다.

첫 번째로 확인된 것은 신도시지역 주민들의 소비수준이 매우 높다는 점. 그렇다고 신도시지역이 부산에서 가장 소득수준이 높은 곳은 아니다. 소비트렌드 조사를 맡았던 A씨는 신도시지역의 소비수준이 높은 이유에 대해 젊은 부부들이 살고 있는 점과, 아파트단지 18개만으로 구성, 인구밀도가 가장 높은 지역인 점을 이유로 꼽았다.

이 지역은 신도시로 조성된 탓에 3~40대 중심의 젊은 부부들이 많이 이주해와 살고 있었다. 그러다보니 자연 소득보다 높은 소비력을 과시하는 지역으로 알려져 있었을 뿐만 아니라, 특히 자녀들을 위한 소비가 많은 지역으로도 유명했던 것.

그러나 인구밀도가 높은 것과 트렌드 사이에는 어떤 연관성이 있는 것일까? 아파트지역만으로 구성되어 매우 높은 인구밀도를 가진 지역, 게다가 젊은 층으로 구성된 지역, 이러한 곳에서는 '소문에 의한 유행이 매우 빠르게 진행된다는 속성'을 A씨가 분석해낸 것이다.

예를 들어 어떤 아이가 장난감 전동자동차 한 대를 구입해서 타고 다닌다 치자. 인구밀도가 낮은 지역에서는 이 전동자동차가 많은 사람들의 눈에 잘 띄지 않을 것이다. 그러나 인구밀도가 높은 지역이라면 상대적으로 많은 사람들의 눈에 띄게 된다. 뿐만 아니라 이렇게 여러 사람의 눈에 띄고 나면 그 아이 또래들과 젊은 주부들에 의해 금방 입소문이 나게 된다. 그리고 얼마 지나지 않아 비슷한 전동자동차들이 많아지게 된다는 것이 A씨의 주장이었다.

이러한 이유 때문에 해운대 신도시지역에는 어중간한 장사가 별로 없었다. 아주 잘되는 음식점과 파리를 날리는 음식점, 아주 잘되는 학원과 파리를 날리는 학원 등 업종 내 양극화가 분명하게 나타나는 곳이 바로 해운대 신도시지역이었다. 소문이 빠르고, 그 소문에 의해 승부가 금방 결정지어진다는 것이다.

또, 해운대신도시지역은 대부분의 가정이 자동차를 보유하고 있었으며, 자동차를 이용한 놀이 · 외식 · 쇼핑 등 가족외출이 매우 많은 지역이라는 사실도 확인할 수 있었다. 특히 초등학생 자녀 중심의 가족문화업종이 매우 많이 포진되어 있는 지역이기도 했다. 이러한 사실들을 종합해서 A씨는 해운대 신도시지역을 물리적 거리보다는 심리적 거리에 반응하는 지역이라고 결론지었다.

## 유사지역 쇼핑몰 사례조사를 통해 얻은 힌트

한편, 쇼핑품목별 소비자인식을 조사했던 B씨는 해운대신도시 거주자들, 특히 주부들의 경우 쇼핑품목에 따라 쇼핑처를 달리하는 현상이 많이 나타난다는 사실을 알아냈다. 예를 들어 남성복은 백화점의 세일을 주로 이용하고, 남성용품은 마트를 이용하며, 여성복 쇼핑은 아울렛 · 브랜드숍 · 마트 · 백화점 순으로 이용하고 있더라는 것.

특이할 만한 것은 아동복 및 아동용품, 유아복 및 유아용품 쇼핑이었다. 많은 팀원들은 자녀들에 대해 특별한 애정으로 투자를 아끼지 않는 신도시지역의 어머니들이 자녀들의 옷과 용품을 백화점 등에서 구입할 것이라고 생각했었다. 하지만 조사결과 이 예상은 완전히 빗나간 것이었다. 성장이 빠른 아이들의 옷은 대부분 마트 · 보세 · 브랜드숍에서 구입하고 있었다.

C씨가 진행했던 사례조사 결과가 이러한 쇼핑품목별 소비자인식을 보다 확신하게 해주었다. 해운대신도시지역과 비슷한 환경에 있었던 타 쇼핑몰의 사례를 조사했던 C씨는 현재의 시티코아와 입지 및 환경이 매우 흡사한 대전시 유성구 전민동의 엑스포코아의 MD와

운영사례를 샘플케이스로 제시했다. 그리고 서울 위성신도시였던 일산지역과도 매우 유사한 상황을 보이고 있다는 사실을 보고했다.

대전 유성구 전민동의 엑스포아파트단지 입구에 위치해 있던 엑스포코아는 지역밀착형 쇼핑몰이었다. 단지 입구에 위치해 있었기 때문에 단지 내 상가의 특성을 띠고 있기도 했지만 단지 규모가 워낙 컸던 탓에 단지 내 상가라기보다는 지역밀착형 쇼핑몰로 보는 것이 옳다는 지적이었다.

엑스포아파트는 1992년 대전엑스포를 위해 만들어진 아파트다. 대덕연구단지의 연구원과 직원, 대전에 거주하던 젊은 부부들이 대거 입주해 있었다. 뿐만 아니라 대전의 중심권과는 매우 떨어져 한적한 곳에 위치해 있다는 점까지 해운대신도시와 유사한 점이 많았다.

이곳의 사람들 역시 쇼핑품목별로 쇼핑처를 달리하고 있었다. 백화점까지는 꽤 떨어진 거리였음에도 불구하고, 선물 구입이나 남성복 구입을 위해서는 백화점을 찾았고, 여성복의 쇼핑 역시 멀리 떨어진 쇼핑타운을 찾아나가는 상황이었다. 엑스포코아에서는 엑스포코아만의 쇼핑이 이루어지고 있었던 것이다.

엑스포코아의 지하에는 씨티코아처럼 중대형 마트가 입점해 있었고, 지하 나머지 공간에는 떡볶이부터 돈가스에 이르기까지 다양한 메뉴의 푸드코드와 반찬코너, 부침개코너 등이 입지해 있었다. 1층에는 주로 3~40대 여성들을 위한 신변잡화와 수입잡화 · 취미용품 등이 입지해 있었는데, 특히 고급사탕코너와 십자수코너, 몇 개의 오븐용품코너(과자나 빵 등을 굽기 위한 재료와 도구를 판매하는 상점)와 수입식품코너 등이 눈에 띄었다.

2~3층에서는 아동복 및 아동용품, 유아복 및 유아용품, 여성들의 홈웨어 및 언더웨어 등 저가 여성복 및 여성용품, 아동도서 및 엔터테인먼트용품 등이 판매되고 있었고, 4층 이상에서는 스포츠시설들이 입점 되어 있었다.

비교적 고르게 활성화되어 있는 이 쇼핑몰은 점심시간 이후부터 저녁까지 손님들로 북적였으며, 특히 아이들을 데리고 나온 3~40대 주부들이 고객의 대다수를 이루고 있었다.

엑스포코아 사례조사를 통해 확실하게 분석된 포인트는 두 가지였다. 첫째는 이 쇼핑몰이 여성들의 커뮤니티를 제공하는 곳으로 활용되고 있다는 점이다. 많은 전업주부들이 친구들과 함께 어울려 간식을 먹기도 하고 수다를 떨기도 하면서 시간을 소비했다. 대부분의 점포는 그들에게 수다공간과 정보제공의 장으로 열려 있었다.

둘째는 대부분의 전업주부들이 아이들을 동반하고 이곳에서 쇼핑을 즐긴다는 점이다. 엄마들은 이곳에서 학교 혹은 학원을 마치고 돌아오는 아이들과 만났으며, 아이들과 함께 간식을 즐기기도 했다. 쇼핑몰에는 아이들을 위한 공간도 제법 크게 마련되어 있었다. 그런 탓에 아이들은 쇼핑몰을 집의 연장쯤으로 인식하고 있는 듯했다.

### 가족을 위한 쇼핑명분, 커뮤니티 마련하는 상품컨셉

엑스포코아에서의 힌트가 시티코아 컨셉에 반영되었다. 우선 TFT는 시티코아를 지역밀착형 쇼핑몰로 규정했다. 해운대신도시지역에 마땅한 커뮤니티공간이 없다는 점에 착안하여 주부들이 쇼핑 자체보다는 커뮤니티 확보를 위해 쇼핑몰을 이용할 수 있도록 상품컨셉을 잡고, 아이들과 가족을 위한 쇼핑이라는 명분이 제고될 수 있도록 공간을 배치했다. 층별 구성을 다시 진행해야한다고 제안했던 것.

앞서 말한 바와 같이 별도의 시장세분화가 필요하지는 않았다. 다만 타깃을 남성보다는 여성 중심으로, 연령은 3~40대를 중심으로, 지역은 해운대신시가지 거주민으로 잡고, 타깃프로파일을 작성했다. 38세, 초등학교 5학년과 3학년 아들과 딸을 둔 전업주부. 그리고 그녀의 구매성향과 정보취득상황을 포함한 모든 정보들이 정리되었다.

남은 문제는 크게 세 가지로 압축되었다. 첫째는 주부들의 커뮤니티 제공으로 심리적 거리를 좁히기 위한 노력, 아이들과 가족을 위한 쇼핑이라는 명분 제고를 위한 상품컨셉의 확보였다. 둘째는 10년간의 방치를 만회할 만큼의 신뢰 확보와 상품컨셉을 충실히 반영해줄 커뮤니케이션컨셉의 설정이었다. 마지막으로 오픈 초기 최초방문을 확실하게 견인할 수 있는 시스템을 만들어야만 한다는 것.

먼저 상품컨셉의 확보를 위해 MD · 각종 편의시설 · 주차장환경의 개선 · 아웃테리어 및 인테리어 등 마케팅제안이 준비되었다. 또, 이를 보완하기 위해 층별 휴게 · 수유 · 놀이 등 보육관련 공간의 확충, 게임존 · 엔터테인먼트존 등 어린이 관련 공간 확충 등과 함께 주차대행서비스 등 주차불편 해소를 위한 방안 등도 제시되었다.

이어 '가족과 만나는 쇼핑, 가족을 위한 쇼핑이 가능한 쇼핑몰' 이라는 커뮤니케이션컨셉을 확정했다. 슬로건으로는 '행복한 만남, 기분 좋은 쇼핑' 이 채택되었다. 앞서 말한 대로 시티코아는 포켓상권인 해운대신도시의 입구에 위치해 있었으므로 고객들에게는 늘 노출되어 있는 쇼핑몰이었다. 따라서 오픈을 알리는 일은 건물 외벽에 오픈고지를 하는 것만으로도 충분했다. 때문에 오픈을 알리는 광고는 의미가 없었다.

### 어떻게 소비자들의 동선 속으로 들어갈 것인가?

고객 접점에 대한 분석이 진행되었다. 고객들의 대부분은 아파트를 중심으로 동선이 잡혔으며, 그 중 가장 많은 시간을 TV 및 라디오를 켜놓은 채 생활하고 있었다. 광역광고인 신문광고와 잡지광고는 채택하지 않기로 했다. 또, 인지도 제고를 위한 옥외광고 및 교통광고 역시 불필요하다고 판단, 채택하지 않기로 했다.

방송광고는 지역케이블 TV광고와 부산 로컬공중파 TV 및 Radio 광고로 한정되어 집행되었다. 로컬공중파 TV 및 Radio 역시 광역광고이긴 하지만 부산 전역에 퍼져나갈 쇼핑백의 가치와 소비자신뢰를 높이기 위해 집행되어야한다고 판단했기 때문이었다. 곧 콘티작성을 위한 아이데이션이 실시되었고 다음과 같은 콘티가 구성되었다.

쇼핑백을 들고 기분 좋은 표정으로 걸어가는 남편.
자막 : 8월 30일 해운대 신도시가 행복해집니다.
NA : 오늘 난 처음으로 아내의 속옷 사이즈를 물었다.
공원으로 꽃을 들고 달려온 아이 : 아빠, 그렇게 좋아?
자막(스크롤) : 시티코아 오픈기념 사은행사 고지.
딸아이를 끌어안고 행복한 미소를 짓는 남편.
NA : 아내는 대답대신 딸아이의 운동화 치수를 일러줬다.
공원을 나란히 걸어가는 부녀. 뒤로는 아파트단지가 펼쳐진다.

NA(여) : 행복한 만남, 기분 좋은 쇼핑

로고가 물결치며, 징글 : 시티코아

문제는 마지막 과제였던 오픈 초기 최초방문을 견인하기 위한 시스템이었다. 광고주 측에서 강력하게 요구했던 사항이기도 했지만 해운대신도시 지역밀착형쇼핑몰의 성공여부는 초기의 폭발적인 방문과 붐업, 그리고 상품효익의 체험에 달렸다는 TFT의 판단 때문에 이 과제에 대한 집착은 대단한 것이었다.

TFT는 이 과제를 세분화된 목표로 구성했다. 줄을 서지 않으면 안 되는 이유 만들기, 꼭 오지 않으면 안 되게 하는 이유 만들기, 각층을 다 돌아보지 않으면 안 되는 이유 만들기, 꼭 사야만하는 이유 만들기, 단위 매출액 상승시키기, 향후 활용할 데이터베이스 구축하기가 그것이었다.

아침나절 출근길에 줄을 서지 않으면 안 되는 이유를 만들어 줄을 세움으로써 화제를 유도하고, 이런 붐업을 통해 내방욕구를 확산하는 일, 오고, 돌아보고, 구매하는 일련의 과정을 통해 타깃으로 하여금 '나에게 꼭 맞는 쇼핑몰'이라는 태도를 형성하게 하자는 최종적인 목표도 설정되었다.

얻고자하는 태도는 '가족과 아이들을 배려하는 쇼핑몰, 커뮤니티가 가능한 쇼핑몰, 나의 쇼핑스타일과 꼭 맞는 쇼핑몰'이었다. 이것은 상품컨셉의 실현으로 가능해지는 것들이다.

따라서 마케팅커뮤니케이션의 목표는 앞서 말한 바대로, 줄서게 하고, 오게 하고, 돌아보게 하고, 구매하게 하는 과정을 강제하는 것이었다. 다시 세 가지 고민이 생겼다. 첫째 고민은 '어떻게 소비자들의 동선 속으로 들어가서 소비자 접점을 만들어낼 것인가' 하는 문제였고, 둘째는 '어떻게 우리가 원하는 행동을 유발할 것인가' 하는 문제였으며, 셋째는 '그러한 일련의 과정을 통해 우리가 원하는 태도를 어떻게 유발할 것인가' 하는 문제였다.

### 아파트 정문을 열어젖힌 시티코아만의 빅아이디어

이 대목에서 TFT는 아주 오랜 시간 고민에 빠졌다. 정적만이 흐르던 지루한 시간들. 점점 날짜는 다가오고 모두들 지쳐갈 때쯤, 빅아이디어가 터졌다. 그것은 다름 아닌 '잠자는 책과 장난감을 깨우자'라는 캠페인이었다.

이 캠페인은 이 지역 타깃들 대부분이 아이들의 철지난 책과 장난감 때문에 적지 않은 고민을 가지고 있다는 점에서 힌트를 얻어 만들어진 것이었다. 그리고 더 결정적인 빅아이디어는 이 캠페인을 시티코아가 직접 진행하는 것이 아니라 해운대지역 내 18개 아파트단지의 부녀회장들로 하여금 진행하게 하자는 것이었다.

이 캠페인은 매우 명분이 있는 것이었으므로 이를 잘 조직화하기만하면 타깃 거주지역, 즉 아파트단지 내로 시티코아를 끌고 들어갈 수 있는 매우 훌륭한 전략이었다. 그렇게만 된다면 소비자접점의 가장 핵심적인 위치로 접근할 수 있으므로 첫 번째 고민이 해결될 것이었다. 또 직접 소비자의 손에 시스템에서 원하는 티켓들을 쥐어줄 수 있는 방법이므로 행동의 유발을 손쉽게 얻어낼 수 있었다. 두 번째 고민 역시 해결이 가능했다.

뿐만이 아니었다. 이 캠페인을 통해 시티코아가 '가족과 아이들을 배려하는 쇼핑몰' 이라는 인식을 소비자들에게 보다 강하게 심어줄 수 있었고, 이로써 세 번째 고민까지도 해결되었던 것이다. 언론에 기삿거리를 제공하기에도 손색이 없었다. 그리고 방송프로그램을 활용할 수 있도록 하고, 여기에 부녀회장들을 등장시킴으로써 핵심오피니언리더라 할 수 있는 부녀회장들을 손쉽게 우리 편으로 끌어들이는 것은 물론 그들 스스로가 꼭 성공시켜야하는 쇼핑몰로의 포지셔닝이 가능해졌던 것이다.

캠페인의 주요내용은 이러했다. 먼저 부녀회장들을 시티코아의 편으로 만들어 이 캠페인을 주도하게 한다. 부녀회장들을 통해 아파트단지 내 캠페인 홍보를 진행하게 하며, 그 툴은 아파트 현관입구의 게시판 · 안내방송 · 직접 독려 등을 활용하게 한다. 무개차량(뚜껑이 없는 차량)을 대여하여 아이들의 시선을 끌 수 있도록 꾸미고, 풍선을 만들어주는 키다리아저씨, 도우미들과 함께 일정대로 아파트를 순회한다.

각 아파트의 부녀회장들은 정해진 시간에 함께 나서서 책과 장난감의 수집을 독려한다. 책과 장난감은 정해진 가격에 의해 상품권으로 교환된다. 적정한 가격의 상품권 외에도 해운대지역과 부산기업들과의 코마케팅(Co-Marketing)에 의해 확보된 경품으로 교환할 수 있는 '꽝 없는 스크래치복권 교환권' 을 나눠준다. 상품권과 교환권은 오픈행사기간 동안 교환되어지게 함으로써 오픈행사기간 동안 내방과 구매를 강제한다.

수거된 책과 장난감은 선별 · 수리 · 청소의 과정을 거쳐 오픈기간 중 판매하며, 상품권으로도 교환 가능하게 구조화시킨다. 이를 통해 오픈기간 집객 · 이미지형성 · 화제유발 · 분위기고양 · PR소스마련이라는 효과를 모두 거둘 수 있게 된다.

책과 장난감 판매처는 화제유발을 위해 야외 매대에서 진행하고, '꽝 없는 스크래치 복권' 의 교환과 경품 지급은 시티코아 내에서 진행하여 각 층을 돌아보아야 하는 이유를 제공한다.

판매 후 남은 책과 장난감, 그리고 준비한 선물을 가지고 어린이복지시설에 전달한다. 이 전 과정은 물론 쇼핑몰 오픈이벤트에도 해운대신도시지역 18개 아파트단지의 부녀회장들을 초청함으로써, 부녀회장들이 시티코아를 자신의 쇼핑몰로 인식하도록 유도한다. 이러한 전 과정의 설계를 도식화하면 아래 그림과 같다.

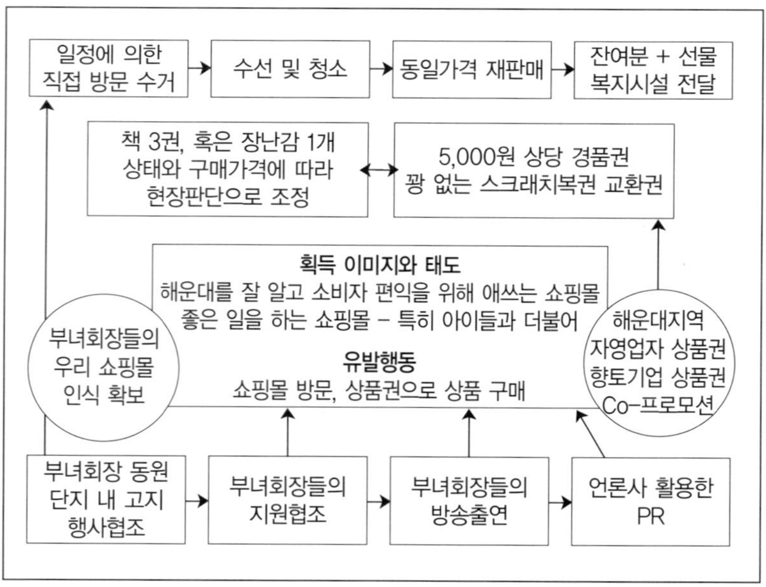


그림 16-1 : 시티코아 오픈을 위한 '책과 장난감을 깨웁시다' 캠페인 설계도

## 초대장과 장미꽃이 든 봉투도 집집마다 투입되고

여기에 보조적인 장치들을 덧붙였다. 우선 오픈행사 기간 내내 출근시간마다 시티코아에 줄서는 모습을 보여주기 위해 선착순기념품을 내걸었으며, 선착순기념품 대상자들에게는 번호표를 나눠주고 기념품은 쇼핑몰 내부 상층에서 배포함으로써 각 층을 돌아보아야 할 이유를 강제하기도 했다. 각층을 돌아보아야 할 이유를 제고하기 위해 기습 알밤증정이벤트(안내방송을 통해 증정장소를 고지하고, 선착순 20명에게 알밤 4kg씩을 조건 없이 나눠주는 행사)를 2시간 간격으로 실시하기도 했다.

단위 구매금액 상승을 위해 3만 원 이상 구매고객 대상의 경품과 3만 원 이상 구매고객 대상 행운의 열쇠고리 뽑기 등 특별사은품을 내걸었다. 통합POS가 구축되지 못한 채여서 본격적인 CRM을 실시할 수 없었던 탓에 3만 원 이상 구매고객들의 기본정보가 필요했던 것. 3만 원 이상 구매고객들을 대상으로 특별사은품 추첨을 진행한 것은 단위 구매금액을 높이는 역할을 담당했다.

향후 활용할 데이터베이스를 구축하기 위한 노력도 병행되었다. 시티코아 임대점주들과의 합의 상 어려움, 무리한 시간계획 등으로 아쉽지만 보너스카드 발급은 유보되었으나, 일단 가장 기본적인 고객 데이터만이라도 확보하기 위한 계획이 수립되었던 것.

데이터는 모두 두 가지 방향으로 입수되었다. '꽝 없는 스크래치복권 교환권' 의 뒷면에 성명 · 성별 · 주소 · 전화번호 등을 기재하도록 해 데이터를 확보하는 한편, 3만 원 이상 구매고객들의 경품응모권에 역시 성명 · 성별 · 주소 · 전화번호 등을 기재하도록 한 것이다.

여기에 보태 구매한 매장을 명기하도록 하여 매장별 판매현황과 고객 데이터를 분류할 수 있도록 했다.

한편, 지역주민들 스스로가 우리 모두 함께 키워가야 할 이웃 쇼핑몰이라는 이미지를 갖게 하기 위한 노력이 필요했다. 부녀회장들을 오픈이벤트에 참석시키는 것은 물론 주민들을 초청하여 오프닝행사를 치르자는 계획이 마련되었다. 동그랗게 구멍을 뚫어 문손잡이에 걸 수 있도록 제작한 초대장 봉투에 오프닝 행사 초대장과 함께 장미꽃 한 송이씩을 넣어 몇몇 메인 타깃 아파트단지에 직접 투입했다. 그렇게 해서 오프닝행사에 참석한 주민들에게는 기념품과 음식을 대접했다.

오프닝프로그램으로는 해운대신시가지가 넓지 않다는 점을 고려, 고적대 퍼레이드를 실시해서 분위기를 고양시켰으며, 행사장 곳곳에 배치한 무료 솜사탕 코너 · 무료 풍선인형 증정코너 등과 각종 공연들은 행사장 분위기를 띄우는 일에 일조했다. 또, 각 층을 돌며 이벤트와 퀴즈 등을 실시하여 그때마다 사은품을 나눠주기도 했으므로 많은 고객들은 이벤트팀을 따라 쇼핑몰 내 동선을 돌아볼 수 있었다.

이런 제반의 오픈이벤트는 초청장은 물론 신문전단으로 고지되었으며, 도우미들이 해운대신시가지 전역에서 배포한 핸드빌(전단형 소형리플릿)로도 고지되었다. 이 외에도 부녀회장들의 설득을 위한 구조설계와 부녀회장단 대상 행사설명회 및 언론사기자간담회 등이 기획되고 실행되었다.

이러한 전략을 수립했던 광고회사는 경쟁프레젠테이션을 통해 시티코아의 마케팅커뮤니케이션캠페인을 수주할 수 있었고, 기획되었던 행사들은 모두 성공적으로 실시했다. 그리고 각 행사들과 행사목표는 당초의 계획보다 모두 초과 달성하는 성과를 거둔다.

### 마케팅커뮤니케이션전략이란 마케팅이 전제되어야

하지만 시티코아는 오픈 후 2개월 만에 문을 닫았다. 당초 시티코아 측이 입점자 확보는 걱정하지 말라고 호언하였기 때문에 캠페인 전략 어디에도 입점자 확보를 위한 프로모션은 포함되어 있지 않았었다. 하지만 오픈 전 밤늦은 시간, 한창 리허설을 하고 있던 광고회사 측에 오픈행사 연기가 통보되었다.

광고회사에서 제안한 상품컨셉이 실현되지 못한 것은 물론, 입점자들이 들어오지 않아 쇼핑몰은 15% 정도만 입점을 한 상태였고, 대부분의 공간이 비어있었기 때문에 불가피 오픈을 연기해야한다는 것이었다. 결국 쇼핑몰 오픈은 약 보름 후로 연기되었고, 선착순 기념품증정행사를 제외한 모든 행사 또한 연기되었다.

주최 측은 사과공고를 여기저기 걸어야 했으며, 오픈 연기고지와 사과전화로 밤을 새워야만 했다. 십 년째 비어있던 쇼핑몰의 신뢰를 다시 세우겠다던 야심찬 계획이 여지없이 무너져 내리는 순간이었다. 보름 후 오픈행사를 치뤘지만 보름 후까지도 입점한 매장은 20%를 넘기지 못했고, 행사에 참여했던 고객들은 텅텅 비어있는 매장을 뒤로한 채 발길을 돌려야만 했다.

그리고 그렇게 매장을 찾았던 고객들은 두 번 다시 시티코아를 찾지 않았다. 뿐만 아니라, 그들의 버즈는 내방하지 않은 일부 타깃들의 발길마저 꽁꽁 붙들어 매는 위력을 발휘했다. 마케팅커뮤니케이션전략이란 마케팅이 전제되지 못한 상황에서는 결코 성공할 수 없음을 보여준 사건이었다.

책을 덮으며!

# 내 부족함을 일깨워준 집필작업에 감사를!

가장 먼저, 집필을 위한 자료 수집과 분석은 물론 그 정리까지를 도맡아 고생해준 허희진 님께 감사드린다. 이 책의 교열과 교정은 물론 체계의 정리에 이르기까지 나의 마음처럼 애써준 장소영 님, 안성구 님께도 감사드린다. 멀리에서나마 늘 마음으로 응원을 보내준 김경화 님, 강향순 님께도 감사드린다.

이 모든 이들은 언제나 수요자의 입장에서 꼼꼼하게 책의 내용을 검토해주는 것은 물론 단지 내 머릿속 아이디어일 뿐이었던 이 책이 세상에 나올 수 있도록 처음부터 끝까지 용기를 북돋아준 나의 영원한 부사수들이기도 하다.

감각적인 머리, 섬세한 손놀림으로 평소에도 많은 도움을 주고 있는 참아이엠씨의 디자이너들이 공동으로 이 책의 디자인을 맡아주었다. 류봉규 님, 정주영 님께 감사드린다. 지친 필자의 사기를 올려주기 위해 물심양면으로 조력을 아끼지 않은 참아이엠씨의 양진일 사장과 책을 마칠 때까지 격려와 성원을 아끼지 않은 참아이엠씨 식구들께도 감사의 인사를 드린다.

이 책의 이론적 기반이 되어주신 동의대학교 광고홍보학과의 김일철 교수님, 신태섭 교수님, 이현우 교수님, 강태중 교수님께도 감사드린다. 늘 나에게 자극제가 되고 있는 동의대학교 광고홍보학과의 많은 제자들에게도 고마운 마음을 전한다. 흔쾌히 출판을 허락해준 도서출판 두남의 식구들께도 이 자리를 빌려 감사드린다. 특히 매번 출간 때마다 애를 써주신 이승구 상무님께 감사의 인사를 드린다.

지금껏 나의 전도를 걱정해주고 늘 함께 해준 많은 분들께도 감사하다는 말씀을 올린다. 책을 다 읽고 감사의 말을 읽고 있을 독자 제위께도 감사의 말씀을 전한다. 그리고 부디 이 책이 광고인으로 성장하는데 미력하나마 도움이 되기를 진심으로 기원한다.

그간 늘 고마움을 느끼면서도 단 한 번 고맙다는 인사를 제대로 하지 못했던 우리의 가족들에게도 감사의 인사를 드리려 한다. 늘 한결같은 기다림으로 나에게 힘이 되어주고 계신 아버님, 장인어른, 장모님 감사합니다. 그리고 아내 영신, 딸 재연, 아들 주형도 고맙다. 이 책을 일찍이 세상을 버리신 어머님의 영전에 바치고자 한다.

발전전략연구소에서 석종득

닫는 말

## 사다리를 고쳐 새 사다리를 만들며!

# 궤적을 꿰고 원리를 이해하는 방법론!

나는 앞서 출판한 '마케팅커뮤니케이션 전략스케치'를 쓰면서 '사다리론'을 여는 말에 썼다. 이젠 계단의 시대가 아니고 사다리의 시대라는 것. 그만큼 시대흐름이 빠르다. 전작을 쓴 지가 불과 2년도 채 되지 않았지만 그 사이 이미 우리 환경은 몰라보게 변화했다. 눈 깜짝할 사이에 새 기계가 나오고, '아차'하는 사이에 새로운 지식이 우리 머릿속을 비집고 든다.

패러다임의 변화다. 어제의 지식들은 어느새 박물관으로 떠밀려가고, 기존의 가치들조차 새로운 세계관에 떠밀려 어둠 속으로 속속 사라져간다. 소위 문명의 계단식 발전론이 무너진 세상이다. 연공서열도 무너지고, 선후개념도 사라졌으며, 이것 다음엔 저것 식의 선형적 구조도 다 깨져버렸다. 그렇다고 지금의 시대가 어떤 원리도 작용하지 않는 아비규환의 시대인가?

그렇지 않다. 패러다임이 변화하고 있고, 그래서 펼쳐질 세계는 훨씬 더 넓고 웅대하다. 인간들의 앎이 더 성장하고, 노력하는 이와 그렇지 않은 이들의 차이가 분명해지는 세계가 도래하고 있다. 앞으로의 시대를 한 마디로 정의하자면 그것은 통합의 시대다. 환원주의가 무너지고, 영역이 파괴되고 있다. 이러한 통합의 시대는 우리의 내일을 보다 나은 곳으로 인도할 것이라고 나는 확신한다.

### 2년 전의 사다리를 고쳐 다시금 새로운 사다리를 내놓다

하지만 이를 좇아가는 우리에겐 너무나도 버거운 현실이 눈앞에 놓여 있다. 다가서면 저만치 달아나고, 알았다 싶으면 새로 알아야할 것들이 두 배로 늘어나는 이 시대의 지식. 그래서 불가피 이 책을 다시 집필할 수밖에 없었던 것이다. 이제 2년 전의 사다리를 고쳐 다시금 새로운 사다리를 내놓는다.

올라서서 끌어올리고, 그곳에 다시 세워 올라서는, 그런 사다리가 절실하게 필요한 시대다. 그러기 위해서는 되도록 가벼운 재질로 튼튼하게 만든 사다리가 필요하다. 가볍기만 해서도 안 된다. '올라서는 데 무리가 없을 만큼 탄탄하게 만든, 그러나 접었다 폈다 할 수 있고, 언제나 휴대가 가능한 사다리가 필요할 것이다.' 라는 생각에는 변함이 없다.

튼튼하다는 것은 '기초' 요, 가볍다는 것은 '유연성' 이다. 이 책에 담겨 있는 것은 현장이다. 최소한의 기초이론에 지금껏 현장에서 경험하고 터득한 유연성을 담아내고자 했다. 아니, 지금 이 시대의 광고현장을 책 속에 담고자 했다. 이 책은 백 점짜리 전략을 위해 고민하는 책이 아니다. 비록 오십 점짜리 전략이라 할지라도 책장을 넘겨가며 스스로 전략을 구상해볼 수 있도록 만든 책이다.

나는 이 책 시리즈의 제목을 '커뮤니케이션 전략구축 로드맵' 이라고 정했다. 이것은 방법론을 의미한다. 때문에 이 책은 정통학자들로부터 비난받을 소지가 많다. 이 책 역시 앞서 출간된 '마케팅커뮤니케이션 전략스케치' 가 그렇듯 철저히 실전 중심의 책이기 때문이다.

하지만 그렇다 하더라도 나는 이 책이 방법론이기를 포기할 수 없었다. 각 책마다 뒤에 붙은 솔루션이라는 말 또한 마찬가지다. 그만큼 이 책이 실전에서 사용가능한 무기이기를 바라마지 않는다. 나는 철저히 실용주의자다. '꿩 잡는 게 매' 라는 말이 있지 않은가?

그것은 '얄팍하다' 는 말의 다른 표현일 수도 있고, '가볍다' 는 말의 다른 표현일 수도 있다. 기왕이면 '가볍다' 는 평을 듣고 싶다. 그래서 머리로 들고 다니기에 용이한 그런 교본으로 이 책이 기억되기를 바란다. 들고 다니기에 용이한 사다리로 기억되기를 바란다.

마콤의 개념을 설명하는 책들은 많다. 실전의 뒷이야기들을 들려주는 책들도 많다. 하지만 개념을 토대로 방법론을 말하는 책, 이론과 실전을 연결하여 말하는 책은 흔치 않은 것이 우리의 현실이다. 과정은 집어치우고 집만 보여주는 것이 아니라, 각각의 이론과 개념이라는 벽돌만 보여주는 것이 아니라, 벽돌을 쌓아 집을 지어가는 과정을 보여주고 싶었다. 욕심이 그러했다는 것이다.

사자허리를 끊어 사자를 살피는 것은 바보스러운 일이라 했다. 현재의 상황만을 읽고 이를 통해 미래를 예견할 수는 없다. 지나온 궤적을 제대로 이해해야만 현재가 만들어진 배경을 알게 되고, 현재를 제대로 알 수 있게 된다. 그리고 그럴 때에라야 비로소 미래를 말할 수 있게 된다.

그래서 나는 하나의 욕심을 덧보탰다. 지금까지 지나온 커뮤니케이션 세계의 궤적을 보여주고자 했다는 것이다. 지나간 궤적을 보여주는 일이 지금처럼 빠르게 변화하는 시대에 어떤 의미가 있을지 의문을 가질 수도 있을 것이다. 하지만 궤적이야말로 원리다. 앞으로 다가올 미래를 예견하게 하는 기준이 될 수 있을 것이라는 희망으로 나는 궤적을 그리려 애썼다.

독자들이 이 책을 덮은 뒤 최소한 지금까지 원리를 모른 채 나무만 보았던 잘못에서 벗어날 수 있기를 기대한다. '날씨마케팅', '8자마케팅', '귀족마케팅' 이라고 하는 패션들의 얄팍함을 이해할 수 있게 되기를 바라고, '블루오션전략', '린마케팅', '마케팅2.0' 등의 용어들이 모두 전략마케팅의 다른 이름이며, 마케팅의 새로운 버전을 향한 노력의 일환임을 이해할 수 있기를 기대한다.

끝으로 훗날의 내 다른 저술들로 지금의 과오가 용서되길 빌며, 그간 나에게 밥을 먹여준, 뿐만 아니라 광고를 가르쳐주기까지 한 소중한 나의 광고주들과 동료 광고인들, 사랑하는 제자들에게 이 책을 바친다.

발전전략연구소에서

# 표 및 그림 색인

## 1부



## 2부

## 3부



## 4부

# 참고문헌


강미은, 여론조사 뒤집기, 개마고원, 1999
강상원, 쉽게 알자 마케팅, 더난출판사, 2002
계도원, 고객만족마케팅, 좋은책만들기, 2004
공병호, 10년 후 한국, 해냄출판사, 2004
구자룡, 마케팅2.0(iWOM), 동아일보사, 2007
구자룡, 한국형 포지셔닝, 원앤원북스, 2003
기획이노베이터그룹, 세상에 없는 마케팅을 하라, 토이네도, 2008
김광희, 상식이란 말에 침을 뱉어라, 넥서스BIZ, 2004
김동훈, 촉진관리–통합적 마케팅 커뮤니케이션 접근, 학현사, 2003
김민주, 앞으로 3년 대한민국 트렌드, 한스미디어, 2007
김범종, 마케팅 원리와 전략, 대경, 2006
김승용, 제휴마케팅, 머니플러스, 2008
김승욱, 유비쿼터스 컴퓨팅 시대의 고객 관계관리, 형설, 2004
김영한, VIP 마케팅, 책이있는마을, 2005
김용태, 마케팅은 마술이다, 정민미디어, 2005
김일철, 미래 광고 트렌드 IMC 세미나, 북코리아, 2002
김일철 · 돈슐츠, 마케팅커뮤니케이션 통합과 온광고론, 나남출판, 2006
김정구, 미래마케팅, 교보문고, 2005
김택준, 2.0 트렌드, 소금나무, 2008
김훈봉, 신 영업기획실무, 한국기업경영연구회, 2002
김희진, IMC 시대의 이벤트 기획론, 커뮤니케이션북스, 2001
나종호, 고영수, Q& A 실전마케팅, 청림, 2003
노무라다카히로, 이환규 · 김애라 역, ONE TO ONE CRM 전략, 대청미디어, 2002
니콜라 게겐, 고경란 역, 소비자는 무엇으로 사는가, 지형, 2007
다이애나 라세일 외, 심재관 역, 차별화의 법칙, 한스미디어, 2005
데이비드 오길비, 이낙운 역, 어느광고인의 고백, 서해문집, 1993
돈 도맨, 봄바람 역, 마케팅 리서치, 국일증권경제연구소, 2005
돈 슐츠, 한국IMC연구회 역, IMC의 실행과 측정, 모던북스, 2004

돈 슐츠 · 필립 · J. 키친, 김일철 역, 글로벌 마케팅 커뮤니케이션, 북코리아, 2004
돈 슐츠 · 헤이디 슐츠, 문달주 · 김태원 역, 브랜드 배블, 이치, 2005
루창취엔, 박지민 역, Why not? 강한상대를 이기는 마케팅 포인트, 열린숲, 2007
리대용 · 이명천, 현대사회와 광고, 나남, 1997
리처드 니스벳, 최인철 역, 생각의 지도, 김영사, 2008
리틀존, 김흥규 역, 커뮤니케이션이론, 나남, 1995
릭 마티슨, 박주민 역, 통찰력을 구매하라, 가람문학사, 2006
마셜 맥루한, 박정규 역, 미디어의 이해, 커뮤니케이션북스, 2007
마셜 맥루한 · 브루스R. 파워스, 박기순 역, 지구촌 21세기 인류의 삶과 미디어 변화, 2005
말테 W.빌케스, 박희라 역, 마케팅 승부사, 더난출판사, 2006
미셸 위모트, 김일철 역, 시티즌 브랜드, 한경사, 2006
박기철, 마케팅 특강, 을류문화사, 2005
박동배, 소비자시장의 2010 메가트렌드, 한국경제신문, 2005
박명호, 마케팅, 경문사, 2002
박성수, CRM과 짜장면 배달, 시대의 창, 2004
박찬수, 마케팅원리, 법문사, 2006
번트 H.슈미트, 박성연 역, 체험 마케팅, 세종서적, 2002
복준영, 마케팅실무자가 꼭 알아야 할 101가지, 원앤원북스, 2007
브랜드스토리랜드, 브랜드에겐 스토리가 힘이다, 다산북스, 2006
비즈니스위크, 김시경 역, 위대한 마케팅, 행간, 2008
서용구, 시장에서 승리하는 마케팅의 기술, 시대의창, 2006
세스 고딘, 남수영 역, 보랏빛 소가 온다, 재인, 2004
세스 고딘, 안진환 역, 보랏빛 소가 온다2, 재인, 2005
스에요시 타카오, 장관진 역, 기획자가 알아야 할 마케팅 실무, 멘토르, 2007
안광호 외, 마케팅 조사원론, 학현사, 2006
안광호, 마케팅 관리적 접근, 학현사, 2005
안광호, 마케팅원론, 학현사, 2004
안운석, 마케팅 이론과 사례, 대진, 2007
안종배, 나비효과 콘텐츠 마케팅, 미래의창, 2008
야마모토 나오토, 방지선 역, 마케팅의 99%는 기획이다, 토네이도, 2006
여준상, 한국형 마케팅 불변의 법칙 33, 더난출판사, 2003

이마무라 히데아키, 정진우 역, B2B 마케팅, 비즈니스맵, 2007
이명천 외, 문화콘텐츠 마케팅, 커뮤니케이션북스, 2006
이유재, 고객가치를 경영하라, 21세기북스, 2007
임종원, 마케팅조사방법론, 법문사, 2001
자일스 루리, 구자룡 역, 마케팅 통찰력을 키워주는 시장조사의 기술, 리더스북, 2006
정기한, 마케팅 관리론, 경상대학교출판부, 2004
정재윤, 한국형 입소문 마케팅1, 인디북, 2006
정혜전, 서비스 마케팅, 미래지식, 2005
제프리 A.무어, 유승삼 외 역, 캐즘 마케팅, 세종서적, 2002
조지 실버만, 이주형 역, 입소문을 만드는 100가지 방법, 21세기북스, 2004
존 마리오티, 안진환 역, 스마트 마케팅, 비즈니스맵, 2008
채서일, 마케팅, 비앤엠북스, 2006
채서일, 마케팅조사론, 비앤엠북스, 2007
최창일, 트리즈 마케팅, 더난출판사, 2007
켄 윌버, 김철수 역, 무경계, 무우수, 2005
크리스틴 앤더슨캐롤, 윤대현 역, CRM의 기술, 지식공작소, 2004
클라우스 슈메, 박규호 역, 1등 기업을 무너뜨린 마케팅 전략 33, 21세기북스, 2005
페르베즈 K.아미드, 한국IMC연구회 역, 인터널 마케팅, 지식공작소, 2007
폴 마덴 외. 구자룡 역, 커넥티드 마케, 바이럴, 버즈, 입소문 마케팅 혁명, gigo, 2006
폴 스미스, 최경남 역, 마케팅이란 무엇인가, 거름, 2005
폴 패리스, 서영준 역, 마케팅 메트릭스, 럭스미디어, 2007
프리초프 카프라, 강주헌 역, 히든커넥션, 휘슬러, 2003
필립 코틀러, 이진원 역, 퍼블릭 마케팅, 위즈덤하우스, 2007
필립 코틀러, 홍성태 외 역, 마케팅의 10가지 치명적 실수, 세종서적, 2005
필립 코틀러, 윤훈연 역, 마케팅관리론, 도서출판 석정, 2000
필립 코틀러, 정준희 역, 필립 코틀러 마케팅을 말하다, 비즈니스북스, 2005
하봉준, 전략적 광고조사본, 커뮤니케이션북스 , 2004
한국마케팅연구원, CRM New Marketing, 한국마케팅연구원, 2002
한은경, IMC 광고론, 커뮤니케이션북스, 2001
함봉진, 마케팅 원론, 형설, 2002
핫토리 타카유키, 김일철 · 권재진 역, ONE to ONE Marketing Guide, DIAMOND, 2001

해리 벡위드, 양유석 역, 넥스트 마케팅, 더난출판사, 2003
해리 벡위드, 양유석 역, 보이지 않는 것을 팔아라, 더난출판사, 2006
현대경영연구소, 판촉 대전 , 승산서관, 2004
홍성용, 스페이스 마케팅, 삼성경제연구소, 2007
홍성준 외, 차별화의 법칙, 새로운제안, 2005
히노 가에코, 고은진 역, 입소문 마케팅, 지상사, 2003

# 용어 색인